이덕주의 산상팔복 이야기

복이 있나니 12 기뻐하고 즐거워하라 하늘에서 너
희의 상이 큼이라 너희 전에 있던 선지자들도 이같이
박해하였느니라

마태복음 5장 1-12절

1 예수께서 무리를 보시고 산에 올라가 앉으시니 제자
들이 나아온지라 2 입을 열어 가르쳐 이르시되 3 심
령이 가난한 자는 복이 있나니 천국이 그들의 것임이요
4 애통하는 자는 복이 있나니 그들이 위로를 받을 것
임이요 5 온유한 자는 복이 있나니 그들이 땅을 기업
으로 받을 것임이요 6 의에 주리고 목마른 자는 복이
있나니 그들이 배부를 것임이요 7 긍휼히 여기는 자
는 복이 있나니 그들이 긍휼히 여김을 받을 것임이요
8 마음이 청결한 자는 복이 있나니 그들이 하나님을 볼
것임이요 9 화평하게 하는 자는 복이 있나니 그들이 하
나님의 아들이라 일컬음을 받을 것임이요 10 의를 위
하여 박해를 받은 자는 복이 있나니 천국이 그들의 것임
이라 11 나로 말미암아 너희를 욕하고 박해하고 거짓
으로 너희를 거슬러 모든 악한 말을 할 때에는 너희에게

• 별도의 출처 표기가 없는 사진은 저자가 제공한 것입니다.

1883년 5월 일본 요코하마에서 개최된 제3회 전일본 기독교신도대친목회에 참석한 이수정
(앞줄 가운데 한복 차림). 그 왼쪽에 양복 입은 이가 쓰다센이다.

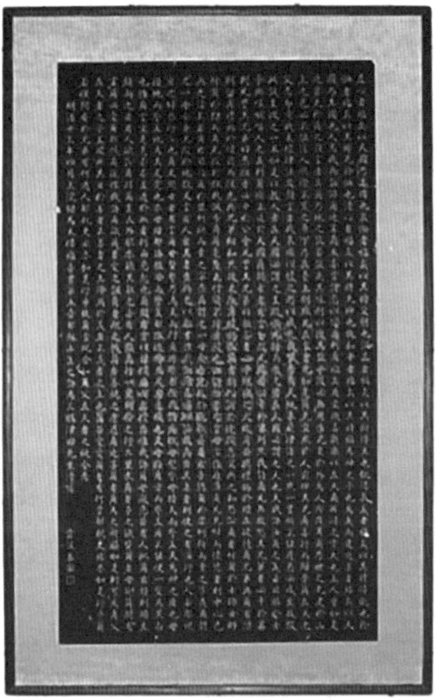

이수정이 쓰다센의 서재에서 보았던 산상설교 액자.
쓰다센은 이 액자를 도시샤(同志社) 설립자 니지마조(新島襄)에게 선물로
주었다. 현재 교토 도시샤대학 동창회관 니지마기념관에 소장되어 있다.

'쌀 교인' 대신 모인 전주 서문교회 '참교인'들(1900년대).

한성감옥 안에 갇힌 독립협회 지도자들(1903년 경).
앞줄 오른쪽부터 김정식, 이상재, 유성준, 홍재기, 강원달, 왼쪽 끝이 이승만,
뒷줄 오른쪽에서 두 번째가 이상재의 아들 이승인.

1907년, 숭실중학교 학생 전도사 시절의
손정도(오른쪽).

이덕수의 고향 고랑포 모습(1910년대).

백사겸.

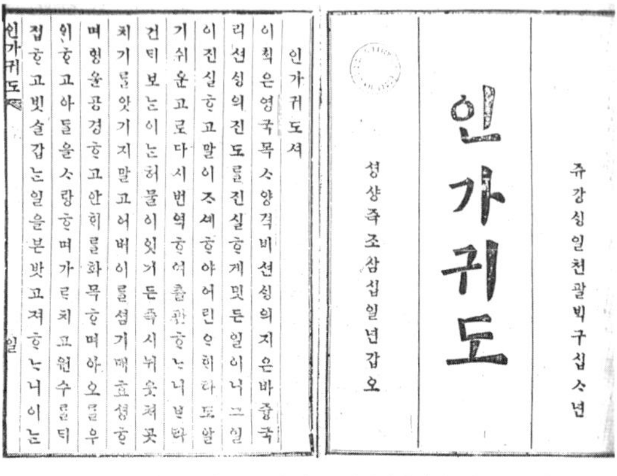

쥬강ᄉᆡᆼ일천팔ᄇᆡᆨ구십ᄉᆞ년

인가귀도

셩샹즉조삼십일년갑오

인가귀도셔
이ᄎᆡᆨ은영국목ᄉᆞ양격비션ᄉᆡᆼ의지은바즁국
리션ᄉᆡᆼ의진도를진실ᄒᆞᆫ게밋든일이니그일
이진실ᄒᆞᆫ고말이ᄌᆞ셰ᄒᆞ야어린ᄋᆞ희라도알
기쉬운고로다시번역ᄒᆞ여츌판ᄒᆞᄂᆞ니보라
건ᄃᆡ보ᄂᆞᆫ이ᄂᆞᆫ허물이잇거든즉시뉘웃쳐곳
치기를앗기지말고어버이를셤기ᄆᆡ효셩ᄒᆞᆫ
며형졔공경ᄒᆞ고안ᄒᆡ를화목ᄒᆞ며아오를우
ᄋᆡᄒᆞ고아ᄃᆞᆯ을ᄉᆞ랑ᄒᆞ며가ᄅᆞ치고원수를ᄃᆡ
졉ᄒᆞ고빗슬갑ᄂᆞᆫ일을본밧고져ᄒᆞᄂᆞ니이ᄂᆞᆫ

인가귀도 일

백사겸의 개종을 이끌어 낸 전도 책자《인가귀도》(1894년).

대한그리스도인 회보

대한그리스도인 회보 二

THE
KOREAN CHRISTIAN ADVOCATE.
H. G. APPENZELLER, - Editor.
TERMS:—36 cents per year, in advance. Postage extra.
WEDNESDAY, June 6, 1900.

셔울 뎡동셔 일쥬일에 ᄒᆞᆫ번식 발간ᄒᆞᄂᆞᆫᄃᆡ 아편셜라 목ᄉᆞ가 회보 샤쟝이 되엿더라

일년 갑슬 미리 내면 삼십륙젼 어오 우표갑슨 ᄯᅡ로 잇노라

강화신식

양력 ᄉᆞ월분에 강화 홍의 교우 종슌일씨가 조긔 죄를 하ᄂᆞ님ᄭᅴ셔 용셔ᄒᆞ여 주심을 ᄭᆡ닷고 무ᄒᆞᆫ 감샤ᄒᆞ며 ᄯᅩ 셩경 말ᄉᆞᆷ을 셩각ᄒᆞ고 스ᄉᆞ로 골ᄋᆞᄃᆡ 하ᄂᆞ님ᄭᅴ셔 나의 쳔만량 빗슬 탕감ᄒᆞ여 주셧시니 나도 ᄂᆞᆷ이 내게 빗진 거슬 탕감ᄒᆞ야 주리라 ᄒᆞ고 빗진 사ᄅᆞᆷ들을 모도 쳥ᄒᆞ여 노코 셩경 말ᄉᆞᆷ으로 연셜ᄒᆞ야 젼도ᄒᆞᆫ 후에 빗쥰 문셔를 그 사ᄅᆞᆷ들 압헤셔 즉시 불을 노흐니 탕감ᄒᆞᆫ 여 ᄌᆞᆷ을 닙은 쟈들이 크게 감복ᄒᆞ야 영화를 하ᄂᆞ님ᄭᅴ 찬송ᄒᆞ고 서로 공론ᄒᆞ되 셰샹 사ᄅᆞᆷ이 빗디 업ᄂᆞᆫ 빗도 잇다ᄒᆞ야 긔인 취물 ᄒᆞᄂᆞᆫ쟈ㅣ 잇거ᄂᆞᆯ 예수교를 밋ᄂᆞᆫ 사ᄅᆞᆷ은 조긔 돈ᄭᆞ지 ᄇᆞ려 ᄂᆞᆷ의게 젹션ᄒᆞ니 참 거록ᄒᆞᆫ 일이라 ᄒᆞᆫ다더라

○ 거월에 강화 샹도리 교우 황량일씨가 하ᄂᆞ님의 도으심으로 회당놀 창건ᄒᆞᆯ식 그 니웃 동니 사ᄂᆞᆫ 박진ᄉᆞ 션슈씨와 리진ᄉᆞ 덕윤씨ᄂᆞᆫ 츈여목 ᄒᆞᆫ긔식을 깃분 ᄆᆞᄋᆞᆷ으로 보죠ᄒᆞ고 민셕ᄉᆞ 경원씨ᄂᆞᆫ 츈여목 두긔와 민셕ᄉᆞ 슌오씨ᄂᆞᆫ 평교지목 두긔를 보죠ᄒᆞ여 회당 짓기를 도아 주엇시니 이러ᄒᆞᆫ 동포들은 나라와 ᄇᆡᆨ셩을 위ᄒᆞ야 긔명 ᄒᆞᆫ기에 참 열심이 만다 ᄒᆞ더라

팔일관등

음력 ᄉᆞ월초에 교우 두 사ᄅᆞᆷ으로 더브러 즁남포로 갓다가 도라 오ᄂᆞᆫ 길에 친구를 보랴 ᄒᆞ고 ᄒᆞᆫ 동리를 차자갈ᄉᆡ 멀니 ᄇᆞ라보니 무수ᄒᆞᆫ 등불이 반공에 죠요ᄒᆞ야 빗화 졍발 ᄒᆞ고 만셩이 도리ᄒᆞᆫ듯 ᄇᆞᆰ은 달이 빗슬 닐코

종순일 속장의 '빚 탕감'에 관한 기사(1900년).

탁사 최병헌 목사.

新學世界 第五卷第四號

問題 心 히브리十章二十二節

崔炳憲

緖言 世界萬民이何人을勿論ᄒᆞ고救主寶血을賴ᄒᆞ면贖罪홈을得ᄒᆞ고永生을蒙ᄒᆞᄂᆞ니主ᄭᅴ셔ᄂᆞᆫ眞理요生命의路이시라我等이誠心을持ᄒᆞ고救主를信仰ᄒᆞ며聖神의默示를心受ᄒᆞ고聖血을心吮ᄒᆞ야主內에셔聖潔을成홀지라心也字ᄂᆞᆫ斜月三星이오二十八宿之一이라性情을統ᄒᆞ야虛靈不昧ᄒᆞ며應物無跡이라(心箴)其寒홈이氷을凝ᄒᆞ고其熱홈이火가焦ᄒᆞ며其疾홈이俛仰之間에四海之外를再撫라ᄒᆞ고(莊子)善男子善女人이阿耨多羅三藐三菩提心을發ᄒᆞ야其心을降伏홀다ᄒᆞ고(金剛經)心爲性之郛郭이라盡其心者ᄂᆞᆫ其性을知홀다ᄒᆞ니心을存ᄒᆞ며性을養홈은儒書의言이나上主를敬奉ᄒᆞ며예수를信從홈도眞心으로行치아니면救援을得지못홀다ᄒᆞᄂᆞ이다

一款 愿慾忘

(1)心의原이爲愿이니太初時에上主ᄭᅴ셔人을創造ᄒᆞ실시自己像과維肖케ᄒᆞ셧스니人心의良知良能과理致經緯와

1920년 7월 〈신학세계〉에 실린 최병헌 목사의 설교 "심".

장흥교회 서기훈 목사 순교기념비.

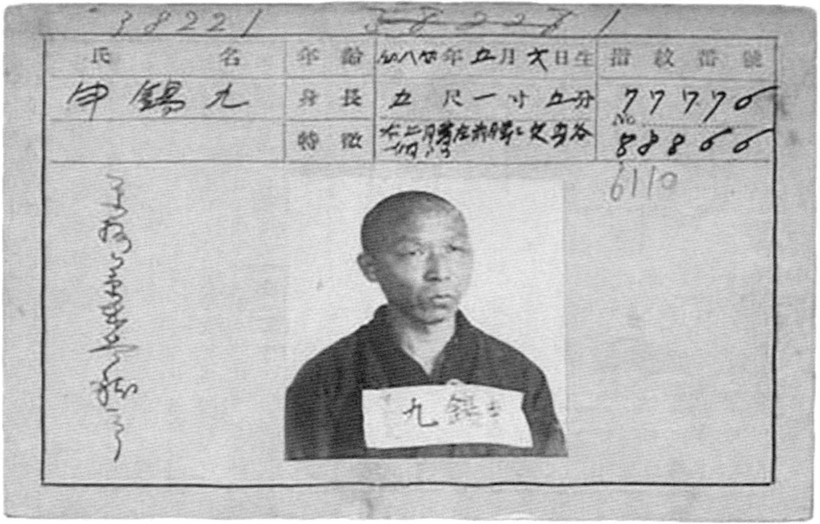

서대문형무소 안 신석구 목사(국사편찬위원회 제공).

〈성서조선〉 창간 동인(1927년). 뒷줄 오른쪽이 함석헌,
앞줄 오른쪽에서 두 번째가 김교신(함석헌기념사업회 제공).

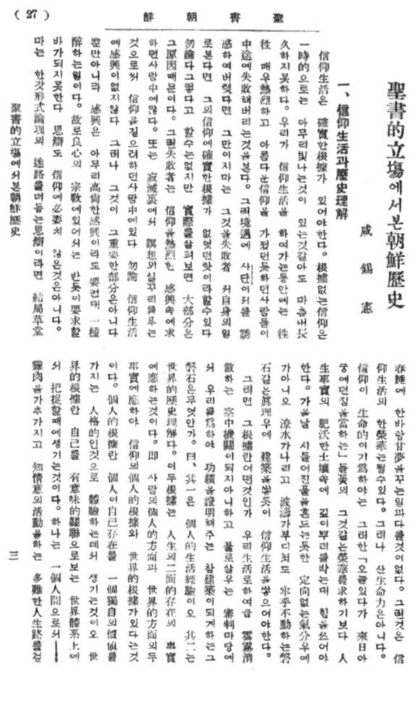

聖書朝鮮 (27)

聖書的立場에서본朝鮮歷史

咸錫憲

一、信仰生活과歷史理解

信仰生活은 確實한根據가 있어야한다。根據없는信仰은 一時的으로는 아무리빛나는것이 있는것같아도 마츰내長久하지못하다。우리가 信仰生活을 하여가는동안에는 往往 매우熱烈하고 아름다운信仰을 가졌던듯하던사람들이 中途에失敗해버리는것을본다。그러한境遇에 사단이저를 誘惑하여버렸다면 그만이지마는 그것을失敗者 저自身의일로본다면 그의信仰에確實한根據가 없엇던탓이라할수있다 勿論다그렇다고 할수는없지만 實際를살펴보면 大部分은 그原因때문이다。그러한失敗者는 信仰을熱烈한 感興속에求하던사람中에많다。또는 寂滅裏에서 瞑想의실꾸리를푸는것으로써 信仰을길으려하던사람中에있다 勿論 信仰生活에感興이없지않다 그러나 그것이 그重要한部分은아니다 뿐만아니라 感興은 아무리高尙한感興이라도 要컨대 一種醉하는일이다。故로良心의 宗敎에있어서는 반듯이要求할바가되지못한다 思辯도 信仰에必要치 않은것은아니다。마는 한갓形式論理의 迷路를더듬는思辯이라면 結局草堂春睡에 한바탕甘夢을꾸는일과다를것이없다。그러한것은 信仰生活의 한榮華는될수있다。그러나 산生命力은아니다。信仰이 生命的이기爲하야는 그러한「오늘있다가 來日아궁에던짐을當하는」들꽃의 그것같은榮華를求하기보다 人生事實의 肥沃한土壤속에 깊이뿌리를박는대 힘을쓰어야한다。가을날 시들어진풀을흩트리는듯한 定向없는氣分우에가아니오 潦水가나리고 波濤가부딪쳐도 牢乎不動하는磐石같은眞理우에 建築을쌓듯이 信仰生活을쌓으어야한다。

그러면 그根據란어떤것인가 우리生活로하여금 雲霧消散하는 空中樓閣이되지아니하고 불로살우는 材料마당에서 우리를爲하야 功績을證明해주는 참建築이되게하는그磐石은무엇인가。曰、其一은 個人的生活經驗이오 其二는 世界的歷史理解다。이두根據는 人生의二面的存在의 事實에應하는것이다。卽 사람의個人的方面과 世界的方面의두事實에應하야 信仰의個人的根據와 世界的根據가있다는것이다。個人的根據란 個人이自己存在를 一個獨自의價値를가지는 人格的인것으로 體驗하는데서 생기는것이오 世界的根據란 自己를 有意味的關聯으로보는 世界體系上에서 把捉할때에생기는것이다。하나는 一個人間으로서—靈肉을가추가지고 知情意의活動을하는 多難한人生路를걸

聖書的立場에서본朝鮮歷史　三

〈성서조선〉에 실린 함석헌의 기사.

주기철 목사 장례식(1944년). 평양노회에서 옥중에 있는 주기철 목사의 목사직을 파면하고 가족을 교회 사택에서 쫓아냈기 때문에 장례식을 평양 서문중학교 앞 길가에서 치렀다(한국기독교역사박물관 제공).

一八. 겸손하기 위하야

【요절】 대개 스사로 놉히는자마다 낫아지고 스사로 낫추는자마다 놉하지리라. 눅十四〇十一

【성경】 마 十八〇四, 야 四〇六

【기도】 오! 주여! 나로하여금 당신의 낫아지신것을 배호게하여 주옵소서. 당신은 지극히 놉으시고 지극히 영화로우신 하날의 보좌에 게서 천군과 천사와 하날의 모든 영광과 찬미와 경배를 받으시든 만유의 주재로써 낫고 천한 사람이되여 마굿간에 탄생하셧나이다. 오시되 왕후장상으로 오시지안코 지극히 미천한 사람으로 말 구유에 오셧나이다. 사람이 다 멸시바리는 세리와 창녀의 친구가 되셧고 어린아이의 동무가 되셧고 죄인과 문둥이의 벗이 되셧나이다. 마츰내 벌거벗은 몸으로 강도의 틈에서 저주의 십자가에 달리시고 음부에까지 나려가셧나이다. 오 당신이 이같이 낫아지신 것을 생각할때 나는 어떻게 하오리까? 나는 나를 어대까지 낫추어야 당신앞헤서 합당하겟슴닛가? 당신이 제자의 발을 씻기셧으니 나는 문둥이의 발을 씻게 하여 주옵소서. 당신이 죄인의 죄를 [illegible] 가셧으니 나는 모든 사람의 발아래 짓밟히는 먼지와 티끌이 되게하여 주옵소서.

오! 주여! 나는 하나이다. 당신은 무한히 낫아서 끝까지 겸손한 당신이엇던것을! 그러나 나의속에는 여전히 나라는것이 남아 잇슴니다. 당신이 저주를 받으시려 이놈이 잇어 잇슴니다. 그리하야 당신이 받으실 영광과 찬송을 이놈이 받고자하는때가 종종잇슴니다. 남이 나를 비평함이 손톱만 잘을때에 이놈이 속에서 분노를 발하고 남이 나에게 호의와 면사를 가할때에 이놈이 속에서 교만을 발하나이다. 오! 주여! 당신이 못 받으시던 권세와 칭찬을 받고자 하나이까? 당신은 그 시천지칭으로도 오히려 조롱과 침 뱉음과 뺨침을 받으셧는데 나는 무엇이관대 당신이 못받으시던 칭찬과 영예를 바라고 잇나이까? 오! 주여! 나로 하여금 이 외람된 오만에서 구원하여 주소서. 성신의 방망이로 이「나」라는 놈을 마즈막종으로 따려 부수어 주시사 당신과같이 무아의경에까지 내마음을 비여 주옵소서.

오! 주여! 나는 이를 사모하야 마음이 간절하지 못합니다. 당신의 얼굴을 사모하야 마음이 뜨겁지 안슴니다. 나의 죄악을 위하야 재하엿이 가슴을 치는 통회가 간절하지 못합니다. 나의 부족을 생각하고 향상하고자 하는 정성이 강렬하지 못합니다. 이는 분명히 내맘이 비여잇지못한증거요 내 스사로 부요하다는 오만이외다. 주여! 당신의 어둔밤아래 내 심령의 자리를 그대로 들어내시사 나로 하여금 애통하고 회개하게 하옵시며 내 심령을 진공케 하고 당신의 얼굴을 향하야 타들게 하게 하옵소서. 오! 주여! 나는 당신의 겸손을 사모하옵고 당신과 같이되기를 원하나이다. 아멘

(주 기 철)

《기도지남》에 실린 주기철 목사의 기도.

믿음이란 한 알의 밀알이 땅에 떨어져 죽음으로 많은 열매를 맺음과 같이
진리의 열매를 위하여 스스로 죽는 것을 뜻합니다. 눈으로 볼 수 없으나
영원히 살아 있는 진리와 목숨을 맞바꾸는 자들을 우리는 믿는 이라고 부릅니다.
「믿음의 글들」은 평생, 혹은 가장 귀한 순간에 진리를 위하여 죽거나 죽기를 결단하는
참 믿는 이들의, 참 믿는 이들을 위한, 참 믿음의 글들입니다.

이덕주의 산상팔복 이야기

八福

이덕주 지음

홍성사

차례

머리말

산상팔복 많이 받으세요

1

이 책은 2006년 홍성사에서 펴낸《한국 교회 처음 이야기》의 후속편이라 할 수 있다. '처음 이야기'는 2007년 '어게인 1907: 평양대부흥운동 100주년 기념 영적각성운동'을 앞두고 기독교 복음을 받아들인 한국 초대 교회 교인들의 이야기를 담았다. 연대로 보면 1870년대에서 1910년까지의 한국 교회 초기 선교 역사를 성경 말씀, 특히 복음서와 사도행전 본문 말씀과 연결 지어 살펴보았다. 그래서 책의 부제를 "성경으로 풀어 읽는 한국 초대교회사"로 붙였다. 그 책에서 내가 쓰고 싶었던 것은 '하나님의 말씀이 조선 땅에 응하신' 역사를 살펴보고 잃어버린 '한국 교회 처음 사랑'의 실체를 찾는 것이었다.

2

그렇게《한국 교회 처음 이야기》를 낸 후 마음속에 "기회가 되면 한국 교회의 '다음 이야기'와 '요즘 이야기'를 써보아야겠다" 생각했다. '다음 이야기'는 한국 교회사의 중기에 해당하는 일제강점기 역사를 담은 것이고 '요즘 이야기'는 해방 후 현대교회사를 담은 것이 될 수 있겠다 싶었다. 그러나 '다음 이야기'를 쓸 시간적 여유가 없었다. 신학교 일도 바빴거니와 여기저기 부탁받은 글들을 쓰다 보니 그랬다. 2018년 정년퇴직한 후에야 시간적 여유가 생겼다. 특히 2020년 '코로나19'는 나로 하여금 사막교부들이 누렸던 천혜(天惠)의 축복, 은둔과 칩거의 은총을 경험하도록 해주었다. 참으로 오랜만에 조용한 공간에서 나를 돌아보며 회개하고 그분 말씀과 교제하는 시간을 가졌다. 그러면서 밀렸던 '다음 이야기'를 써보자는 마음이 생겼다.

3

'처음 이야기'가 1910년까지 이야기였으니 '다음 이야기'는 일제강점기 식민통치 하에서 우리 민족과 교회가 고통당하고 수난당한 이야기가 될 것은 당연했다. 그 시기 부흥과 성장의 역사도 물론 있었지만 아픔과 고통의 역사가 압도적이었다. 고난의 역사를 기록하는 일이 신나지는 않았다. 망국과 포로시대를 살면서 '실패한' 조국의 시리고 아픈 역사(哀史)를 기록해야 했던 구약 예언자들의 심정이 이해되었다. 그런 중에 홀연히 찬송가 429장이 떠올랐다. "세상 모든 풍파 너를 흔들어/ 약한 마음 낙심하게 될 때에/ 내려주신 주의 복을 세어라/ 주의 크신 복을 네가 알리라/ 받은 복을 세어 보아라/ 크신 복을 네가 알리라/ 받은 복을 세어 보아라/ 주의 크신 복을 네가 알리라." 반복되는 "받은 복을 세어 보아라"(Count your blessings)라는 말씀.

밝은 날, 잘나갈 때 받는 축복보다 흐린 날, 안될 때 받는 축복이 얼마나 큰지……. 바로 그것이었다. 고난과 시련 속에 누리는 하늘의 축복, 일제강점기 한국 교회가 그런 축복을 받았음을 깨달았다.

4

한국 중간교회사는 3.1운동 투쟁과 희생으로 시작해서 신사참배 거부와 순교로 끝났다. 그 사이 수많은 그리스도인들이 옥에 갇히고 추방당했으며 빼앗기고 목숨을 잃었다. 그 시절 한국 교회는 가난했고 애통하였으며 온유하고 목마른 자들이 긍휼과 청결한 마음으로 평화를 심기 위해 애쓰다 욕을 먹고 추방되고 박해를 받아 결국 죽임을 당했다. 〈받은 복을 세어 보아라〉라는 찬송이 계시처럼 내게 임한 이유가 거기 있었다. 일제강점기 한국 교회가 받은 축복은 곧 예수 그리스도께서 제자들에게 빌어 주셨던 '산상팔복'(山上八福), 그것이었다. 하나님의 나라에서 하나님의 자녀들만이 누릴 수 있는 하늘의 축복 여덟 가지, 그것이었다. 일제강점기 한국 교회 교인들이 예배를 찬송 〈만복의 근원 하나님〉으로 시작해서 〈복의 근원 강림하사〉로 연결하여 "이 천지간 만물들아 복 주시는 주 여호와"로 끝냈던 이유를 알 것 같았다.

5

그런데 오늘 우리는 어떤 복을 빌고 있는가? 연초

만 되면 믿는 사람이든 불신자든 남녀노소 불문하고 모든 사람의 인삿말이 통일된다. "새해 복 많이 받으세요." 나도 그렇게 인사해 왔다. 그런데 어느 때부터인가 "무슨 복을 받으라는 건가?" "어떤 복을 빌어 준 거지?" 하는 생각이 들었다. 만사형통? 소원 성취? 무병장수? 사업 번창? 입학 취업? 심지어 교회 안에서조차 "부자 되세요"라는 목사의 축복 선언이 나오고 있는 실정이다. 과연 교회에서 그처럼 세속적이고 물질적인 복을 기대하고 빌어 줄 것인가? 이 대목에서 "주님이라면 우리에게 어떤 복을 빌어 주실까?" 하고 생각해 보았다. 답은 하나. 산 위에서 제자들에게 빌어 주신 여덟 가지 복을 우리에게도 빌어 주실 것이 분명했다. 그래서 새해 인사를 바꾸었다. 입으로는 "복 받으세요"하면서 마음속으로는 "산상팔복 받으세요"라고. 상대방이 교인인 경우엔 노골적으로 "주님의 산상팔복을 빕니다"라고 했다.

6

신학교 교수로 있던 시절, 가끔 방학 기간 중 지역 교회의 사경회나 부흥회 강사로 초청을 받았다. 특히 1월 집회에 초청을 받아 가면 예배당 전면에 '신년 축복 성회'라는 현수막이 걸려 있었다. 부흥사에게 어울릴 집회를 신학교 교수에게 부탁하다니? 처음엔 그런 명목의 집회를 인도하고 싶지 않았다. 그런데 주님의 산상팔복 말씀에서 은혜를 받은 후에는 기꺼이 그런 축복성회 초청에 응했다. 사경회든 부흥회든 보통 강사에게 7-8회 설교할 기회를 준다. 그러면 마태복음 5장 1-12절 말씀을 매번 집회에서 같은 본문을 반복해서 읽고 여덟 가지 복에 대해 설교했다. 집회 때마다 "교회 밖 세상 사람들이 구하는 세속적이고 물질적인 복이 아니라 하나님 나라의 신령한 복을 누립시다", "있다가 없어질 '가짜 복'에 매달리지 말고 영원히 변치 않을 '참복'을 구합시다" 하고 호소했다. 물론 설교하는 나부터 그런 기도와 각오로 임했다.

7

10년쯤 전일까? 홍성사 편집부장이 학교 연구실로 찾아왔다. 이런저런 이야기를 나누다가 산상팔복 말씀을 가지고 부흥회를 인도한 내 이야기를 듣더니 대뜸, "목사님, 나중에 그거 원고로 만드시면 저희 주세요" 했다. 그때는 설교를 책으로 낼 생각도, 의지도 없었던 터라 그냥 웃고 지나갔다. 그 후로도 몇 차례 '산상팔복 부흥성회'를 했다. 그러나 그걸 원고로 만들 생각은 없었다. 그리고 은퇴 후 코로나 사태를 겪으면서 "이처럼 전 세계 인류를 꼼짝 못하게, 하던 일을 멈추고, 불가항력 상황으로 몰아가시는 하늘의 뜻은 무엇일까?" 생각했다. 그리고 기도와 말씀 묵상에 보다 많은 시간을 갖게 되면서 밀린 숙제처럼 놓여 있던 산상팔복 설교 노트를 다시 집어 들었다. 그렇게 해서 《한국 교회 처음 이야기》의 후속편, '다음 이야기'

로 '산상팔복 이야기'를 쓰게 되었다.

8

탈고 후 그때 그 편집자에게 연락을 취했다. 편집자는 "개인 사정으로 한 달 후 회사를 그만두기로 했다"면서 원고를 후임에게 넘겼다. 종이책 판매가 어려운 요즘 출판을 결단한 정애주 대표님과 수고한 편집부 직원 여러분께 고맙고 감사할 뿐이다. 특히 담당 편집자가 거친 내 원고를 깔끔하게 다듬어 주었고 디자이너의 손을 거쳐 아름다운 책으로 나오게 되었다. 여러분의 수고로 세상에 나온 만큼, 이 책에 실린 '수난시대를 행복하게 살았던 믿음 조상들의 이야기'가 풍요와 번영의 시대를 살면서도 만족하지 못하고 불평만 하는 오늘 우리에게 '참행복'의 길을 알려 주는 작은 이정표가 되었으면 좋겠다.

2021년 7월
칡고개 언덕 만보재에서

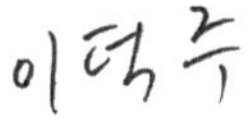

산에 오르사

그 어디나 하늘나라
애통하며 회개할 맘
물방울, 바위를 뚫다
무얼 먹고 마실까
때리시고 어루만져
네가 내 얼굴이다
평화, 평화로다
십자가, 그 복된 길
다시, 복을 받으려면

1 예수께서 무리를 보시고 산에 올라가 앉으시니 제
자들이 나아온지라 2 입을 열어 가르쳐 이르시되

조선의 마케도니아인

대화중에 눈길 한 번 돌린 것이 인생행로를 그렇게 바꾸어 놓을 줄 몰랐다. 1882년 10월, 일본 도쿄의 근대 농업학교 농학사에 들어가려고 교장 쓰다센(津田仙)을 만난 입학 지원생 이수정(李樹廷) 이야기다.

전라도 옥과의 전통 양반 집안 출신으로 알려진 이수정은 어려서부터 유교 경전과 한학을 공부했다. 이후 민영익 대감의 '문하인'이 되어 경복궁을 출입하던 그는 1882년 6월 임오군란에서 명성황후(민비)의 목숨을 구했다. 이수정은 그 공로로 국왕의 후의를 입어 일본 유학길에 올랐다. 일본 유학을 결심한 처음 목적은 농학을 배워 가는 것이었다.

그가 농학에 관심을 둔 것은 1년 전에 일본을 다녀간 안종수(安宗洙)의 《농정신편》(農政新編) 원고를 읽은 다음부터였다. 조선은 대대로 '농자천하지대본'(農者天下之大本)이라 하여 농업을 중시했으나, 낙후된 농법과 경영 방식을 바꾸려 하지 않고 과거 전통만 고집하고 있었다. 농업을 기반으로 한 지방 경제와 국가 경제가 붕괴 직전에 몰린 것이 당시 현실이었다. 그때 이수정이 읽은 《농정신편》은 서구의 근대 농업 기술을 적극 수용하고 농업 정책을 개혁하여 국가 경제를 발전시켜야 한다고 주장했다. 이는 "어떻게 하면 부강한 나라를 만들어 백성이 행복하게 살 수 있을까?" 하고 고민하던 젊은 정치 지망생의 관심을 불러일으키기에 충분했다.

《농정신편》을 쓴 안종수는 이수정과 같은 민영익 문하생으로, 가까운 친구였다. 그는 1881년 2월 신사 유람단 일행으로 일본에 건너가 서구의 근대 농법을 소개하는 책자들을 가지고 돌아왔다. 그리고 조선 실정에 맞춘《농정신편》을 저술하기 시작했다. 안종수는 그 책을 출간(1885년)하기에 앞서, 원고를 친구 이수정에게 보여 주면서 둘의 공통된 관심사인 '농업 개혁'을 논했다.

1882년 9월, 일본 수신사 박영효의 수행원 중 한 명으로 일본을 방문하게 된 이수정에게 안종수는 일본에 가면 농학사의 쓰다센을 만나 볼 것을 권했다. 쓰다센은 일본 근대 농업의 창시자였다. 그가 쓴《농업삼사》(農業三事)는 안종수가 일본에서 가져온 책자 중 하나였다.

이수정은 일본에서 수신사 수행원으로서 한 달간의 공식 일정을 마친 후 쓰다센을 찾아갔다. 1년 전에 안종수를 만나 우호적인 대화를 나누었던 쓰다센은 그의 소개로 찾아온 이수정도 반갑게 맞이했다. 쓰다센의 서재에서 이루어진 두 사람의 대화는 근대 농업과 농학사 입학에 관한 이야기로 시작되었다. 그런데 대화가 진행되면서 대화 주제와 내용이 예상치 못했던 방향으로 바뀌었다.

쓰다센은 일본 근대 농학의 창시자일 뿐 아니라 일본 기독교 초기 지도자로 유명했다. 치바현의 무사(사무라이) 집안 출신으로 메이지유신에 가담했던 쓰다센은 1873년 일본 정부의 파견으로 오스트리아 빈에서 개최된 만국박람회에 참관했다. 쓰다센은 거기서 네덜란드의 근대 농업 지식과 서적을 습득하고 돌아와 도쿄 농학사를 설립했는데, 그때 박람회장에 전시된 호화로운 장정의 성경책을 보고 기독교에 관심을 갖게 되었다. 귀국 후 1874년 갓 일본 선교를 시작한 미국 감리회 선교사 소퍼(J. Soper)에게 세례를 받고 그가 아오야마학원(青山學院) 설립하는 것을 도왔다.

기독교인 농학자로서 쓰다센의 꿈은 일본에 근대 농업과 함께 기독교 신앙을 전파하는 것이었다. 농학사를 찾아온 조선 청년 안종수와 이수정을 맞은 쓰다센의 마음에도 그런 이중의 의도가 있었다.

그러나 처음에 이수정은 기독교에 관심이 없었다. 다만 출국 전 친구 안종수가 "쓰다센 선생 집에 가거든 서재에 걸린 액자도 보고 오라. 그 뜻이 범상치 않다"라고 했던 말이 생각나 쓰다센과 대화를 나누면서도 곁눈으로 액자를 찾아보았다. 과연 벽 중앙에 큼직한 액자가 걸려 있었다. 왕릉이나 대선비의 무덤에 있는 신도비(神道碑)를 탁본한 것만큼 컸다. 검은 비단에 금색 세필(細筆)로 정성을 다해 쓴 것이 불교의 금니경(金泥經)과 흡사했다. 그런데 그 내용은 이수정이 알던 유교나 불교, 도교 경전에서 나온 것이 아니었다. 나중에 알게 되었지만 그것은 한문 성경의 마태복음 5장 전부를 담고 있었다. 첫 대목부터 그의 눈길을 붙잡았다.

虛心者福矣　　以天國乃其國也
허심자복의　　이천국내기국야

哀慟者福矣　　以其將受慰也
애통자복의　　이기장수위야

溫柔者福矣　　以其將得土也
온유자복의　　이기장득토야

飢渴慕義者福矣　　以其將得飽也
기갈모의자복의　　이기장득포야

矜恤者福矣　　以其將見矜恤也
긍휼자복의　　이기장견긍휼야

淸心者福矣　　以其將見神也
청심자복의　　이기장견신야

和平者福矣　　以其將爲神之子也
화평자복의　　이기장위신지자야

爲義而被窘逐者福矣　　以天國乃其國也
위의이피군축자복의　　이천국내기국야

그는 나름대로 뜻을 풀이해 보았다.

마음을 비우는 자 복이 있나니 천국이 그의 나라가 될

것이라.

슬피 우는 자 복이 있나니 그가 위로를 받을 것이라.

온유한 자 복이 있나니 그가 땅을 얻을 것이라.

의에 주리고 목마른 자 복이 있나니 그가 배부를 것이라.

긍휼히 여기는 자 복이 있나니 그가 긍휼을 입을 것이라.

마음이 깨끗한 자 복이 있나니 그가 하나님을 뵈올 것이라.

화평케 하는 자 복이 있나니 그가 하나님의 자녀로 불리리라.

의로 인하여 핍박을 받는 자 복이 있나니 천국이 그의 나라가 될 것이라.

읽기는 쉬운데 그 뜻을 파악하기 어려웠다. 내용으로 보아서는 동양 사람이면 누구나 좋아하는 '복'(福)에 관한 것이 분명했다. 그런데 이른바 복 있는 사람이라고 언급한 '허심자', '애통자', '온유자', '기갈자', '긍휼자', '청심자', '화목자', '군축자'는 그동안 동양에서 복 받은 자로 여겼던 사람들과는 거리가 멀었다. 돈과 재물, 권력과 명예, 무병장수, 부귀다남, 소원 성취, 하다못해 치아가 건강한 것까지도 복으로 여기며 살았던 사람들에게, '마음을 비우고 슬피 울며, 온유하고 겸손하며, 갈급하고 긍휼하며, 마음을 깨끗이 하여 화목하고, 핍박을 받는 자가 복이 있다'고 하니 선뜻 납득하기가 어려웠다. '천국'이나 '신'(하나님)이라는 단어도 이해할 수 없었다. 하지만 '모두 헛소리'라고 외면할 수 없는 묘한 마력이 글 속에 담겨 있었다. 이수정은 액자에서 눈을 떼지 못했다.

이수정의 눈길이 액자를 향하면서 쓰다센과의 대화 주제도 바뀌었다. 쓰다센은 액자에 실린 글귀의 출전(出典)에 대해 묻는 이수정에게 한문으로 인쇄한 신약성경을 선물로 주었다. 숙소로 돌아온 이수정은 마태복음부터 읽어 나갔다. 1장 첫머리에 나오는 '예수 족보'는 족보를 중시하는 양반 집안 출신 이수정의 관심을 끌었다. 쓰다센 집 액자에서 읽었던 5장도 그랬고 다음에 나오는 설교 내용도 흥미로웠다. 그동안 접했던 동양 경전과는 다른 글맛을 느꼈다. 그러나 막상 그 책을 자신의 경전으로 삼을 용기는 없었다. 대원군의 천주교 박해 시절(1866-1878년) 천주교를 신봉했던 그의 숙부가 '사학죄인'(邪學罪人)으로 몰려 참형을 당한 일이 있었기 때문에 서양 종교를 믿는다는 것이 얼마나 위험한 일인지 그는 잘 알고 있었다. 더구나 정부에서 파견한 국비 유학생 신분이었던 그에게 기독교 개종은, 일본에서 누리던 특혜와 신분 보장을 박탈당할 뿐 아니라 본국의 가족과 그동안 사귀었던 친구들과 단절됨을 의미했다. 그래서 선뜻 개종을 결단하지 못했다.

그렇게 두려움과 끌림으로 성경을 읽던 어느 날 이상한 꿈을 꾸었다. 꿈속에 기인(奇人) 두 사람이 나타났는데 한 사람은 키가 크고 한 사람은 작았다. 그들은 옆구리에 한 보따리 책을 끼고 있었다. 이수정이 "그것이 무엇입니까?" 하고 묻자 그들은 "그대 나라에 무엇보다 가장 귀한 책이오" 하였다. 다시 이수정이 "무슨 책입니까?" 하고 묻자, 그들은 "성경이오" 하였다. 바로 그 무렵 이수정이 읽고 있던 책이었다. 이수정은 그 꿈을 '하늘의 가르침'으로 여겼다. 그 후 '나라에 가장 귀한 책'이라는 성경을 두렵고 떨리는 마음으로 읽다보니 의심 대신 확신이, 두려움 대신 용기가 생겼다.

그는 1882년 12월 성탄절에 쓰다센의 안내로 도쿄 쓰키지교회 성탄 예배에 참석해서 큰 감명을 받았고, 쓰다센의 소개로 일본인 목사 나가타(長田時行)와 야스가와(安川亨)를 만나 성경과 기독교를 공부했다. 마침내 1883년 4월 29일, 도쿄 로게츠쵸교회에서 미국 장로회 선교사 녹스(G. W. Knox)에게 세례를 받았다.

이수정의 개종은 당시 일본에 있던 조선인 유학생은 물론이고 본국의 가족과 정부에 큰 충격이었다. 본국 정부에서는 유학비를 중단하고 귀국하라는 압력을 넣었다. 한때는 같은 '개화파'로 활동했으나 갑신정변(1882년 12월) 실패 후 일본에 망명 중인 김옥균은 기독교로 개종한 이수정을 암살하려고 자객을 보내기도 했다. 예상했던 단절과 박해가 뒤따랐다.

그런 이수정을 보호하고 도와준 것이 교회였다. 개종 후 이수정은 농업 공부를 포기하고 미국성서공회 일본 지부 총무 루미스(H. Loomis) 선교사의 후원을 받으며 '나라에 가장 귀한 책'인 성경을 번역하는 일에 몰두했다. 먼저는 자신과 같은 조선의 식자층을 겨냥하여 한문 성경에 구결(口訣, 토)을 단 형태로 신약의 사복음서와 사도행전을 번역했다. 토를 단 다섯 책을 1884년 요코하마에서 인쇄했고 1885년 2월에는 마가복음을 한글로 번역하여 국한문 혼용 《신약전 마가복음서 언해》를 간행했다.

그는 도쿄에 있던 조선인 유학생들에게 전도하여 주일학교 형태의 집회를 시작했고 일본 주재 미국 선교사들의 도움을 받아 미국 교회에 선교사를 파송해 달라는 편지를 썼다. 그 편지 형식과 내용이 성경의 바울 서신과 비슷하다.

> 예수 그리스도의 종 된 나 이수정은 미국에 있는 형제자매님들에게 문안합니다. 믿음과 진리의 능력으로 주님의 크신 은총을 입은 제가 지금 누리고 있는 행복은 한이 없습니다. 여러분의 기도와 도움으로 우리는 사탄에 넘어가지 않고 믿음을 굳게 지킬 수 있었으니 찬양과 영광을 주님께 드리는 바입니다.
> 그러나 아직도 수천만 우리 민족은 하나님의 참된 도를 모른 채 이방인처럼 살고 있습니다. 아직도 그들은 주님의 구속하시는 은총을 얻지 못하고 있습니다.
> 복음이 퍼져 나가는 오늘과 같은 시대에 우리나라는 불행하게도 지구 한쪽 구석에 박혀 있어 기독교가 주는 축복을 누리지 못하고 있습니다. 그래서 저는 성경을

한글로 옮기는 일을 하고 있는데 이것을 통해 복음이 확산되기를 바랍니다. 이 일이 잘 되도록 저는 밤낮으로 기도하고 있습니다.

저는 비록 힘이 없는 사람이지만 여러분이 선교사들을 파송만 해주신다면 최선을 다해 돕겠습니다. 간곡하게 바라는 바는 지금 당장 몇 명이라도 이곳 일본에 보내 여기서 일하고 있는 이들과 협의하면서 사업을 준비하도록 해주십사 하는 것입니다. 제 생각에는 이것이야말로 가장 안전하고도 적절한 방법입니다. 제가 드린 말씀을 진지하게 검토해 주시기를 간절히 빕니다. 그렇게만 된다면 제 기쁨은 한이 없겠습니다.

그리스도의 종 이수정 드림.

영어로 번역된 이수정의 편지는 미국에서 간행되던 각종 선교 잡지에 실렸다. 그로 인해 이수정은 미국 교인들로부터 '조선의 마케도니아인'(Macedonian of Korea)이라는 별명을 얻었다. 이 편지가 미국에 전달된 1년 후, 미국 교회는 한국 선교를 결정했다. 그리하여 미국 북장로회의 언더우드(H. G. Underwood), 미감리회의 아펜젤러(H. G. Apenzeller)와 메리 스크랜턴(Mary F. Scranton), 윌리엄 스크랜턴(W. B. Scrnaton) 등 개척 선교사들은 1885년 2월 일본 도착해서 조선 선교를 준비하던 중 이수정을 만나 그가 번역한 성경을 전달받았다. 그중 선발대로 나선 아펜젤러와 언더우드가 1885년 4월 5일 부활절에 내한했을 때 그들의 짐 속에는 이수정이 번역한 한글 성경, 《신약전 마가복음서 언해》가 들어 있었다. 그날 한글 성경책을 안고 이 땅에 들어온 두 개척 선교사의 모습은 이수정이 일본에서 성경을 처음 읽으면서 꿈속에서 보았던 '책 보따리를 안고 찾아온 두 사람' 모습과 비슷했다. 언더우드와 아펜젤러는 키 차이가 컸다. 그들이 가져온 성경이 이후 '우리나라에 가장 귀한 책'이 되었음은 물론이다.

그렇게 이수정은 초기 한국 기독교 역사에서 선교의 문을 '안쪽에서' 연 주인공이 되었다('바깥쪽에서' 선교의 문을 연 인물로는 만주의 로스 선교사, 일본의 매클레이 선교사를 들 수 있다). "부강한 나라와 행복한 백성"을 꿈꾸며 농학을 공부하러 일본에 갔던 이수정이 생각을 바꾸어 기독교의 경전, 성경을 번역하는 일에 몰두하게 된 결정적 계기는 쓰다센의 서재에 걸린 액자, 거기에 담긴 마태복음 5장 말씀을 읽은 것이었다. "참된 행복은 무엇인가?" 그 질문과 해답이 담긴 산상팔복 말씀이 닫혔던 그의 마음을 열어젖혔다. 그런 의미에서 산상팔복 말씀은 이수정의 마음뿐 아니라 '사학'으로 알려져 굳게 닫혔던 기독교 선교의 문을 연 열쇠가 되었다.

산에 오르신 이유

이수정이 쓰다센의 서재에서 본 액자에 담긴 글은 마태복음 5장, 소위 '산상설교'(山上說教, sermon on the mount)라 불리는 말씀이었다. 마태복음 5장부터 7장까지 말씀을 '산상 설교'라 하는데, 옛날 분들은 '산상수훈'(山上垂訓) 혹은 '산상보훈'(山上寶訓)이라고도 했다. 그중에 마태복음 5장 1절부터 10절 말씀을 따로 떼어 '산상팔복'이라고 했고 '참된 복 여덟 가지'라는 뜻의 '진복팔단'(眞福八端)이라고도 했다. (동방 교회나 이집트 정교회에서는 5장 11-12절 말씀도 포함하여 '구복'이라 한다.) 여기서 중요한 것은 '산상'(山上, on the mount)이라는 단어다. 산 위에서 들려주신 말씀이라는 뜻이다. 그렇다면 왜 주님은 평지가 아닌 산에 올라가 말씀을 하셨을까?

성경에서 산은 하나님의 택함을 받은 사람들이 하나님의 임재와 계시를 경험하는 '거룩한' 장소였다. 홍수 심판이 끝나고 노아의 방주가 머문 아라랏산(창 8:4-5), 아브라함이 하나님의 '마지막 시험'을 통과한 모리아산(창 22:1-4)이 그랬다. '하나님의 사람' 모세의 일생도 산에서 시작해서 산에서 끝났다. 그는 미디안 광야 호렙산에서 하나님의 임재와 부르심을 받았고(출 3:1-14), 이스라엘 백성을 애굽에서 인도해 낸 후 아라비아 광야 시내산에서 하나님의 계명을 받았다

(출 19:1-20:21). 또한 40년 광야 생활을 끝내고 모압 땅 느보산에 올라 요단강 건너편, 곧 자신은 들어가지 못하지만 이스라엘 후손들이 들어가 살 '젖과 꿀이 흐르는 땅'을 바라보면서 마지막 순간을 맞았다(신 34:1-6). 그런 모세의 유언에 따라 이스라엘 백성은 약속의 땅 가나안에 들어간 후 매년 정초 세겜 골짜기에 모여 북방 그리심산에서 축복의 율법을, 남방 에발산에서 저주의 율법을 낭독했다(신 27:11-29:6). 이 전통을 따라 '산상팔복'의 누가복음 병행구는 '네 가지 복과 네 가지 화'(四福四禍) 형태로 기록했다(눅 6:20-26). 예언자 엘리야도 갈멜산에서 영웅적인 투쟁을 벌인 후 호렙산에서 세미한 음성으로 임하신 하나님의 소명을 받았다(왕상 18:20-19:18).

결국 성경에서 '산에 오른다'는 말은 '하나님 계신 곳으로 간다', '하나님 뵈러 간다', '하나님 말씀 들으러 간다'라는 뜻이다.

마태복음 기자는 예수의 산상설교를 모세가 시내산에서 받은 하나님의 십계명을 백성에게 전하는 모세의 모습, 이스라엘 백성 대표들이 그리심산에 올라 축복의 율법을 낭독하는 모습에 비유했다. (구약의) '율법과 예언이 예수 그리스도에게서 성취되었다'는 마태복음 특유의 신학적 견해가 반영된 기록이라 하겠다(마 7:12; 11:13; 22:40). 같은 맥락에서 예수가 변화산에 올랐을 때도 율법을 상징한 모세와 예언을 상징한 엘리야가 함께 있었다(마 17:1-5; 막 9:2-8; 눅 9:28-36). 그렇게 그리스도의 산상설교는 구약의 전통을 계승한 것으로도 볼 수 있다.

그러나 그것이 다는 아니다. 그리스도가 산에 오르신 '특별한' 이유가 있었다.

> 예수께서 무리를 보시고 산에 올라가 앉으시니 제자들이 나아온지라. 입을 열어 가르쳐 이르시되.
>
> 마 5:1-2

첫째, 주님이 무리를 보셨다. 둘째, 주님이 산에 올라가 앉으셨다. 셋째, 제자들이 주님께 나아왔다. 넷째, 주님이 입을 열어 말씀하셨다. 여기서 주목할 것은 '주님이 무리를 보시고 산에 올라가셨다'는 대목이다. 무리를 보시지 않았으면 산에 오르지 않았을 수도 있다. 산에 오르신 이유는 무리 때문이었다. 왜 그랬을까? 어떤 무리였기에? 산상팔복 직전의 말씀이다.

> 예수께서 온 갈릴리에 두루 다니사 그들의 회당에서 가르치시며 천국 복음을 전파하시며 백성 중의 모든 병과 모든 약한 것을 고치시니 그의 소문이 온 수리아에 퍼진지라. 사람들이 모든 앓는 자 곧 각종 병에 걸려서 고통당하는 자, 귀신 들린 자, 간질하는 자, 중풍병자들을 데려오니 그들을 고치시더라. 갈릴리와

데가볼리와 예루살렘과 유대와 요단강 건너편에서
수많은 무리가 따르니라.
마 4:23-25

무리는 곧 예수 소문을 듣고 온 사람들이었다. 특히 "예수가 어떤 병이든 다 고친다더라" 하는 소문을 듣고 찾아온 환자와 그 가족들이었다. 그들이 예수를 찾아온 목적과 이유는 분명했다. 고침을 받기 위해서! 그래서 먼 거리를 마다하지 않고 아픈 몸을 이끌고 찾아왔다. 마태복음 4장에서 주님은 그런 무리를 보시고 고쳐 주셨다. 그런데 5장에서는 달랐다. 오히려 그런 무리를 보시고 산에 오르셨다. 정확하게 표현하면 무리를 '피하여' 산으로 올라가셨다. 각종 병에 걸린 환자들을 평지에 남겨 둔 채 홀로 산에 오르셨다. 환자들이 따라올 수 없는 산으로 말이다.

산에 오르신 주님은 산 위에 앉으셨다. 그리고 기다렸다. 누구를? "제자들이 나아온지라." 주님을 따라 산에 오른 자들이 있었다. 그들도 처음엔 산 아래 평지에 무리들과 함께 있었다. 그러다 주님이 사라진 것을 알고 주님을 찾다가 주님이 계신 산에 올랐다. 그들 가운데 환자는 없었다. 병 고침을 받기 위해 주님을 따라온 사람들이 아니었다. 다만 주님이 그곳으로 가셨기에 '주님을 따라' 올라온 사람들이다. 그들에게는 '제자'라는 칭호가 붙여졌다.

여기서 '무리'와 '제자'가 구분된다. 무리로 번역된 '오클로스'(ὄχλος, crowd)는 그저 '모인 사람들'을 의미한다. 그러나 제자로 번역된 '마테테스'(μαθητής, disciple)는 '따라온 사람', '배우러 온 사람'을 의미한다. 병 고침이 목적이 아니라 말씀을 듣기 위해 나온 사람들이다. 주님은 그런 제자들을 보시고 "입을 열어" 가르치셨다. 따라서 주님의 산상팔복은 산 아래 평지의 무리를 향하여 선포한 것이 아니었다. 병 고침 외에 다른 목적이 없는 그들에게 "가난하라", "슬피 울라", "온유하여라", "목마르게 사모하라", "긍휼히 여기라", "마음을 깨끗이 하라", "화평케 하라", "박해를 받으라"라는 말씀이 귀에 들릴 리가 없었다. 그들에겐 해당되지 않는 말씀이었다. 따라서 산상팔복은 주님이 산꼭대기에 서서 산 아래 평지에 모여 있는 무리(군중)를 향하여 목청껏 외쳐 선포하는 웅변조 설교가 아니었다. 산 위까지 따라 올라온 제자들에게 속삭이듯 들려주신 고요한 말씀이었다. 철저히 '제자들에게만' 하신 말씀이었다.

예수 목회는 '무리 사역'과 '제자 사역'으로 구분된다. 무리 목회는 배고프고 병든 사람들을 먹이고 고쳐 주는 사역이었다. 4장에서처럼 주님은 가난과 질병 같은 현실 문제를 안고 찾아온 사람들의 문제를 해결해 주셨다. 그러나 주님은 무리 목회에 머물지 않으셨다. 제자들을 말씀으로 양육한 후 말씀을 전하는 사도로 파송하는 '제자 목회'가 그리스도 사역의 궁극적인 목표였다. 그런 제자 목회의 출발인 '말씀 사역'을 5장의 '산상보훈'에서 볼 수 있다.

같은 맥락에서 우리의 신앙도 '무리 신앙'과 '제자 신앙'으로 구분할 수 있다. 무리 신앙은 내가 원하고 바라는 목적이 있어 교회에 출석하여 기도하고 헌금하고 봉사하는 신앙이다. 목적한 것을 얻으면 자기 공로로 여기고 얻지 못하면 실망하고 교회를 떠난다. 그러나 제자 신앙은 다르다. 주님 자체가 신앙의 목적이다. 주셔도 좋지만 안 주셔도 상관없다. 그저 주님과 함께, 주 안에 있는 것 자체가 즐거울 뿐이다. 그렇게 영생의 행복을 찾는 사람들만 주님 곁에 남았다. 무리에서 제자를 추려 내는 것이 주님 사역의 시작이었다.

쌀 교인

'쌀 교인'(rice Christian)이라는 말이 있다. 선교 초기 내한 선교사들이 '먹거리 문제를 해결하려고 교회에 나오는' 한국 토착 교인들을 일컬은 말이다.

전주 선교부 개척 시절, 전라도 지역 선교를 담당한 미국 남장로회 선교부는 1893년 6월에 전도인 정해원을 전주에 내려보내 은송리에 집을 마련하고 전도를 시작하였다. 그는 주로 장터에 나가 한글 쪽복음과 전도지를 팔면서 전도했다. 전주 성내에 "서울 양반이 내려와서 새로운 도를 가르친다더라" 하는 소문이 돌면서 호기심에 은송리 전도 집을 찾아오는 사람들이 생겨났다. 서울에 있던 정킨(W. M. Junkin)과 테이트(M. B. Tate) 등 선교사들도 종종 내려와 정해원의 전도에 힘을 보탰다. 서양 선교사의 등장으로 은송리 집회 참석자들이 크게 늘어났다. 선교사가 내려올 때는 구경꾼을 포함하여 400-500명이 몰려왔다. 그중에는 만병통치약으로 알려진 '서양 약'을 구하려는 사람들도 많았다. 세례 지원자도 여섯 명이나 생겨났다. 전주 선교의 전망은 밝았다.

그러나 1894년 4월 일어난 동학농민전쟁과 뒤를 이은 청일전쟁으로 전주 선교는 큰 위기를 맞았다. 정해원과 선교사 가족은 동학군이 전주성을 점령하기 직전 전주를 떠나 서울로 올라갔다. 이후 청일전쟁이 끝나기까지 10개월 동안 전주 선교는 전면 중단되었다. 전세가 어느 정도 안정기에 접어든 1895년 2월에야 테이트와 레이놀즈(W. D. Reynolds) 등 선교사들이 내려와 조심스레 전주 선교를 재개했다. 다행히 은송리 전도집은 파괴되지 않고 그대로 남아 있었지만 그곳에 모였던 교인들은 돌아오지 않았다. 전쟁 직전 '세례를 받겠다'고 했던 교인들도 대부분 신앙을 포기했거나 행방불명이 되었다.

여섯 명의 세례 지원자 가운데 오직 한 사람만 재개된 은송리 집회에 나왔다. 그는 장사꾼이었는데 장날만 아니면 매주일 빠지지 않고 3마일(10리)을 걸어서 예배에 참석했다. 선교사들은 그를 '밝고 빛난 별'이라 칭하며 그에게 희망을 걸었다. 그러나 희망은 실망으로 바뀌었다. 한 달 동안 잘 나오던 장사꾼 교인은 선교사에게 "그동안 주일날 장사를 하지 않고 교회에 나왔으니 그 값을 계산해서 10달러를 달라" 하였다. 교회 출석을 품삯으로 계산해 달라는 요구였다. 실망한 레이놀즈는 보고서에 "그는 전형적인 쌀 교인이었다"라고 적었다.

그렇게 선교사에게 실망감을 안겨 준 '쌀 교인'이 떠나고 얼마 후, 예기치 않았던 손님들이 선교사를 찾아왔다. 1년 전 선교사 집에 들렀다가 성경책과 전도지를 가져갔던 사람들이었다. 그들은 전쟁 난리통에 성경 말씀을 읽다가 '복음'에 관심과 호기심이 생겨 찾아온 사람들이었다. 이들로 전주 서문밖교회가 시작되었다.

두동교회 알곡 신자

전주에서 멀지 않은 익산 두동교회 이야기다. 금강 하류에 위치한 익산군 성당면 두동리 마을엔 "사방 30리 그의 땅을 밟지 않고는 다닐 수 없다" 하는 큰 부자가 살고 있었다. 순창 군수와 장단 군수를 거쳐 일제 말기 도평의원을 지낸 박재신이다. 그는 재물이 많은 만큼 부인도 여럿이었다. 호적에 오른 부인만 넷이고 자식을 낳아 준 여인까지 합치면 일곱이나 되었다. 박재신이 이처럼 많은 부인을 둔 이유는 오직 하나, '아들을 얻기' 위함이었다. 박재신의 본부인 한재순의 마음고생이 어느 정도였을지 쉽게 짐작할 수 있다.

어느 날 예수교 전도부인 안신애가 두동마을에 들어와 안방 부인들에게 "예수 믿으면 집안이 복을 받고 자식도 얻을 수 있다" 하며 전도했다. 자식을 얻을 수 있다는 말에 박재신 부인을 비롯한 몇몇 부인들이 십리 떨어진 부곡교회에 나가기 시작했다. 박재신을 비롯한 박씨 문중 남자들은 예수교가 싫었지만 자식을 얻을 수 있다는 말에 부인들의 예배당 출석을 묵인했다. 부인들은 낮 예배뿐 아니라 밤 예배에도 참석했다. 그러다가 얼마 후 박재신 부인이 임신했다. 흥분한 박재신은 "임신한 부인이 먼 밤길을 걸어가게 할 수 없다" 하면서 자기 집 사랑채를 예배 처소로 내놓았다. 1923년 5월, 두동교회는 그렇게 시작되었다.

그리고 부인은 아들을 낳았다! 박재신은 아들 이

름을 '요한'이라 지었다. "참으로 용한 종교다"라고 하며 그도 교인이 되었다. 그는 곳간으로 쓰던 고패집을 예배당으로 개축했고 교회 부속 배영학교도 설립했다. 그리고 평양신학교 학생 구연직(具然直) 전도사를 초빙해서 교회와 학교를 맡겼다. 교회 전도사의 학비와 생활비는 물론이고 학교 운영비도 박재신이 전담했다. 그는 무럭무럭 자라는 아들 요한을 기념하여 교회 종까지 만들어 세웠다. 이처럼 마을 최고 부자 박재신이 교회에 정성을 기울이자 그 집 식구와 하인들은 물론이고 그의 논을 붙여 먹던 소작인들도 교회에 나왔다. 실제로 박재신은 마름을 시켜 마을 사람들의 주일 예배 출석 여부를 확인했다. 그 결과 "교회에 안 나가면 논을 떼일까 봐" 출석하는 교인들로 예배당은 가득 찼다. 두동마을 주민 대부분이 교인이 되었다. 두동교회의 미래는 희망적이었다.

그런데 1929년 들어 박재신 집안에 일이 터졌다. 여섯 살 된 아들 요한이 목욕을 하다가 뜨거운 물에 데어 죽었다. 충격을 받은 박재신은 "하나님이 살아 계시면 이럴 수는 없다" 하며 신앙을 포기하고 부인의 예배당 출입도 금했다. 얼마 후 박재신의 고모가 죽었다. 삼일장 전통에 따라 주일에 출상을 하게 되었는데 구연직 전도사는 "주일에 장례를 치를 수 없다" 하며 출상을 반대했다. 그 일로 교회로 향했던 박재신의 마음이 "싹 돌아섰다."

그는 자기 땅에 있는 예배당을 폐쇄하고 교인과 학생들을 쫓아냈다. 쫓겨난 교인들은 그 마을에서 박재신의 논을 붙여 먹지 않던 몇 안 되는 자작농 이종규가 내놓은 배추밭에 천막을 치고 예배를 드렸다. 박재신은 누가 예배를 드리러 가는지 조사하도록 지시했다. 그러자 "교회에 나가면 논을 떼일까 봐" 걱정한 교인들이 떨어져 나갔다. 결국 남편의 반대를 무릅쓰고 나온 부인들과 "논을 떼이더라도 교회에 다니겠다" 하는 소작인들만 남았다. 그동안 구연직 전도사의 설교를 들으면서 '말씀의 행복'을 느낀 사람들이었다.

박재신의 아들 요한과 동갑내기였던 두동교회 박정호 원로장로는 그때 일을 증언하며 "하나님께서 그런 식으로 알곡을 고르신 거지요"라고 했다. 그렇게 남은 '알곡 신자' 중에는 박재신 집에서 집사 일을 하던 황희식도 포함되었다. 그는 주인의 반대에도 신앙을 포기하지 않았고 두동교회 집사를 거쳐 초대 장로가 되었다.

쫓겨난 두동교회 교인들에게 가장 시급한 과제는 예배당이었다. 부인과 소작인들로 구성된 20명 남짓 교인들 중에는 돈 많은 이가 하나도 없었다. 그런데 그해 여름 큰 태풍이 불어 안면도 소나무를 싣고 가던 배가 군산 앞바다에서 파선되었다. 배에 실렸던 목재들이 파도에 밀려 금강 성당포나루, 두동마을 입구에 쌓였다. 목재 주인은 성당포까지 와서 보고는 다시 싣고

가기에는 비용이 만만치 않음을 알고 '헐값에' 처분하기로 했다.

그렇게 해서 1929년 5월 두동교회 교인들이 '개미역사'로 성당포나루에서 옮겨 온 목재로 지은 20칸짜리 'ㄱ자 한옥 예배당'을 지었다. 그 예배당이 지금까지 남아 있어 무리에서 제자로, 쌀 교인에서 참교인으로 바뀐 '알곡' 신자들의 믿음을 증언하고 있다.

첫번째 복

산에 오르사

그 어디나 하늘나라

애통하며 회개할 맘

물방울, 바위를 뚫다

무얼 먹고 마실까

때리시고 어루만져

네가 내 얼굴이다

평화, 평화로다

십자가, 그 복된 길

다시, 복을 받으려면

3 심령이 가난한 자는 복이 있나니 천국이 그들의 것
임이요

절대 빈곤 인생

"심령이 가난한 자." 풀이하기 어려운 말이다. 차라리 누가복음의 병행구처럼, "너희 가난한 자는 복이 있나니 하나님의 나라가 너희 것임이요"(눅 6:20)라고 했으면 이해하기 쉬웠을 것이다. 주님은 가난한 자, 소외된 자들의 편이셨기에 이 세상에서 가난하고 버림받은 자들에게 저세상의 희망을 불어넣어 주시려고 하신 말씀이라 풀면 되었다. 그런데 "심령이 가난한 자"라고 했으니 어떤 사람을 지칭하는 것인지 설명하기 어렵다. 어쩌면 한문 성경의 '허심자'(虛心者)라는 번역이 쉬울 수도 있다. "마음을 비우면 세상이 천국으로 보일 것이니"라고 말이다. 그런데 성경을 우리말로 번역한 선배들은 굳이 '심령'(心靈)이란 단어를 선택했다. '심령'이란 단어가 본문 풀이의 열쇠다. 그리스어 성경 본문을 읽을 필요가 있다.

> Μακάριοι οἱ πτωχοὶ τῷ πνεύματι,
> Blessed the poor in the spirit,
>
> Ὅτι αὐτῶν ἐστιν ἡ βασιλεία τῶν οὐρανῶν.
> for theirs is the kingdom of the heavens.

'심령'으로 번역된 그리스어 '프뉴마'(πνευμα)는 보통 '영'(spirit)으로 번역되는데 '숨', '바람', '호흡', '기운' 등의 뜻을 담고 있다. 보이지 않지만 존재하고,

물질적인 것이 아니라 영적인 것이며, 그래서 육적으로 파악하기 어려운 존재와 그 움직임을 의미한다. 동양 철학에서 말하는 '기'(氣)와 비슷하다. 그러나 철학적 의미의 '기'보다는 종교적 의미의 '영'으로 보아야 한다. 상형 문자로서 한자 '영'(靈)은 '하늘로부터 비(雨)가 내리도록 제물을 차려 놓고(品) 제사를 드리는 사제(巫)'를 의미한다. 초월적 존재(하늘, 하나님)와 교류하는 종교 행위를 뜻한다. '영'이나 '바람'의 기원은 하늘이지 땅이 아니다. 하나님은 천지를 창조하실 때 자기 영을 인간에게 나눠(불어넣어) 주셨다. 인간은 그 영을 통해 하나님의 마음과 생각, 뜻과 의지를 알게 되었다. 그리고 그 영이 공급하는 능력으로 하나님의 생명을 살게 된다.

> 여호와 하나님이 땅의 흙으로 사람을 지으시고 생기를 그 코에 불어넣으시니 사람이 생령이 된지라.
>
> 창 2:7

> 하나님의 영이 나를 지으셨고 전능자의 기운이 나를 살리시느니라.
>
> 욥 33:4

하나님의 형상으로 지음 받은 인간은 '신령한 존재'(homo spiritus)였다. 그런데 타락함으로 그 '신령'을 잃어버렸다. '하나님의 영'은 떠나고 육적인 호흡만 남았다. 살기는 살되 영적인 존재로 사는 것이 아니라 육적인 존재로, 하나님의 뜻에 순종하기보다는 거역하면서 살았다. 타락한 인간은 '하나님의 생명', 즉 '영생'으로부터 단절되었다(창 3:22).

하나님의 영이 떠난 후 '허전함'을 느낀 인간은 그것을 대체할 것을 찾다가 우상을 만들었다. 영이 없는 사람이 만든 것이기에 그 안에 생기가 있을 리 만무했다. "부어 만든 우상은 거짓 것이요 그 속에 생기가 없다"(렘 10:14). "금과 은으로 입힌 것인즉 그 속에는 생기가 도무지 없다"(합 2:19). 세상 모든 우상의 공통점은 속이 텅 비어 있다는 점이다. 그렇게 속 빈 강정같이 생기 없는 우상을 섬기는 인간은 창조 이전의 '혼돈하고 공허한 흑암'의 절망적인 상황으로 돌아갔다. 삶에 대한 의욕도, 미래에 대한 희망도 없는 허무와 불안의 나날이다.

그렇게 나락으로 떨어진 인생을 '가난한 심령'으로 표현했다. 여기서 '가난'으로 번역된 그리스어 '프토코스'(πτωχος)는 '절대적 빈곤'을 의미한다. 전셋집에 사는 사람이 자기 집에서 사는 사람에게 느끼는 '상대적 빈곤', 먹고는 살 수 있으나 다른 사람보다는 풍족하지 않다는 의미의 가난, 즉 '페네스'(πενης)와 다르다. '프토코스'는 남의 도움을 받지 않으면 결코 살 수 없는 '절대 가난'을 의미한다(마 11:5; 19:21; 막 12:42; 눅 14:13; 19:8; 요 12:5-6; 약 2:5). 물질적인 궁핍만이 아니다. 육체적으로 정신적으로, '완전 밑바닥'에 떨어져 삶에 대한 희망도 의욕도 없는 절대 절망, 완전 무기력을 의미한다. 그런 인생들이 예수님을 만났다! 그리고 삶에 대역전이 일어났다. 기적과 이적을 체험한 사람들이다.

복음서에서 이적을 체험한 사람들은 크게 세 부류다. 첫째, 절망적인 상황에서 인생을 포기하고 있다가 예수가 지나간다는 소문을 듣는 순간 "예수님이라면 내 문제를 해결하실 수 있을 것"이라는 믿음이 생겨 주님께 다가가거나 소리쳐 도움을 호소한 사람들이다. 열두 해 혈루병을 앓던 여인(마 9:20), 길가에서 구걸하던 시각장애인 바디매오(막 10:46)와 여리고 맹인(눅 18:35), 주님 발아래 엎드렸던 사마리아 출신 한센병 환자(눅 17:16), 귀신 들린 외아들을 둔 어머니(눅 9:38), 귀신 들린 어린 딸을 둔 가나안 여인(마 15:22; 막 7:25), 사랑하던 시종이 죽어 시름에 잠겼던 백부장(눅 7:2), 직업(세리) 때문에 동네 사람들에게 무시당하며 살았던 삭개오(눅 19:2) 같은 경우다. 이들은 주님으로부터 "네 믿음대로 되리라", "네 믿음이 너를 구원하였다"라는 말씀을 듣는 순간 문제가 해결되었다.

둘째, 그런 믿음은 없었지만 그런 그를 불쌍히 여긴 주변 사람들에게 끌려오거나 들려온 사람들이다. 친구들이 데려온 침상의 중풍병자(마 9:2; 눅 5:18), 벳새다의 시각장애인(막 8:22), 음행 현장에서 붙잡혀 끌려온 여인(요 8:3), 나면서부터 앞을 보지 못한 여리고 걸인(요 9:1), 귀 먹고 말 더듬는 사람(막 7:31), 귀신 들린 아이를 데려온 아버지(막 9:17) 같은 경우다. 그런 경우 주님은 '불쌍히 여겨' 만져 주시거나 위로의 말씀으로 문제를 해결해 주셨다.

셋째, 인생을 포기하고 살다가 우연히 주님 눈에 띈 사람들이다. 베데스다 연못가의 38년 된 중풍환자(요 5:5), 죽은 외아들의 관을 메고 가던 과부(눅 7:12), 동네에서 쫓겨나 무덤가에서 살던 한센병 환자(눅 17:11), 무덤가에 살던 귀신들린 거라사 사람(눅 8:27) 같은 경우다. 이들 역시 '불쌍히 여기시는' 주님에게 고침을 받았다.

경우야 어찌되었든 물질적으로, 정신적으로, 영적으로 가진 것이 하나 없는 '절대 빈곤' 인생들이었다. 그러나 주님을 만나면서 고침을 받고 보게 되었으며 말하게 되었고 걷게 되었다. 그러면서 죄를 용서받고 구원을 얻었다. 육으로만 산 것이 아니라 영으로도 살게 되었다. 그것이 주님의 '성령 사역'이었다.

> 주의 성령이 내게 임하셨으니 이는 가난한 자에게 복음을 전하게 하시려고 내게 기름을 부으시고 나를 보내사 포로 된 자에게 자유를, 눈 먼 자에게 다시 보게 함을 전파하며, 눌린 자에게 자유롭게 하고 주의 은혜의 해를 전파하게 하려 하심이라.
>
> 눅 4:18-19; 사 61:1-3

'창조의 영'이었던 하나님의 영은 멸망당할 자들에게 '심판의 영', '소멸하는 영'(사 4:4)이었지만 회개한 영혼에는 "상한 갈대를 꺾지 아니하며 꺼져 가는 등불을 끄지 아니하는"(사 42:3) 자비의 영이었다. 그런 하나님의 영을 쐰 사람은 그 영혼이 소성(蘇醒)하고, 소생(蘇生)하는 경험을 하게 된다. "내 영혼을 소생시키시고"(시 23:3) "겸손한 자의 영혼을 소성케 하는"(사 57:15) 회생의 감격을 누린다. 그러기 위해서는 먼저 빼앗기거나 무너지거나 죽는 경험을 해야 한다. 절대 빈곤과 절대 절망의 경지에서 느끼는 허무와 불안이다. 그런 허무와 불안이 세상 사람에겐 절망의 나락이지만 하나님의 사람들에겐 희망의 출발이다.

> 하나님이여 내 속에 정한 마음을 창조하시고 내 안에 정직한 영을 새롭게 하소서. 나를 주 앞에서 쫓아내지 마시며 주의 성령을 내게서 거두지 마소서. 주의 구원의 즐거움을 내게 회복시켜 주시고 자원하는 심령을 주사 나를 붙드소서.
>
> 시 51:10-12

절대 빈곤의 텅 빈 마음에 주의 영이 임함으로 회복과 갱생의 새로운 출발이 시작된다. 그것은 집 나간 아들이 아버지 유산을 모두 탕진하고 돼지우리 밑바닥까지 떨어졌다가 마음이 아버지 집을 향하면서부터 현실이 된 회복의 은총이었다(눅 15:11-24). 곧 '심령이 가난한' 상태로 주님을 만난 사람들이 누리는 하늘나라 행복이었다. 일제강점기 조선의 자존심, 한국 기독교의 양심으로 존재했던 월남(月南) 이상재(李商在) 선생이 한성감옥 밑바닥에서 만난 예수 이야기가 그랬다.

지옥이 곧 천당

이상재는 1850년 충남 서천군 한산의 가난한 선비 집안에서 출생했다. 그의 꿈은 '입신출세'(立身出世)하여 가문을 일으켜 세우는 것. 어려서부터 한학을 공부했고, 18세(1867년)에 상경해서 과거 시험을 보았지만 보기 좋게 낙방했다.

그리고 실망했다. 실력이 아니라 돈과 뒷배가 있어야 출셋길이 열린다는 것을 알았기 때문이다. 그래서 집안 어른 소개로 정계의 거물이었던 박정양의 사랑방을 출입하기 시작했다. 그렇게 10년 넘게 박정양 문하생으로 서울 생활을 하다가 1881년 박정양과 홍영식, 어윤중 등 '젊은 대신' 여덟 명이 신사 유람단을 만들어 일본을 시찰할 때 수행원으로 따라갔다. 1887년에는 초대 주미공사로 부임하는 박정양의 수행원이 되어 1년간 미국을 다녀왔다. 그는 미국으로 출발하기 직전, 친군후영(親軍後營) 문안(文案)이라는 정부의 말단직을 얻었다. 그때 나이 서른여덟, 늦깎이 출셋길이 열렸다. 미국을 다녀온 후에는 전환국(典圜局) 독판으로 자리를 옮긴 박정양 밑에서 전환국 위원으로 근무했다.

갑오개혁은 이상재에게 가파른 출세의 시작점이 되었다. 1895년 내각 총리대신이 된 박정양을 배경으로 하여 그는 승정원 우부승지 겸 경연각 참찬이 되었고, 외국어 학교 교장 및 학부와 법부 참사관을 거쳤다.

고종 황제와 세자가 러시아 공사관에 피신한 아관파천 때는 내각 총서로서 황제를 지근거리에서 보필했다. 황제의 신임을 얻은 그는 중추원 1등의관 겸 의정부 총무국장이 되었다. 그 무렵 갑신정변 실패 후 미국으로 망명했다가 10년 만에 귀국한 서재필과 윤치호가 독립협회를 조직하고 시민사회 정치 운동을 시작했다. 이상재는 정부 고위 관리로 독립협회에 참여하여 중앙위원으로 활동했다. 그는 정치 개혁을 촉구하는 만민공동회에도 적극 참여했고 개인적으로 정부 개혁을 촉구하는 〈상정부서〉(上政府書)를 발표하기도 했다.

처음 독립협회에 호의적이었던 고종 황제는 독립협회의 주장이 왕조 체제를 부정하는 방향으로 흐르자 불안을 느꼈다. 결국 황제는 1898년 11월 황국협회를 내세운 보수파의 손을 들어 주고 이상재와 남궁억, 정교 등 독립협회 지도자들을 체포하고 독립협회를 해산시켰다. 열흘 만에 풀려났지만 이상재의 관직 생활은 그것으로 끝났다. 뒷배였던 박정양도 "독립협회 지도자들이 대통령으로 추대하려 했다"는 누명을 쓰고 관직에서 물러났다.

독립협회 해산 후 정권을 장악한 친러파 보수 세력은 개화파 인사들을 철저히 견제하고 응징했다. 진보 세력은 붕괴되었다. 미국 시민권을 지닌 서재필은 독립협회 해산 직전 미국으로 돌아갔고 윤치호 역시 함경도 덕원 감리로 자리를 옮겼다. 독립협회 부회장과 회장을 역임했던 이완용은 전세 역전의 기미가 보이자 재빠르게 친러파에 붙어 학부대신이 되었다. 그는 자기 심복인 이근택을 경무청 총감으로 심었다. 치안 총책임자가 된 이근택의 임무는 개화파 소탕이었다. 이근택은 1902년 6월, "독립협회 잔당들이 일본 육군사관학교 유학생들과 공모하여 정부를 전복하고 일본에 망명 중인 박영효를 대통령으로 추대하려 했다"고 정치 음모 사건을 조작했다. 이상재를 필두로 법부협판을 지낸 이원긍, 내부협판을 지낸 유성준, 경무관 김정식, 개성군수 홍재기, 일본 유학생 안국선 등을 체포했다. 한때 고종 황제의 신임을 받았고 독립협회로 인해 대중적인 지지를 얻었던 이상재가 보수파의 가장 큰 정적이었다. 그래서 이근택은 그를 첫 번째 피의자로 지목했고 그의 아들 승인(承仁)까지 체포했다. 그렇게 해서 이상재·이승인 부자가 투옥되었다.

그때 이상재 나이 53세. 뒤늦게 관운이 열려 불과 2년 만에 종2품 가선대부 자리까지 초고속 승진을 맛보았던 그는 3년 만에 급전직하(急轉直下), 벼슬도 잃고 누명을 쓴 채 감옥에 갇힌 신세가 되었다. 그것도 아들과 함께.

한성감옥 안에는 이상재 일행보다 먼저 잡혀 온 배재학당 출신 이승만과 신흥우도 있었다. 독립협회 운동을 함께했던 정치범들은 분노와 실망에 가득 차 있었다. 특히 이상재로서는 박정양의 문하생으로 출발하여 일본 신사유람단과 미국공사관 근무, 독립협회 지도자로 정치 노선을 함께했던 이완용의 배신에 충격을 받았다. 정치범들은 옥중에서 고문과 악형을 받으면서도 '정세 역전'에 대한 꿈을 포기하지 않았다. 고종 황제가 정신을 차리고 수구파 세력의 음모를 파악한 후 자신들을 석방시켜 다시 불러 주기만 기대했다.

그러나 1년이 지나도 바깥 정세는 변함이 없었다. 오히려 보수 정권의 기반이 더욱 공고해졌다. 석방은 고사하고 옥중에서 맞아 죽을지도 모른다는 불안감에 휩싸였다.

그렇게 정치범들이 '절망의 투옥생활'을 하던 한성감옥 안에 작은 변화가 생겼다. 옥중 도서실이 생긴 것이다. 게일과 언더우드, 헐버트, 벙커 등 선교사들이 기독교 서적을 감옥 안에 넣어 주었다. 모두 500여 권에 달했다. 한글로 번역된 성경과 문서들도 있었지만 중국에서 인쇄된 한문 서적들이 많았다. 《성경문답》(聖經問答)과 《성경요도》(聖經要道), 《기독실록》(基督實錄), 《경학불염정》(經學不厭精), 《고교휘참》(古教彙參), 《격물탐원》(格物探原), 《천로역정》(天路歷程), 《안인거》(安仁車), 《장원량우상론》(張袁兩友相論), 《로득개교기략》(路得改教紀略) 같은 기독교 서적과 《태서신사》(泰西新史)와 《영흥기》(英興記), 《열국변통흥성기》(列國變通興盛記), 《중동전기》(中東戰記), 《인도사개요》(印度史槪要), 《만국통감》(萬國通鑑), 《정학계몽》(正學啓蒙) 등 역사와 철학, 정치 관련 책들이었다. 마침 그 무렵 한성감옥 서장 김영선이 개화파에 우호적이어서 수감자들의 독서를 허용했다. 지식인 정치범들에게 감옥 안에서 견디기 힘든 것은 '무료함'이었다. 언제 석방될지 모르는 지루한 수감 생활에서 독서는 유일한 시간 때우기 수단이었다. 그렇게 해서 정치범들은 선교사들이 넣어 준 기독교 서적들을 읽기 시작했다. 이상재도 옥중 도서실을 애용했다.

처음에 이상재는 기독교 서적을 읽지 않았다. 공맹(孔孟)의 가르침을 최고로 여기고 있던 그에게 기독교는 '서양 오랑캐'의 종교일 뿐이었다. 그래서 그는 다른 정치범들처럼 성경이나 기독교 서적을 피하고 서양 철학과 역사, 정치에 관한 책부터 읽었다. 그러나 서양 철학과 문명의 밑바탕에 기독교 역사와 정신이 깔려 있음을 알았다. 그래서 성경과 기독교 서적을 빌려다 읽기 시작했다. 믿으려는 생각보다는 "어떤 종교인지 알아보리라" 하는 심정으로 읽었다. 1902년 6월부터 9월까지 3개월 동안 신약전서만 세 번 빌려 통독했다. 그렇게 성경을 탐독하던 어느 날, 꿈에 나타난 '위대한 왕의 사자'로부터 호통을 듣는 환상을 체험했다.

> 나는 수년 전 그대가 워싱턴에 있을 때 성경을 주어 믿을 수 있는 기회를 주었건만 그대는 거절했다. 그것이 첫 번째 큰 죄다. 다시 그대가 독립협회에 가담했을 때에도 기회를 주었는데 그대는 자기만 믿지 않았을 뿐 아니라 다른 사람까지도 믿지 못하게 방해하였다. 이런 식으로 그대는 민족이 진보할 길을 막았으니 이것이 더욱 큰

죄다. 나는 그대 생명을 보전하여 옥중에 그대를 두었고 이제 믿을 수 있는 또 다른 기회를 주노니 지금이라도 그대가 잘못을 회개하지 않는다면 전보다 더 큰 죄가 될 것이다.

세 번의 기회를 주었다? 이상재는 주미공사 박정양의 수행원으로 미국에 갔을 때 통역으로 나온 중국 영사관 직원에게 "미국이 강대국이 된 비결을 알고 싶으니 그것을 담은 책을 소개해 달라" 하고 부탁한 적이 있었다. 기독교 신자였던 중국인 통역사는 한문 성경을 건네주었다. 이상재는 숙소로 돌아와 책을 펼쳤다. 정치와 경제 진흥책, 군함 제조법 같은 정보를 기대했더니, 7일 만에 천지를 창조했다, 사람이 물 위를 걸었다, 보리떡 다섯 개와 물고기 두 마리로 5,000명을 먹였다, 죽었던 사람이 다시 살아났다는 등 허무맹랑한 내용뿐이었다. 이에 성경 읽기를 포기하고 서울에 있는 아들에게 "행여나 야소교 책은 읽지도 말라"라는 편지를 보냈다. 그렇게 첫 번째 기회를 날려버렸다.

두 번째는 독립협회 운동을 할 때였다. 기독교인 윤치호와 서재필은 독립협회 집회에 선교사와 배재학당 학생들을 초빙해서 기독교 의식을 행하여 기독교 정신을 바탕으로 시민사회 운동을 끌어가려 했다. 그러나 그때마다 이상재가 나서서 "이건 정치 운동이지 종교 운동이 아니다"라며 반대했다. 그렇게 그는 두 번의 기회를 날렸다. 개인적으로 기독교인이 될 기회를 놓쳤을 뿐 아니라 "나라가 진보할 길을 막아 버린" 죄를 진 것이다.

그리고 이제 세 번째, 한성 감옥에서 성경을 읽게 되었다.

이런 '천사의 호통'을 체험한 후 이상재는 두렵고 떨리는 마음으로 성경을 읽었다. 그러자 성경에 닫혔던 마음이 열리며 전에 의심스러웠던 대목이 이해되었다. 성경 말씀이 유교의 근본 가르침과 통하는 것을 알았다. 산상수훈의 "심령이 가난한 자는 복이 있나니 천국이 저희 것임이요"는 선비의 안빈낙도(安貧樂道)로, "의를 위하여 핍박을 받는 자는 복이 있나니 천국의 저희 것임이요"는 선비의 살신성인(殺身成仁)으로, "너희는 먼저 그의 나라와 그의 의를 구하라"는 군신유의(君臣有義)로 읽혔다. 그리고 "내가 율법이나 선지자를 폐하러 온 것이 아니라 완전케 하려 함이라"(마 5:17)라는 말씀에서 기독교가 동양에 공맹도(公孟道)를 폐하러 들어온 것이 아니라 완전케 하려고 들어온 것임을 깨달았다. 바울이 율법을 복음으로 이끄는 몽학 선생(蒙學先生, 초등 교사)으로 설명했던 것처럼(갈 3:25) 동양에서 전통 종교는 기독교가 전파되기 전 진리의 안내자 역할을 했다. 고대 요, 순 임금이 섬겼던 '하늘'(天), 공자와 맹자가 '모르고 섬겼던' 하늘은 곧 성경의 하나님이요, 창조 이전에 말씀(요 1:1)으로 존재했던 그리스도였다. 그 말씀이 육신이 되어 우리 가운데 오신 분이 그리스도였기에 그 전까지 동양 사람들은 하늘을 "알지 못하는 신"(행 17:23)으로 모호하게 섬겼다. 이제 그 하늘이 기독교를 통해 확연히 드러났으니 모르고 섬겼던 시대가 끝나고 '알고 섬기는' 시대가 시작된 것이다.

그러면서 성경에 대한 의심이 사라지고 진리를 터득한 기쁨과 감격이 임했다. "길이요 진리요 생명이신" 예수 그리스도가 이상재의 마음속에 자리 잡는 순간이었다.

이상재만 그런 체험을 한 것이 아니었다. 함께 투옥되었던 다른 정치범들도 비슷한 시기, 환상과 말씀 체험을 통해 예수 그리스도를 영접했다. 사도 시대 마가의 다락방에서 일어난 성령의 역사가 한성감옥 안에서 '집단 개종'으로 나타난 것이다. 개종한 정치범들은 1903년 12월, 감옥 안에서 성탄절 축하 예배를 드리면서 중요한 결의를 했다.

> 우리가 언제 나가게 될지 모르나 이곳을 나가면 제일 먼저 이근택을 찾아가 감사의 뜻을 표하자. 오늘 우리가 누리고 있는 이 기쁨과 행복은 예수 그리스도로 인함인데 우리가 감옥에 들어오지 않았던들 어찌 그리스도를 영접하였겠는가. 그러므로 우리를 감옥으로 인도한 이근택에게 감사하는 것이 마땅하다.

그때 이상재와 함께 투옥되었다가 기독교로 개종한 이원긍의 아들 이능화(李能和)는 훗날(1928년) 《조선

기독교급외교사》(朝鮮基督教及外交史)란 책을 쓰면서 끝부분에 지식인 정치범들의 '옥중 개종' 이야기를 기록하고 "지옥즉천당"(地獄卽天堂)이라는 제목을 붙였다. 말 그대로 "지옥이 천당으로 바뀌었다." 절망과 불안, 증오와 복수심에 불타 편한 날이 없었던 그들의 마음에 기쁨과 평안, 감사가 넘쳐났다. 바로 '심령이 가난한' 자에게 주어진 '하늘나라 행복'이었다.

그렇게 천국 행복을 얻은 이상재는 1904년 3월 출옥 후 정계로 복귀하지 않고 선교사들이 시작한 황성기독교청년회(YMCA)에 들어가 총무로 섬기면서 나라와 민족을 위해 봉사하는 삶을 살았다. 한성감옥 밑바닥에서 만난 예수 그리스도의 모습을 본받아.

두 번째 복

산에 오르사

그 어디나 하늘나라

애통하며 회개할 맘

물방울, 바위를 뚫다

무얼 먹고 마실까

때리시고 어루만져

네가 내 얼굴이다

평화, 평화로다

십자가, 그 복된 길

다시, 복을 받으려면

4 애통하는 자는 복이 있나니 그들이 위로를 받을 것임이요

슬플 '애', 서럽게 울 '통'

웃음과 울음은 감정의 극한 표현이다. 웃음이 기쁨의 극적 표현이라면 울음은 슬픔의 극적 표현이다. 기쁨과 슬픔이 서로 반대되는 감정이지만 그 '극'(極)에 달하면 서로 통하여(窮卽通) 웃으면서 눈물이 나오고 울면서 마음이 편안해진다. 울음으로 시작해서 웃음으로 끝나게 된다. 산상팔복의 두 번째 복, '애통하는 자'가 누리는 행복이 바로 그것이다.

Μακάριοι οἱ πενθοῦντες,
Blessed those mourning,

Ὅτι αὐτοὶ παρακληθήσονται.
for they will be comforted.

여기서 '애통'으로 번역된 그리스어 '펜데오'(πενθεω)는 히브리어의 '에벨' 혹은 '아발'(אבל)에 해당한다. 그것은 보통 슬픔이나 울음이 아니다. 그동안 사귀던 사람과 헤어지면서, 슬픈 영화를 보면서 눈물을 훔치는 정도의 슬픔이 아니다. 참을 수 없어 터져 나오는 울음, 끊어지는 육체적 고통을 수반한 울음, 견딜 수 없을 정도로 쓰라린 울음을 뜻한다. 옛날에 시골에서 장례가 나면 부잣집에서는 돈을 주고 곡(哭)하는 사람을 사서 상청(喪廳)에 두고 문상객이 오면 곡을 하게 했다. 그러면 거기에 맞추어 베옷 입은 상주들도 일어나 "아이고, 아이고" 하면서 낮은 목소리로 곡을 했다. 문상객이 떠나면 곡소리도 끝났다. 돈 받고 곡하는 사람이나, 멍하니 앉아 있다가 일어나 문상객을 맞이하는 상주의 울음에서는 진정성을 찾아보기 어려웠다. 형식적이고 때론 가식적이기도 했다. 그러다가 부모의 시신을 담은 상여가 집을 나갈 때가 되면 그제야 자식들은 떠나보낼 수 없다는 듯 관을 붙잡고 운다. 거기엔 체면도 격식도 없다. 그동안 부모 마음을 상하게 했던 과거의 잘못을 생각하면서 부모를 제대로 모시지 못한 죄책감에 몸부림치며 통곡한다.

우리 선조들은 그런 '펜데오'와 '에벨', '아발'을 번역하면서 슬플 '애'(哀) 자에 서럽게 울 '통'(慟) 자를 붙여 '애통'(哀慟)이라 했다. 잘된 번역이다. 때론 '통' 자를 '아플' 통(痛)으로 바꾸어 '통곡'(痛哭)이라고 했다. '애곡'(哀哭)이라고도 했다. 어떤 경우든 '깊은 슬픔'(inner grief)에서 우러난 '고통스런 울음'(suffering weep)을 의미한다. 성경에서 그런 '애통'을 잘 표현한 곳이 요셉이 아버지 야곱의 장례를 치르는 장면이다. 형들의 질투와 간계로 애굽 땅에 노예로 팔려 왔던 요셉, 아버지를 그리워하는 마음으로 인고의 세월을 참고 견디며 애굽의 총리대신까지 되어 형제들의 가족과 아버지를 모셔 왔지만 노쇠했던 아버지는 오래 살지 못하고 죽었다. "조상들의 묘지에 묻어 달라"는 아버지의 유언에 따라 요셉은 형들과 함께 상여를 메고 애굽을 출발하여 요단강 건너편 아닷의 타작마당에 이르러 거기서 노제(路祭)를 드렸는데 성경은 그 대목을 "크게 울고 애통하며 아버지를 위하여 칠 일 동안 애곡하였다"라고 기록했다. 그때 요셉이 얼마나 깊은 슬픔에서 몸부림치며 울었던지, 그 모습을 본 가나안 사람들은 그곳에 '아벨 미스라임'이라는 새 이름을 붙였다. '애굽인의 큰 애통'이라는 뜻이다(창 50:10-11). 애통을 끌어내기에 가장 효과적인 것은 사랑하는 자의 죽음, 사랑하던 것을 잃음이다.

애통하는 다윗의 눈물

3,000년 이스라엘 역사에서 최고 성군(聖君)으로 꼽히는 다윗이었지만 그의 개인사는 시련과 고통의 연속이었다. 왕이 되는 과정도 그랬고 왕이 된 후에도 그랬다. 그는 왕이 되는 과정에서 '둘도 없는 친구' 요나단을 잃는 슬픔을 겪었다. 사울 왕의 아들 요나단은 왕위 계승권자였음에도 아버지가 한사코 반대하는 다윗을 왕으로 세우기 위해 아버지의 명을 거역하고 위기에 처한 친구를 도와 변치 않는 우정이 어떤 것인지 보여 주었다. 그런 요나단이 길보아 전투에서 아버지와 함께 전사했다는 소식을 들은 다윗은 깊은 슬픔에 잠겼고 요나단의 죽음을 기리는 '활의 노래'(song of bow)라는 제목의 애가를 직접 만들어 백성에게 부르게 했다(삼하 1:17-27).

다윗은 생애 말년에도 뼈를 깎는 시련과 슬픔을 겪었다. 아들 압살롬의 반역과 죽음이었다. 열한 명의 아들 가운데 셋째였던 압살롬은 용모가 훤칠했고 지혜와 지도력을 갖추어 후계자로서 손색이 없었다. 다윗은 그에게 기대를 걸었다. 그래서 그가 '왕자의 난'(삼하 13:23-29)을 일으켜 이복형을 죽이고 도망쳤을 때도 용서하고 다시 받아 주었다. 그런 압살롬이 은밀하게 추종 세력을 규합하여 반란을 일으켰으니 예루살렘에서 도망쳐 나오는 다윗의 심정이 어땠겠는가? 충격과 절망의 나날이었다. 다행히 충직한 신하 요압이 군사를 수습하고 에브라임 수풀에서 반란군을 격파한 후 도망치다가 나뭇가지에 상투가 걸린 압살롬을 격살함으로 반란은 진압되었다. 그러나 그 소식을 접한 다윗은 왕권을 되찾았다는 기쁨보다 사랑하는 아들을 잃었다는 슬픔이 더 컸다. 그는 옥상에 올라가 식음을 전폐하고 통곡했다. "내 아들 압살롬아! 내 아들 압살롬아! 차라리 내가 너를 대신하여 죽었더라면. 압살롬, 내 아들아! 내 아들아!"(삼하 18:33; 19:4)

다윗이 이처럼 압살롬의 죽음에 애통했던 것은 단지 사랑했던 아들을 잃었기 때문만은 아니었다. 그는 아들의 반역과 죽음이 자신의 '치명적인' 죄 때문이었음을 알고 있었다. 다윗은 전장에 나가 있는 부하 장수 우리야의 아내 밧세바를 궁 안으로 불러들여 겁탈하고, 그 잘못을 덮으려고 심복 요압에게 밀명을 내려 우리야를 최전방에 내보내 전사하도록 만들었었다(삼하 11장). "간음하지 말라"는 제7계명, "네 이웃의 아내를 탐내지 말라"는 제10계명, "살인하지 말라"는 제6계명을 어긴 3중 범죄였다. 강간과 간통, 폭력과 억압, 음모와 간계가 총동원된 인간의 추악한 범죄였다. 그러나 음모에 동참한 요압만 입을 다물면 아무도 모를 비밀이었다. 그러나 하나님은 알고 계셨다! 그리고 선지자 나단을 보내 그가 숨기려 했던 죄상을 낱낱이 드러내 고발한 후, "칼이 네 집에서 영원토록 떠나지 아니하리라", "너는 은밀히 행하였으나 나는 온 이스라엘 앞에서 백주에 이 일을 행하리라"라는 판결을 내렸다. 이런 하나님의 고발과 판결에 다윗은 부인하거나 변명하지 않았다. 나단의 말이 끝나자마자 다윗은 "내가 여호와께 범죄하였노라"라고 시인했다. 그의 즉각적인 회개에 나단도 "여호와께서도 당신의 죄를 사하셨다" 하고 응답했다(삼하 12:1-15). 그때 다윗이 지었다는 시다.

> 하나님이여, 주의 인자를 따라 내게 은혜를 베푸시며
> 주의 많은 긍휼을 따라 내 죄악을 지워 주소서. 나의
> 죄악을 말갛게 씻으시며 나의 죄를 깨끗이 제하소서.
> 무릇 나는 내 죄과를 아오니 내 죄가 항상 내 앞에
> 있나이다. 내가 주께만 범죄하여 주의 목전에 악을
> 행하였사오니 주께서 말씀하실 때 의로우시다 하고
> 주께서 심판하실 때 순전하시다 하리이다. 내가 죄악
> 중에서 출생하였음이여, 어머니가 죄 중에서 나를
> 잉태하였나이다. 보소서, 주께서는 중심이 진실함을
> 원하시오니 내게 지혜를 은밀히 가르치시리이다.
> 우슬초로 나를 정결하게 하소서. 내가 정하리이다.
> 나의 죄를 씻어 주소서. 내가 눈보다 희리이다.
> 시 51:1-7

다윗은 '태생적'(inborn) 죄인임을 시인했다. 그래서 용서와 구원은 창조주 하나님만 하실 수 있었다. 다윗의 회개는 한 번으로 끝나지 않았다. 하나님이 용서하셨다 해도 그의 죄가 없어진 것은 아니기 때문이

었다. 더 이상 죄를 묻지 않으셨을 뿐이다. '죗값을 치르는' 시련과 고통은 지속되었다. 그래서 다윗은 압살롬이 저지른 '왕자의 난'이나 그의 반역과 죽음을 "칼이 네 집에서 영원토록 떠나지 아니하리라" 하신 하나님의 판결(죗값)로 보았다. 그가 할 일은 통회하고 반성하는 것뿐이었다. 용서와 구원은 전적으로 하나님 몫이었다. 다윗이 지었다는 시편에 유독 통회와 자복을 바탕으로 자비를 비는 시가 많은 이유다(시 39:12-13; 51:17).

> 내가 이르기를 내 허물을 여호와께 자복하리라 하고
> 주께 내 죄를 아뢰고 내 죄악을 숨기지 아니하였더니 곧
> 주께서 내 죄악을 사하셨나이다.
> 시 32:5

> 내가 넘어지게 되었고 나의 근심이 항상 내 앞에
> 있사오니 내 죄악을 아뢰고 내 죄를 슬퍼함이니이다.
> 시 38:17-18

다윗의 눈에는 눈물 마를 날이 없었다. 다윗의 애통은 사랑하는 친구나 자식을 잃은 것으로 시작되어 자신의 죄와 잘못을 참회하고 반성하는 것으로 끝났다. 그렇게 애통하며 회개하는 다윗이었기에 하나님은 그가 치명적인 죄를 지었음에도 용서하시고 이스라엘 역사에서 '다윗의 전통'을 폐하지 않으셨다. 오히려 다

윗의 범죄가 시작되었던 밧세바의 몸에서 왕위를 이을 솔로몬이 태어났다. 애통하는 자에게 주시는 회복의 은총이었다.

다윗 못지않게 '애통하며' 산 사람이 눈물의 예언자 예레미야다. 제사장 집안에서 출생한 그는 하나님으로부터 "내가 너를 성별하였고 너를 여러 나라 선지자로 세웠노라"라는 말씀을 듣는 첫 순간부터 "슬프도소이다, 주 여호와여" 하고 울기부터 하였다(렘 1:6; 4:10). 왜 울었을까? 막중한 사명에 대한 두려움과 부담감 때문이었을까? 그것만은 아니다. 그보다는 그가 전해야 했던 메시지의 내용 때문이었다.

> 슬프고 아프다. 내 마음속이 아프고 내 마음이 답답하여 잠잠할 수 없으니 이는 나의 심령이 나팔소리와 전쟁의 경보를 들음이로다.
>
> 렘 4:19

예레미야는 이스라엘 왕조 500년 역사가 마감되는 '망국의 시대'에 살았다. 중동 지역의 새로운 패자로 등장한 바벨론의 느부갓네살 왕은 이집트를 치기 전 유다 왕국을 먼저 굴복시키려고 느부사라단 휘하의 10만 대군을 이스라엘에 파견했다. 침략군은 파죽지세로 밀고 내려와 예루살렘 성을 포위했다. 유다 왕국 지도부는 저항할 것인가? 투항할 것인가? 방향을 잡지 못해 갈팡질팡했다. 제사장과 예언자로 구성된 종교계도 의견이 양분되었다. 그런 상황에서 예레미야는 예루살렘의 붕괴와 멸망을 선포했다(렘 4:7-8; 6:26; 16:5).

> 너희 목자들아 외쳐 애곡하라. 너희 양 떼의 인도자들아 잿더미에서 뒹굴라. 이는 너희가 도살당할 날과 흩음을 당할 기한이 찼음인즉 너희가 귀한 그릇이 떨어짐같이 될 것이라.
>
> 렘 25:34

예루살렘의 붕괴와 유다의 멸망은 번복할 수 없는 하나님의 결정이었다. 율법을 어기고 우상을 숭배하며 하나님을 배반한 죗값으로 받아야 할 형벌이었다.

민족적 위기 상황에서 대부분 지도자들은 "일치단결하여 외세 침략에 맞서 싸우자. 성을 지키자" 하는 국수주의, 민족주의 저항 의식을 고조했다. 그런데 유독 예레미야만 "멸망은 피할 수 없다. 그러니 저항하기보다는 베옷을 입고 애곡하라" 하고 외쳤다. 그를 보는 대중의 시선은 곱지 않았다. "내가 말할 때마다 외치며 파멸과 멸망을 선포함으로 여호와의 말씀으로 말미암아 내가 종일토록 치욕과 모욕거리가 되었다"(렘 20:8). 그래서 침묵하고 입을 열지 않기로 작정했다. 그러나 하나님은 더욱 강력하게 그의 입에 말씀을 집어넣어 선포하게 하셨다. 괴로운 일이었다. 오죽했으면 "어찌하여 내가 태에서 나와서 고생과 슬픔을 보며 나의 날을 부끄러움으로 보내는고"(렘 20:18)라고 했을까? 예레미야의 '불편한 메시지'에 견디다 못한 정치 지도자들은 그를 체포하여 예루살렘 성내 시위대 감옥에 가두었다. 하나님은 감옥에서도 계속 말씀을 주셨다. 예레미야는 옥중 편지로 보다 구체적인 하나님의 계획을 바깥세상에 알렸다. 예루살렘 붕괴 후 상당히 많은 유다 백성들이 바벨론에 끌려가 70년 포로 생활을 한 후 돌아올 것이라는 내용이었다(렘 32:37-41).

예레미야가 옥에 갇힌 지 3년 만에 예루살렘 성은 바벨론 군대에 함락되었고 성전은 무참히 유린되었다. 느부사라단 사령관은 예루살렘에서 체포한 유다의 지도급 인사와 젊고 유능한 지식인들을 끌고 라마로 철수했다. 라마는 야곱(이스라엘)의 아내이자 요셉과 베냐민의 어머니인 라헬의 무덤이 있는 곳이었다. 바벨론 사령관은 거기서 데려갈 자와 남겨 둘 자를 나누었다. 남편과 자식을 떠나보내는 부모와 처자의 통곡 소리가 라마 골짜기에 울려 퍼졌다. 곧 '라마의 애곡'(lamentation of Ramah)이었다.

> 라마에서 슬퍼하며 통곡하는 소리가 들리니 라헬이 그 자식 때문에 애곡하는 것이라. 그가 자식이 없어져서 위로받기를 거절하는도다. 여호와께서 이와 같이 말씀하시니라. 네 울음소리와 네 눈물을 멈추어라. 네 일에 삯을 받을 것인즉 그들이 그의 대적의 땅에서

돌아오리라.

렘 31:15-16

신약의 마태복음에도 '라마의 애곡'이 기록되어 있다. 헤롯이 동방에서 온 박사들로부터 베들레헴에서 그리스도(메시아)가 태어났다는 이야기를 듣고, 베들레헴 지경 안의 2세 미만 유아들을 대량 학살한 것이다. 그때 아이를 잃은 어머니들의 통곡을 '라마의 애곡'이라 기록했다(마 2:17-18). 우리 민족에게는 사형장으로 끌려가는 남편을 멀리서 바라보며 〈아리랑〉 노래를 불렀던 '아리랑 고개'와 한국전쟁 때 철사 줄로 꽉꽉 묶여 포로로 끌려가는 남편을 떠나보내야 했던 '단장(斷腸)의 미아리고개'가 라마 계곡이었다.

예루살렘이 함락되면서 옥에서 풀려난 예레미야는 라마까지 끌려갔다가, 융숭한 대접을 약속하며 함께 가자는 사령관의 요청을 거부하고 돌아왔다. 그리고 폐허가 된 '다윗 성' 예루살렘을 위한 마지막 노래, 애가(哀歌)를 만들어 불렀다.

슬프다 이 성이여, 전에는 사람들이 많더니 이제는 어찌 그리 적막하게 앉았는고. 전에는 열국 중에 크던 자가 이제는 과부같이 되었고 전에는 열방 중에 공주였던 자가 이제는 강제 노동을 하는 자가 되었도다. 밤에는 슬피 우니 눈물이 뺨에 흐름이여 사랑하던 자들 중에

그에게 위로하는 자가 없고 친구들도 다 배반하여
원수들이 되었도다.
애 1:1-2

예레미야만 애가를 부른 것이 아니다. '망국의 시대'를 살았던 이사야와 아모스, 미가, 스가랴, 요엘 같은 예언자들도 '애통의 메시지'를 선포했다.

너희는 애곡할지어다. 여호와의 날이 가까웠으니
전능자에게서 멸망이 임할 것임이로다.
사 13:6

너희 절기를 애통으로, 너희 모든 노래를 애곡으로
변하게 하며 모든 사람에게 굵은 베로 허리를 동이게
하며 모든 머리를 대머리가 되게 하며 독자의 죽음으로
말미암아 애통하듯 하게 하며 결국은 곤고한 날과 같게
하리라.
암 8:10

이러므로 내가 애통하며 애곡하고 벌거벗은 몸으로
행하며 들개같이 애곡하고 타조같이 애통하리니 이는
그 상처는 고칠 수 없고 그것이 유다까지도 이르고 내
백성의 성문 예루살렘에도 미쳤음이니라.
미 1:8-9

내가 다윗의 집과 예루살렘 주민에게 은총과 간구하는 심령을 부어 주리니 그들이 그 찌른 바 그를 바라보고 그를 위하여 애통하기를 독자를 위하여 애통하듯 하며 그를 위하여 통곡하기를 장자를 위하여 통곡하듯 하리로다.

슥 12:10

여호와의 말씀에 너희는 이제라도 금식하고 울며 애통하고 마음을 다하여 내게로 돌아오라 하셨나니 너희는 옷을 찢지 말고 마음을 찢고 너희 하나님 여호와께로 돌아올지어다. 그는 은혜로우시며 자비로우시며 노하기를 더디 하시며 인내가 크시사 뜻을 돌이켜 재앙을 내리지 아니하시나니 주께서 혹시 마음과 뜻을 돌이키시고 그 뒤에 복을 내리사 너희 하나님 여호와께 소제와 전제를 드리게 하지 아니하실는지 누가 알겠느냐.

욜 2:12-14

망국의 시절에는 '애통'이 유일한 답이었다. 애통밖에 없었다. 예레미야를 비롯한 예언자들에게 애통의 눈물은 죗값으로 인한 하나님의 징벌, 그 참회와 반성의 눈물이자 '위로하시는' 하나님의 자비, '회복하시는' 하나님의 은총을 끌어내는 축복의 눈물이었다. 하나님은 유독 애통하는 자의 눈물에 약하셨기 때문이다.

한성감옥에서 흘린 김정식의 눈물

한국 초대교회사에서 애통하여 위로를 받았던 대표적 인물은 도쿄 조선기독교청년회 총무를 지낸 삼성(三醒) 김정식(金貞植)이다. 그가 1902년 6월 이상재, 이원긍 등 독립협회 지도자들과 함께 한성감옥에 붙잡혀 들어갈 때 직책은 '전경무관'(前警務官)이었다. 그의 경력만큼이나 예수를 믿게 된 내력이 특이했다.

1862년 황해도 해주의 선비 집안에서 출생한 그는 나이 서른이 넘어 무과에 급제, 경무청 경무관이 되었다. 비록 품위는 낮았지만 줄만 잘 타면 고위직까지 오를 수 있었다. 그런데 때가 좋지 않았다. 독립협회와 황국협회를 양축으로 한 개혁파와 수구파의 갈등과 반목이 최고조에 달해 있었다. 양측 사이의 무력 충돌도 자주 일어났다.

치안을 맡은 경무관 신분으로서 시위와 집회 현장에 자주 출동하다 보니 양측의 주장을 가까이서 들을 수 있었다. 모두 "나라를 살릴 수 있는 방책"이라며 의견과 주장을 쏟아냈는데, 그의 마음과 생각은 수구파보다는 개혁파의 주장에 쏠렸다. 공개적으로 표시하지는 않았지만 독립협회 지도자들의 발언에 동의했다. 그래서 상관으로부터 강경 진압 명령을 받고 현장에 출동했지만 가급적 체포하지 않고 오히려 독립협회 인사들을 보호했다. 경무청 내에는 그와 같은 입장을 가진 경무관들이 적지 않았다. 이런 그의 이중적 태도가 지휘부 정보망에 걸릴 것은 당연했다.

1898년 10월 29일 종로에서 열린 만민공동회에서였다. 서울 시내 상가들은 대부분 철시했고 수천 명 군중이 모여 있었다. 의정부 참정 박정양과 중추원 의장 한규설, 한성판윤 이채연 등 정부 고위 관리들도 다수 참석했다. 그 집회에서는 정부 조직의 대대적인 혁신을 촉구하는 '정치개혁안 6개조'가 발표되었다. 위협을 느낀 수구파에서는 이상재와 남궁억, 정교 등 독립협회 지도자들을 체포했다. 이에 독립협회 회원들이 경무청으로 몰려가 수감자 석방을 요구하며 시위를 벌였다. 경무청 앞마당에서 벌어진 시위를 계기로 경무관 내부에서 '살생부'(殺生簿)가 작성되었다. 이때 김정식을 비롯한 경무관 여덟 명이 진압에 소극적이었다는 이유로 중징계를 받고 옷을 벗었다.

그렇게 김정식은 무직자가 되었다. 수구 정권 하에서 복직 기회는 멀어져 갔다. 실의에 빠진 그는 독립협회 지도자들과 교류하며 지냈다. 특히 이상재와는 뜻이 통하는 친구가 되었다. 그러던 중 1902년 6월 수구파가 '독립협회 잔당'을 소탕할 목적으로 조작한 '박영효 대통령추대 음모 사건'에 그도 피의자 중 하나로 지목되어 감옥에 갇혔다.

나이 마흔에, 4년 전까지 근무했던 직장(경무청)에 체포되어 감옥에 들어온 김정식의 심정이 어땠을지 짐작해 본다. 다른 정치범들처럼, 그도 분노와 증오, 실의와 절망에 휩싸여 수감 생활에 적응하기가 어려웠다. 특히 그는 불행했던 가족사로 인해 슬픔이 더했다. 그는 스무 살 이전에 결혼하여 자녀 열 명을 두었는데 모두 죽거나 집을 떠났다. 맏아들(유봉)은 미국 유학을 갔다가 병이 들어 귀국해서 죽었고, 둘째(유홍)도 일본 유학을 갔다가 전염병에 걸려 죽었으며, 셋째(유구)는 중학생 때 급성 질환으로 죽었다. 나머지 자식들도 이런저런 이유로 죽었고 막내딸(앵사) 하나 남았는데, 그도 어려서 열병을 앓다 시력을 잃어 천주교 고아원에 맡겨야 했다. 그런 상황에서 부인마저 "중이 되겠다" 하고는 금강산으로 들어갔다. 훗날 누군가 그를 찾아와 "못 살겠다" 신세 한탄을 늘어놓으면 "나를 보게. 나도 사네" 하는 한마디로 돌려보냈다.

이처럼 관직과 정치 출세에 대한 야망도 사라지고 가족이나 자식에 대한 희망도 없이 한성감옥에 갇힌 김정식에게 옥중 도서실이 유일한 피난처요 휴식처가 되었다.

다른 정치범들과 달리 김정식은 처음부터 기독교 책을 읽었다. 1902년 12월부터 1903년 1월까지 겨울 두 달 동안 무려 32권을 읽었다. 신약전서는 네 번이나 통독했다. 기독교 서적 중에는 미국 부흥 운동가 무디의 설교집(한문)과 막 한글로 번역되어 나온《천로역정》이 그의 마음을 끌었다.《천로역정》서문에는, 존 번연

이 영국에서 정치 개혁 운동을 벌이다 국왕과 정적들에게 미움을 사 투옥 중에 이 책을 썼다는 것, 당시 앞 못 보는 딸이 있어 감옥에서 함께 지냈다는 내용이 쓰여 있었다. 자신의 처지와 비슷했다.

그렇게 옥중에서 성경과 기독교 서적을 열독하는 중 자신도 모르게 말씀에 비추어 자신을 돌아보게 되었다. 그가 읽은 성경과 기독교 서적의 주인공들은 하나같이 하나님과 예수님을 바로 믿어 윤리적으로 도덕적으로 흠이 없는 사람들이었다. 그에 비하여 자신을 돌아보니 거짓과 위선, 교만과 협잡, 시기와 질투, 음행과 호색으로 점철된 추한 인생이었다. 그것이 곧 기독교에서 말하는 죄였고 그 마지막은 사후 심판과 지옥 형벌이었다. 성경과 기독교 서적들은 자신의 추하고 더러운 모습을 비춰 주는 거울이 되었다. 읽으면 읽을수록 과거에 지은 죄와 잘못의 실상이 확연하게 드러났다. 그래서 괴로웠다. 불안과 두려움이 엄습했다. 그것은 감옥에 처음 들어왔을 때 느꼈던 분노와 증오, 불안과 절망과 전혀 다른 감정이었다. 두려우면서도 성경책을 놓을 수 없었다.

그러던 어느 날, 그는 그리스도를 영접하는 '영적 체험'을 했다. 김정식은 훗날(1912년) 〈자력명증〉(自歷明證)이란 기록에서 '그날의 체험'을 이렇게 진술했다.

> 그 후 한밤 고요하고 잠들지 아니할 때에 스스로 이 육신의 불쌍한 지경을 생각하며 반전반측(反轉反側)할

때에 예수께서 내 누운 요에 함께 앉으신지라.
그 무릎을 붙잡고 하는 말이, '나는 육신의 부모도 없고 형제도 없으니 내 불쌍한 사정을 고(告)할 곳이 없으니 나를 지극히 사랑하시고 지극히 친절하시고 지극히 불쌍히 여기시는 예수 형(兄)님께 고하옵네다.
내가 전일에 주색(酒色)에 심약(沈弱)하야 선조(先祖)에게 불효함과 처자(妻子)에게 박정함과 친구에게 교만한 죄가 많고 더욱 나의 사랑하는 딸 앵사(櫻似)의 나이 십 세에 미만하고 두 눈이 멀어 앞을 보지 못하는 것을 로마교당(羅馬敎堂) 양육원에 보내었으니 때때로 부모를 부르짖을 생각을 하면 뼈가 저리고 오장(五臟)이 녹는 듯합니다.'

김정식은 꿈속에 자신을 찾아온 예수 그리스도를 '형님'이라 부르며 그 무릎을 붙들고 속에 있는 이야기를 다 털어놓았다. 물론 거기에는 그동안 숨기며 살아왔던 죄악들도 포함되었다. 그렇게 회개한 그에게 '구속의 은총'이 임했다.

허다한 죄상과 허다한 회포를 다 고할 때에 두 눈에 눈물이 비 오듯 베개를 적시더니 예수께서 손으로 내 등을 어루만지며 위로하시되 '네 회개함을 내 아나니 너무 서러 마라.'
그 말씀이 귀에 들릴 때에 그 불쌍히 여기시는 음성에 감동하여 자연 마음이 쇄락(洒落)하여져서 무슨 큰 짐을

> 벗은 모양도 같고 물에 빠졌다가 나온 것도 같으며 혼자 생각하기를 이 세상에는 나와 같은 죄인도 없었고 지금 이같이 깨끗한 마음을 얻은 사람은 나 혼자뿐이로다.
> 차후로는 어떤 지경에 처할지라도 이 은혜를 잊지 아니하기로 작정하고 세세히 생각함에 전일에 지은 죄로 오늘 이같은 긍휼을 받기는 진실로 뜻밖이로다.

한바탕 눈물을 쏟으며 애통하는 그에게 위로하시는 은총이 임했다. 성경에서 '위로' 혹은 '위안'으로 번역된 그리스어 '파라클레시스'(παρακλησις)는 주님이 성령의 역할을 언급하며 사용했던 '보혜사'(保惠師), 즉 '파라클레토스'(παρακλητος)와 어원이 같다. 멀리 있지 않고 바로 옆에서(παρα) 도와주고 말해 주는(κληο) 이라는 뜻이다. 그렇게 주님은 지은 죄로 인하여 슬피 울며 괴로워하는 김정식을 끌어안고 손으로 등을 어루만지며 "내가 안다. 너무 서러워 말아라" 하고 위로해 주셨다. 마지막 날 심판이 끝난 후 믿음을 지킨 사람들에게 "하나님이 친히 그들과 함께 계셔서 모든 눈물을 그 눈에서 닦아 주시니 다시는 사망이 없고 애통하는 것이나 곡하는 것이나 아픈 것이 다시 있지 아니하는"(계 21:3-4) 위로의 은총이었다. 그 결과 불안과 절망이 사라지고 기쁨과 평안이 임했다. 다음은 그가 '옥중 개종' 직후 지은 시다.

聖靈感人通眞理 電光相照報善惡

성령께서 감화하사 사람이 진리에 통하고
번개 빛처럼 비추시어 선악대로 갚으시네.

하디와 손정도의 눈물

한국 교회가 공동체 차원에서 '애통의 은총'을 경험한 것은 1903년 원산에서 시작하여 1907년 평양에 이른 초기 대부흥운동 때였다. 한국 기독교인들이 회개로 시작하여 중생(거듭남)과 성화(성결)에 이르는 기독교 신앙의 본질을 체험함으로 한국 교회의 체질과 성격을 완전히 새롭게 바꾸어 놓은 초기 부흥운동은 선교사 하디(R. A. Hardie)가 흘린 '회개의 눈물'에서 시작되었다.

캐나다 토론토 의과대학을 졸업하고 1890년 독립 선교사로 내한한 하디는 서울과 부산, 개성 등지에서 평신도 의료 선교사로 활동하다가 1897년 남감리회 선교부로 옮겨 1900년 목사 안수를 받았다. 이후 3년 동안 원산과 강원도 북부 지역을 맡아 남달리 노력하고 애썼지만 교인들은 변하지 않았고 교회도 부흥하지 않았다. 기대했던 결과가 나타나지 않자 선교사로서 한계를 느꼈고 한국 교인들에게 실망과 좌절을 느꼈다.

그러던 중 1903년 8월 24일부터 1주간 원산에 있던 장로교와 감리교 선교사들이 사경회를 열면서 하디에게 성경 공부 인도를 부탁했다. 그는 요한복음 14-16장을 중심으로 말씀을 준비했다. 제목은 '그리스도를 믿음'과 '그리스도 안에 거함', '오순절 체험'으로 잡았다. 그런데 말씀을 전하려는 순간, 말씀에 자신 없음과 부끄러움을 느꼈다. 그리스도 안에 거하며 그리스도를 믿는지 자신감이 없었고, 남에게 성령을 받으라고 만 했지 자신이 성령 충만을 받은 경험이 없었다. 그런 수치와 죄책감을 느낀 것이 '성령 체험'의 시작이었다. 하디 자신의 고백이다.

> 죄책감이 깊어지면서 평안이 솟구쳤는데 그것은 모든 죄에서 씻김을 받았다는 믿음에서만 얻을 수 있는 것이었다. 그러면서 그리스도 안에 거하며 말씀대로 살겠다는 결심과 성령을 받았다는 확신이 생겼다. 그[하디]가 기도하면서 느낀 것들과 방금 경험한 것을 말하자 그 자리에 있던 다른 선교사들도 즉시 같은 경험을 하게 되었다. 그다음으로 하나님께서 그에게 시킨 것은 자신의 선교사로서 생활이 실패했던 원인이 자신의 결점과 믿음 부족, 그리고 선교비 유용에서 비롯된 것이었음을 토착 교회 교인들 앞에서 고통과 수치로 자백하는 일이었다. 그다음 주일, 그는 수치와 곤혹스런 얼굴로 등장해서 자기의 교만과 강퍅했던 마음, 믿음 없었음을 자백하며 개개인과 회중 전체에 용서를 구했는데, 그때 비로소 거기 모였던 한국 교인들은 참된 의미에서 죄책과 회개가 어떤 것인지를 목격했다.

선교 부진과 목회 실패의 원인은 밖이 아니라 안에 있었다. 남이 아니라 나 때문이었다. 목회든 선교든 성령의 능력과 인도하심을 따라야 했는데 자신의 능력과 지혜를 과시하려 했던 것이 실패의 원인이었다. 죄와 잘못을 깨닫게 하심이 성령의 첫 번째 역사였다. 그렇게 말씀을 전하면서 회심을 경험한 하디가 동료 선교사와 한국 교회 교인들 앞에서 '눈물을 흘리며' 자신의 믿음 없음과 오만과 실수를 자백했을 때 회중 가운데도 성령이 임하여 애통하며 참회하는 현상이 나타났다. 하디의 눈물이 회개의 마중물(pumping water)이 되어 한국 교회 지도자들의 회개 운동을 끌어낸 것이다. 이후 하디는 "힘으로 되지 아니하며 능으로 되지 아니하고 오직 주의 영으로 되느니라"(슥 4:6)라는 말씀을 선교와 목회의 중심 원리로 삼고 부흥 운동을 이끌었다. 그가 원산을 시작으로 철원과 김화, 서울, 인천, 개성 등지에 가서 부흥회를 인도할 때마다 교인들의 애통하는 통회 자복이 터져 나왔다.

하디는 1906년 8월 평양에서 열린 장로교와 감리교 선교사 연합사경회에 강사로 초청받아 갔다. 그는 자신이 원산에서 은혜를 받았던 요한복음 14-16장 말씀으로 집회를 인도했다. 참석했던 선교사들이 동일한 은혜를 받았다. 사경회 후에는 평양교회의 부흥을 기원하는 선교사들의 기도회가 시작되었다. 그 결과 1907년 1월 초 폭발적인 평양대부흥운동이 일어났다. 평남노회 연합사경회에는 수천 명이 참석하여 장대현교회, 숭덕학교와 숭실학교, 숭의여학교로 분반(分班)해서 성경 공부를 했는데, 그중 나이 어린 학생들이 참석한 숭덕학교에서 가장 먼저 통회 자복이 터져 나왔다. 김린서(金麟瑞)는 그 장면을《평양노회지경 각교회 사기》(1925년)에서 이렇게 기술했다.

> 김찬성이 숭덕소학교에서 기도회를 인도하며 누가복음 15장의 탕자 비유로 설교할 때 300여 명 소학생 일동이 대성통곡하며 혹 혼도(昏倒) 기절하며 죄를 자복하매 소문이 즉각 사경회 각처에 전파되니라. 때에 길선주가 제8소에서 성신요리(聖神要理)를 교수하더니 성신이 회중에 임하매 채정민이 대성통곡하며 죄를 자복하기 시작하여 8소 일동이 일시 회죄(悔罪) 통곡하였으며 매일 밤 이길함 선교사의 인도로 예배하는 중 홀연히 급한 바람이 임하더니 이윽고 성신이 강림하매 만당(滿堂) 청중이 방성대곡하며 각기 기립하여 죄를 자복하니 곡성과 자복성(自服聲)을 분간하기 어렵더라.

그날 집회에서 장대현교회 지도자였던 길선주 장로가 선교사와 한국 교인들 앞에서 "나는 아간의 자식이었소!" 하고 통곡하며 회개했다. 장대현교회 예배당은 그동안 지은 죄를 자백하며 토해 내는 1,000여 명 교인들의 '대성통곡'(大聲痛哭), '회죄통곡'(悔罪痛哭), '방성대곡'(放聲大哭)으로 가득 찼다. 이들은 낮에 모인 남성 교인들이었다. 밤에는 여성들이 모였는데 그들 역시 "흐느껴 울면서 회개했으며 자기 죄를 자백하다가 그 괴로움을 견디지 못하고 마룻바닥을 뒹굴면서 통곡하였다."

장대현교회 부흥회는 숭실중학교 학생 부흥회로 연결되었다. 장대현교회 부흥회에서 '큰 은혜'를 받은 길선주 장로가 인도한 부흥회에서 참석 학생들은 "둘씩 혹은 셋씩 모여 울면서 서로 목을 껴안거나 무릎을 꿇고 기도하면서 시험 중에 저지른 부정행위, 절도, 속임수, 험담, 불평 등 온갖 죄를 자백하였다." 당시 숭실중학교 부교장 베커(A. L. Becker) 선교사의 증언이다.

> 우리는 도저히 시간을 통제할 수 없었다. 기도회 때마다 집회가 종료되었음을 몇 번이고 광고했어도 학생들은 성령에 감동되어 울부짖으면서 "할 말이 있어요"라고 외쳤다. 어떤 경우엔 낮부터 한밤중까지 집회를 계속해야 하는 고역을 치르기도 했고 어떤 때는 학생들이 우리 숙소까지 따라와 기도해 달라고 하였다. 어느 날 밤에는 학생 네 명이 예배당을 떠나지 않고 밤새 기도하는 것을 보았다. 이번 부흥회를 통해 학생 열 명 중 아홉이 큰 은혜를 받고 거듭났다.

당시 숭실중학교는 장로교와 감리교 선교부 연합학교로 운영되고 있었다. 그래서 숭실중학교에 다니던 감리교 학생들을 통해 부흥 운동의 불길이 감리교회로 옮겨 붙었다.

당시 감리교 남산현교회를 담임하던 이은승 목사는 부흥 운동에 소극적이고 비판적이었다. 그러나 숭실중학교 학생들의 '간절한' 기도로 이은승 목사도 마음도 바꾸어 남산현교회 부흥회를 개최했다. 거기서도 장대현교회와 똑같은 현상이 나타났다. 이은승 목사는 이를 '평양의 오순절'이라 했다.

> 어떤 이는 미친 것과 같이, 술 취한 것과 같이, 염치없는 사람같이 정신을 차리지 못하다가 다시 똑똑하여 새사람같이 되는 이도 있으며 어떤 이는 서로 붙들고 울며 서로 도와주기를 위하여 조용한 곳에 혹 학교나 예배당이나 조용한 산곡이나 성곽 위에 가서 기도하고 묵상하는 이도 있으며 어떤 이는 곳 애통함으로 죽었다가 살아난 기쁨으로 찬송하는 이도 있으며 또한 마음이 새로 변함을 받아 마음이 넓고 사랑이 가득한지라.

훗날(1919년) 상해 대한민국임시정부 의정원 원장을 역임하게 될 손정도 목사도 평양부흥운동 현장에 있었다. 그때 그는 남산현교회에 출석하는 숭실중학생이었다. 다른 학생들처럼 손정도도 학교 부흥회에서 통회 자복하며 거듭나는 체험을 했다. 이후 손정도는 기도 생활에 전념하며 '학생 전도사'로 평양 외곽에 나가 복음을 전했다. 1907년 3월에는 이은승 목사와 함께 인천에 가서 내리교회 부흥회를 인도했다. 인천 내리교회 목사와 교회 지도자들도 처음에는 부흥 운동에 비판적이었지만 평양에서 내려간 전도자들의 '간절한' 기도로 둘째 주부터 변화가 일어났다. 선교사 존스(G. H. Jones)의 증언이다.

> 반대하던 목사와 교인들은 정신을 차리고 자신들이 성령의 사역을 거역하고 있음을 깨달았다. 그날부터 집회는 평양에서 일어난 것과 같은 현상으로 전개되었다. 인천 집회는 매일 아침 6시에 시작해서 쉬지 않고 한밤중까지 진행되었다. 어떤 때는 설교자들이 교회 안에 24시간 머물러야 했다. 설교 시간은 길지 않았다. 그것도 주로 위로하는 말만 하였다. 찬송도 많이 부르지 않았다. 부흥회의 특징은 자백이었다. 교인들은 밤이든 낮이든 자백하는 일만 하였다. 교인들은 자백할 수 있는 기회를 얻으려고 애를 썼다. 시간마다 죄로 인해 고통스러워하며 눈물로 애통하며 통회하는 교인들이 줄을 이었다.

집회를 인도하던 이은승 목사와 손정도가 주로 한 일은 통회하고 자복하며 괴로워하는 교인들을 말씀으로 위로하는 일이었다.

그렇게 평양 장대현교회와 남산현교회에서 발원한 부흥 운동의 열기는 남쪽으로 해주와 개성, 서울, 인천, 공주, 목포, 대구, 북쪽으로 선천과 정주, 의주, 강계, 영변, 함흥, 성진 등지로 확산되었다. 부흥회가 열리는 곳마다 교인들의 '애통하며 회개하는 눈물'이 쏟아졌다. 그렇게 통회자복하고 거듭난 교인들은 도덕적으로 윤리적으로 '성결한' 삶을 살았고, 그로 인해 교회 분위기가 바뀌었으며 그들이 사는 지역사회 분위기도 달라졌다. 애통하는 이들에게 내려주신 '하늘의 은총'이었다.

1907년은 일제의 주권 침탈과 식민통치 야망에 항거하는 민족 저항운동이 활발하게 일어났던 해이기도 했다. 봄부터 여름까지 국채보상운동과 헤이그밀사사건, 고종 황제의 강제 퇴위와 정미조약 체결, 군대 강제 해산과 정미의병운동으로 정치·사회적 혼란이 이어졌다. 이런 상황에서 부흥 운동 경험자들은 개인적 영혼 구원과 초월적 종교 체험, 내세지향적 신앙을 강조하며 현실 문제에 거리를 두는 경우가 많았다. 기독교 신앙과 정치적 민족 운동을 함께 추구할 수 없는 상극(相克) 관계로 이해했다. 정교분리(政教分離) 원칙을 강조하는 보수적 선교사와 교회 지도자들은 대부분 그런 입장을 취했다. 그 결과 교회의 '비정치화'(非政治化) 현상이 심화되었다.

그러나 손정도는 달랐다. 인천 부흥회 후에 숭실중학교로 돌아온 손정도는 수업을 받으면서도 "길에 가나 방에 앉거나 오매 간에 광명한 종교적 정화의 세계를 찾기 위하여 또는 캄캄한 조선이 구원의 길로 나아갈 살 길을 찾기 위하여 쉬지 않고 기도를 하였다." 그에게 '종교적 정화'와 '민족의 구원'은 어느 하나도 포기할 수 없는 절대 가치였다. 손정도는 그렇게 나라와 민족을 위해 밤새워 기도하던 중 '주의 임재'를 체험했다.

> 바로 새벽력 하(下)였다. 답답히 앞길의 광명을 찾으려고 애달프게 호소하던 나의 앞에는 신(神)의 광명한 빛이 세상에서 볼 수 없는 이상(異象)의 빛으로 빛났다. 인자하시고도 건실하신 구주 예수께서 자애 깊은 눈물을 흘리며 나에게 임하셨다. 나도 흐득였고 그도 느끼셨다. 이 흐득임은 슬프거나 답답해서가 아니라 너무 감격하고 말할 수 없이 기쁜 그 극(極)에서 정화된 눈물이다. 광명을 찾은 즐거움이요 앞으로 나아갈 그 길을 하도 애쓴 뒤에 발견한 기쁨에 넘치는 눈물이다. 그담으로는 나 자신 앞에 이천만의 남녀 동포가 하나도 빠짐없이 죽 늘어선 것이 보였다. 즉 사망에 빠지는 그들, 죄악의 멍에에 착고(着錮)를 당한 그들을 구원하고 해방함이 나의 책임이라고 보여 줌이다. 그들을 보고 나는 또한 통곡하였다. 그러나 기쁘다 미덥다 할 만하다고 생각됨은 만능의 구주께서 나와 같이 하시기 때문에.

위기에 처한 나라와 민족의 장래를 생각하며 울면서 기도하던 손정도에게 나타나신 주님 역시 울고 계셨다! 그도 흐느꼈고 주님도 흐느꼈다. 처음엔 답답해서, 억울해서, 막막해서 흘린 눈물이었는데 주님이 동참한 후에는 '나와 함께 계시는 주님', 그 주님께서 우리 민족을 해방시키실 것이며, 주님이 '민족 구원의 사명을 내게 맡기셨다'는 것에 대한 감격과 기쁨의 눈물로 바뀌었다. '애통하는 눈물'에서 손정도는 주님과 하나 되었다.

이후 손정도는 민족 구원의 사명감으로 목회자가 되어 1931년 북만주 길림에서 '피를 토하고' 숨을 거두기까지 목회와 독립운동을 병행하며 교회와 민족을 위해 자신을 희생했다.

세 번째 복

산에 오르사

그 어디나 하늘나라

애통하며 회개할 맘

물방울, 바위를 뚫다

무얼 먹고 마실까

때리시고 어루만져

네가 내 얼굴이다

평화, 평화로다

십자가, 그 복된 길

다시, 복을 받으려면

5 온유한 자는 복이 있나니 그들이 땅을 기업으로 받을 것임이요

하나님의 땅을 일구려면

'온유한' 사람은 어떤 사람일까? 의외로 한국인들은 이를 쉽게 알 수 있다. 우리 민족의 고유 민담 '흥부와 놀부' 가운데 흥부, '콩쥐와 팥쥐' 사이에 콩쥐를 생각하면 된다. 온갖 핍박과 구박에도 아무 말 없이 묵묵하게, 부당하고 억울한 일을 당했음에도 항의하거나 변명하지 않고, 그저 달라면 달라는 대로, 주면 주는 대로 맞춰 사는 인생이다. 자기의 주장이나 의견을 고집하지 않고 말하기보다는 듣기를 좋아하고 명령하기보다는 순종하며 사는 사람이다. 그렇게 살아서 과연 치열한 생존경쟁 사회에서 성공할 수 있겠는가? 맨날 빼앗기고 당하면서 살다가 어느 세월에 자기 몫을 챙길 것인가? 실패할 수밖에 없다. 그런데 성경은 그런 사람에게 복이 있다고 했다.

Μακάριοι οἱ πραεῖς,
Blessed the meek,

Ὅτι αὐτοὶ κληρονομήσουσιν τὴν γῆν.
for they will inherit the earth.

따뜻할 '온'(溫)에 부드러울 '유'(柔)를 합쳐 '온유'(溫柔)로 번역한 그리스어 '프라우테스'(πραυτες)와 그에 상응하는 히브리어 '아나브'(ענו)는 모두 '온순함'(meek), '겸손'(humble), '부드러움'(soft), '유순함'

(gentle), '낮춤'(lowly)이란 뜻을 담고 있다. 온유는 짐승으로 치면 예수님께서 예루살렘에 입성할 때 타고 가셨던 어린 나귀(마 21:5)와 같고, 식물로 치면 예루살렘에 입성하시는 주님을 환영하던 군중들 손에 들렸던 종려나무 가지(요 12:13)와 같다. 온유는 하나님의 부드러운 속성을 의미했다. 특히 죄인이나 약자를 구원하시고 도우시는 하나님을 표현할 때 온유라는 단어를 사용했다.

> 주께서 주의 구원하는 방패를 내게 주시며 주의 오른손이 나를 붙들고 주의 온유함이 나를 크게 하셨나이다.
>
> 시 18:35; 삼하 22:36

> 주께서 하늘에서 판결을 선포하시매 땅이 두려워 잠잠하였나니 곧 하나님이 땅의 모든 온유한 자를 구원하시려고 심판하러 일어나신 때로다.
>
> 시 76:8-9

> 온유한 자를 정의로 지도하심이여 온유한 자에게 그의 도를 가르치시로다.
>
> 시 25:9

하나님이 온유한 자를 구하고 도우시는 이유는 그에게 "땅을 유업으로" 맡기기 위해서다.

진실로 악을 행하는 자들은 끊어질 것이나 여호와를 소망하는 자들은 땅을 차지하리로다. 잠시 후에는 악인이 없어지리니 네가 그곳을 자세히 살필지라도 없으리로다. 그러나 온유한 자들은 땅을 차지하며 풍성한 화평으로 즐거워하리로다.

시 37:9-11

성경에서 땅은 처음부터 '하나님의 것'이었다. 특히 이스라엘 조상에게 주겠다고 약속했던 가나안 땅은 더욱 그러했다. 그래서 가나안 정복 후 하나님은 그 땅을 이스라엘의 열두 지파에게 골고루 나눠 주셨다(민 26:55; 33:54; 수 14:1-2). 그렇게 해서 그 땅은 이스라엘 백성의 '기업'(유업)이 되었다. 하나님의 땅에서 하나님의 농사를 지으며 살게 만드셨다. 그런데 이스라엘은 하나님께 범죄함으로 그 땅을 잃어버렸다. '할 일'도 없어졌다.

그런 상황에서 하나님의 아들 예수 그리스도가 이 땅에 오셨다. 그리스도는 온유와 겸손(마 11:29), 온유와 관용(고후 10:1)으로 죄인을 찾아 구원하시고 온유를 회복한 자들에게 '하나님의 유업'을 맡기셨다. 온유는 하나님의 일을 하청받아 할 수 있는 자격증 같았다. 그래서 바울은 온유를 사랑과 희락, 화평, 오래 참음, 자비, 양선, 충성, 절제, 경건 등과 함께 빼놓을 수 없는 성령의 열매, 신앙 덕행으로 언급했다(갈 5:23; 엡 4:2; 딤전 6:11; 딛 3:2; 약1:21; 3:13; 벧전 3:15).

형제들아 사람이 만일 무슨 범죄한 일이 드러나거든
신령한 너희는 온유한 심령으로 그러한 자를 바로잡고
너 자신을 살펴보아 너도 시험을 받을까 두려워하라.
갈 6:1

주의 종은 마땅히 다투지 아니하고 모든 사람에 대하여
온유하며 가르치기를 잘하며 참으며 거역하는 자를
온유함으로 훈계할지니 혹 하나님이 그들에게 회개함을
주사 진리를 알게 하실까 하며.
딤후 2:24-25

오직 마음에 숨은 사람을 온유하고 안정한 심령의 썩지
아니할 것으로 하라. 이는 하나님 앞에 값진 것이니라.
벧전 3:4

초대교회 신앙 공동체에서 온유는 성도가 지녀야 할 가장 중요한 덕목이었다.

모세의 지팡이

성경에서 하나님께 '온유한 자'로 공인받은 인물이 모세다. 애굽을 탈출한 이스라엘 백성이 시내 광야에 이르러 하나님의 지시대로 성막을 만들어 봉헌한 후, '약속의 땅' 가나안을 향해 행군할 즈음이었다. 모세의 지도력에 도전장을 내민 사람들이 있었다. 바로 모세의 형 아론과 누나 미리암이었다. 그들은 모세가 구스(에티오피아) 여인을 아내로 취한 것을 빌미로 모세를 비방하기 시작했다. 그들은 노골적으로 "하나님께서 모세와만 말씀하셨느냐? 우리와도 말씀하지 않으셨느냐?"라며 모세의 지도력에 이의를 제기했다. 그것은 모세의 가족 간 문제가 아니었다. 지도력이 갈라져 이스라엘 백성 전체가 분열할 수도 있는 위기였다.

그런 상황에 하나님이 직접 개입하셨다. 하나님은 구름 속에서 모세와 아론, 미리암 세 사람을 부르셨다. 그리고 아론과 미리암에게 "내가 선지자들에게는 환상이나 꿈으로 말했지만 모세와는 직접 대면하여 명백히 말하였다"라고 하시면서 "내 종 모세를 비방하지 말라" 호통치셨다. 그때 받은 충격으로 미리암은 한센병(나병)에 걸려 한동안 진영 밖으로 추방을 당했다(민 12:5-16). 그렇게 모세는 하나님으로부터 절대적 신임과 지지를 받는 인물이었다. 그 배경에는 그의 '온유함'이 있었다.

이 사람 모세는 온유함이 지면의 모든 사람보다 더하였더라.
민 12:3

그런데 모세가 처음부터 온유한 사람은 아니었다. 혈기왕성하고 패기와 열정이 넘쳐 살인을 주저하지 않던 시절도 있었다. 모세는 태어나자마자 나일강에 버려졌지만 바로의 딸에게 구출되어 바로의 궁전에서 왕자 대접을 받으며 자랐다. 나이가 들면서 "나는 애굽인인가? 히브리인인가?" 하는 정체성의 혼란을 겪었다. 하루는 자기 동족인 히브리인들의 노동 현장에 나갔다가 히브리인과 애굽인의 다툼을 목격했고 그 싸움에 개입하여 애굽인을 살해했다. 동족을 향한 애정과 열정이 그를 사로잡았다. 그러나 정작 히브리인들은 "누가 너를 우리 지도자로 삼았느냐? 우리까지 죽이려느냐?" 하며 모세를 지도자로 받아들이지 않았다(출 2:1-15). 그는 애굽인과 히브리인, 어느 쪽에도 끼지 못했다. 결국 애굽 땅을 떠나야 했다. 그때 그의 나이 사십, 한창 일할 때였다.

도망자 모세가 자리 잡은 곳은 시내 반도 건너편, 아라비아 반도 미디안 땅이었다. 멀어도 아주 먼 곳이었다. 요행히 그곳 제사장 이드로가 딸을 주어 가정을 꾸리고 데릴사위로서 장인 소유의 양떼를 치며 생계를 유지했다.

그렇게 40년의 세월이 지났다. 그 사이 젊은 날의 패기도, 야망도 모두 사라졌다. 얻은 것이라곤 이방인 아내에게서 얻은 아들 하나, 자기 소유로 된 재산도 지위도 없었다. 삶에 대한 의욕도, 미래에 대한 꿈도 없는 여든의 노인이 되었다. 하루하루 되는 대로 살아가는 무기력한 인생이었다. 이런 그에게 하나님이 나타나셨다! 호렙산 떨기나무 불꽃 속에서. 그리고 당신의 계획을 알려 주셨다.

> 나는 네 조상의 하나님, 아브라함의 하나님, 이삭의 하나님, 야곱의 하나님이니라. 내가 애굽에 있는 내 백성의 고통을 분명히 보고 그들이 그들의 감독자로 말미암아 부르짖음을 듣고 그 근심을 알고 내가 내려가서 그들을 애굽인의 손에서 건져내고 그들을 그 땅에서 인도하여 아름답고 광대한 땅, 젖과 꿀이 흐르는 땅 곧 가나안 족속, 헷 족속, 아모리 족속, 브리스 족속, 히위 족속, 여부스 족속의 지방으로 데려가려 하노라. 이제 가라. 이스라엘 자손의 부르짖음이 내게 달하고 애굽 사람이 그들을 괴롭히는 학대도 내가 보았으니 이제 내가 너를 바로에게 보내어 너에게 내 백성 이스라엘 자손을 애굽에서 인도하여 내게 하리라.
> 출 3:6-10

이런 하나님의 계시와 지시를 들은 모세는 즉각, "예, 가겠습니다. 기다렸습니다" 하지 않았다. 오히려 있는 핑계 없는 핑계를 대면서 몸을 사렸다. "나를 보내려는 당신은 누구십니까?" "히브리인들도 나를 믿지 않을 것입니다." "나는 말도 잘 못합니다. 입이 뻣뻣하고 혀가 둔한 사람입니다." "보낼 만한 사람을 보내십시오." 모세로서는 그럴 만했다. 차라리 부르시려면 40년 전에 부르시지. 그때는 젊음도 있었고 패기도 넘쳤다. 주변에 나름대로 지지 세력도 있었고 동원할 만한 군사력도 있었다. 무엇보다 동족을 향한 뜨거운 열정이 있었다. 그런데 그때는 하나님이 돕지 않으셨다. 약속했던 하나님이었다. 그런 하나님이 이제 나타나 "가라!" 하시니 갈 맘이 있겠는가? 자신도 없었으려니와 그럴 형편도 아니었다.

그런 모세를 향하신 하나님의 시험(test)이 시작되었다. "저는 가진 것이 아무것도 없습니다" 하고 발뺌을 하는 모세에게 하나님은 "네 손에 있는 것이 무엇이냐?" 물으셨다. "지팡입니다" 하는 그에게 "그것을 땅에 던져라." 명하셨다. 시키는 대로 했더니 뱀이 되었다. "네 손으로 꼬리를 잡아라." 시키는 대로 했더니 다시 막대기가 되었다. 이번에는 "네 손을 품에 넣어라" 하셨다. 시키는 대로 했더니 한센병에 걸렸다. "네 손을 다시 품에 넣어라." 시키는 대로 했더니 본래로 돌아왔다. 그것으로 하나님의 시험은 끝났다.

왜 그런 시험을 하셨을까? 첫째, 순종하는지 여부를 확인하기 위함이었다. 모세는 하나님이 '시키는 대로' 했다. 둘째, 순종이 가져다주는 이적을 경험하도록 만드셨다. 모세는 하나님이 '시키는 대로' 했더니 지팡이와 손에서 이적이 나타났다. 모세의 재주가 아니라 하나님의 능력이었다. 온유한 사람에게 보여 주시는 하나님의 이적이었다. 그렇게 모세는 '온유한' 사람이 되어 있었다. 마른 나무 막대기와 주름지고 뼈마디가 드러난 손은 미디안 광야 40년 세월에 모세가 습득한 온유를 상징했다.

> 너는 이 지팡이를 손에 잡고 이것으로 이적을 행할지니라.
>
> 출 4:17

마른 나무로 만든 지팡이는 생명이 없어 감각도 없고 반응도 없다. 단지 그걸 손에 잡은 사람의 의지대로 움직일 뿐이다. 모세가 그렇게 되었다. 모세가 하나님의 '출애굽' 계획을 들었을 때 한사코 거부한 것은 그 일을 자기가 해야 하는 줄 알았기 때문이다. 돈도 없고 권력도 없고 패기도 없는 그로서는 감당할 수 없는 일이었다. 그런데 알고 보니 그것은 자기 일이 아니었다. "내가 내려가리라." "내가 인도하여 내리라." 하나님의 계획이었고 하나님이 하실 일이었다. 그는 다만 하나님의 능력(이적)을 드러낼 도구일 뿐, 책임질 일도, 걱정할 것도 없었다. 그저 그분이 '시키는 대로' 하면 되었다.

그렇게 해서 모세는 방금 전까지 자기 것이었지만

이제는 하나님의 것이 된 '하나님의 지팡이'(출 4:20)를 손에 잡고 애굽으로 돌아갔다. 그리고 바로 왕 앞에 섰다. 40년 전 모세를 왕궁에서 쫓아낸 왕은 아니었지만 그보다 훨씬 더 완고하고 고집 센 왕이 애굽을 통치하고 있었다. 누더기 옷에 나무 지팡이를 잡고 바닥에 서 있는 모세. 보석으로 화려하게 치장한 옷을 입고 황금 홀(笏)을 쥔 채 옥좌에 앉아 있는 바로. 완전 대비되는 장면이었다. 애굽의 최하층 노예 집단을 대표하는 모세와 애굽의 최상위 권력 집단을 대표하는 바로 왕의 대결이었다. 두 사람의 대결은 모세의 진술로 시작되었다.

이스라엘의 하나님 여호와께서 이렇게 말씀하시기를 내 백성을 보내라. 그러면 그들이 광야에서 내 앞에 절기를 지킬 것이니라 하셨나이다.
출 5:1

모세는 단도직입적으로 하나님의 말씀을 전달했다. 해석도 부연 설명도 필요 없었다. 이에 대한 바로의 입장도 단호했다.

여호와가 누구이기에 내가 그의 목소리를 듣고
이스라엘을 보내겠느냐? 나는 여호와를 알지 못하니
이스라엘을 보내지 아니하리라.
출 5:2

드러난 외면으로 보면, 아무것도 가진 것 없는 노쇠한 목자와 부와 권력을 모두 장악한 젊은 왕의 대결은 누가 보아도 초장에 끝날 게임이었다. 게다가 모세는 아직도 히브리인들의 전폭적인 지지를 얻지 못하고 있었다. 모세의 패배는 불을 보듯 뻔했다. 히브리인들도 그렇게 예상했다.

그런데 예상이 빗나갔다. 결과는 모세의 승리였다. 왜 그랬을까? 그것은 외면의 전쟁이 아니라 내면의 전쟁이었다. 모세의 마음속에는 마른 지팡이와 같은 온유와 겸손이, 바로의 마음속에는 황금 홀과 같은 자만과 오만이 각각 자리 잡고 있었다. 성경은 모세와 바로의 대결을 기록하면서 "하나님이 바로의 마음을 완악하게 하셨다"라는 표현을 반복해서 사용했다(출 4:21; 7:3, 13; 8:19; 9:7, 12, 35; 10:1, 20, 27; 11:10, 14:4, 8, 17).

여기서 '완악'(頑惡)으로 번역된 히브리어 '하자크'(חזק)는 '강하다', '딱딱하다', '굳세다', '고집 세다', '완강하다'는 뜻을 담고 있다. 이전 번역의 '강퍅'(剛愎)이 오히려 본뜻에 가깝다. 그렇게 온유와 강퍅이 맞붙었다. 결과는 어떠했는가? '10전 10패', 바로가 완패했다. 물질이 우선시되는 현실 세계에서는 강한 것이 약한 것을 이길지 몰라도 정신이 우선시되는 종교 세계에서는 그 반대 현상이 나타난다. 노자(老子)의 《도덕경》(道德經)에 나오는 대목이다.

柔勝剛이고　　　　　　弱勝强이라
유승강　　　　　　　약승강

故舌柔能存이나　　　　齒剛則折也라
고설유능존　　　　　치강즉절야

부드러운 것이 단단한 것을 이기며 약한 것이 강한 것을
이긴다.
그래서 부드러운 혀는 남아 있지만 단단한 이는
부러지고 만다.

약한 것 같지만 똑똑 떨어지는 물방울이 강고한 바위를 쪼갠다. 태풍과 폭풍에 굳건했던 참나무는 꺾어지나 갈대는 흔들릴지언정 살아남는다. 부드럽고 약한(柔弱) 것이 굳고 강한(剛强) 것을 이긴다는 말이다. 중국 한나라 때 도교학자 엄준(嚴遵)은 《노자지귀》(老子指歸)에서 이 말을 보다 자세히 설명했다.

人之生也柔弱 其死也堅剛 草木之生柔弱 其死枯槁
인지생야유약 기사야견강 초목지생유약 기사고고

故堅剛者死之徒 柔弱者生之徒
고견강자사지도 유약자생지도

故兵强不勝 木强則共 强大處下 小弱處上
고병강불승 목강즉공 강대처하 소약처상

사람이 살았을 때는 부드럽고 약하지만 죽으면 딱딱하게

굳는다. 초목도 살았을 때는 부드럽고 약하지만 죽으면
마르고 굳는다.
따라서 죽은 무리는 굳고 강하지만 살아 있는 무리는
약하고 부드럽다.
따라서 강한 병사라고 이기는 법이 없고 강한 나무도
그러하니 크고 강한 것은 아래 있고 작고 약한 것은 위에
있다.

모세에게 강력한 권력과 무기는 없었지만 온유와 겸손으로 무장했기에 강퍅했던 바로와의 전투에서 승리했다. 그것은 마치 "키는 여섯 규빗 한 뼘(230cm)이요 머리에는 놋 투구를 썼고 몸에는 비늘 갑옷을 입었으니 그 갑옷의 무게가 놋 오천 세겔(57kg)이며 그의 다리에는 놋 각반을 쳤고 어깨 사이에는 놋 단창을 메었으니 그 창 자루는 베틀 채 같고 창날은 철 육백 세겔(6.8kg)이며 방패 든 자가 앞장섰던"(삼상 17:4-7) 블레셋 장군 골리앗과 그 앞의 다윗, "손에 막대기를 가지고 시내에서 매끄러운 돌 다섯을 골라서 자기 목자의 제구 곧 주머니에 넣고 손에 물매를 가지고"(삼하 17:40) 나선 어린 목동과도 같았다.

내면적인 온유와 겸손의 능력이 겉으로 보기에 화려하고 웅장하며 강하게 보이는 허세를 무너뜨리는 것이 '하나님의 역사'다. 온유함으로 무장했던 다윗에게 이스라엘 왕국을 맡기셨고 온유한 지도자 모세를 따랐던 이스라엘 백성에게 '약속의 땅'을 유업으로 주셨다.

불량배 이덕수의 묘비명

하나님의 일을 하는 사람들은 강한 것을 약하게, 견고한 것을 부드럽게 하시는 하나님의 연단 과정을 먼저 거친다. "세상의 미련한 것들을 택하사 지혜 있는 자들을 부끄럽게 하려 하시고 세상의 약한 것들을 택하사 강한 것들을 부끄럽게 하려 하시는"(고전 1:27) 하나님의 은총이었다. 한국 교회 선교 초기 춘천 지방 개척 전도자로 활약했던 이덕수(李德秀)가 그랬다.

이덕수의 고향 고랑포는 경기도 파주 임진강변에 위치한 포구마을로 장단을 거쳐 개성으로 가는 길목에 있었다. 마을은 크지 않았지만 남쪽에서 올라온 조깃배와 새우젓배가 한강에서 임진강으로 가는 포구였기에 상업 물동량이 많았다. 일제강점기 전국 5대 포구 중 하나로서 화신백화점이 분점을 설치할 정도였으니 그 위상을 쉽게 짐작할 수 있다.

그에 따라 술집도 많았고 노름집도 많았다. 음주와 도박, 협잡과 강탈 등 죄악에 물든 사람들이 판을 치던 고을이었다. 거기서도 이덕수는 마을에서 제일가는 불량배였다. 술주정뱅이에다 도박꾼이었고 아내를 구타하기는 다반사였으며 그것도 모자라 마을에서 벌어지는 온갖 더러운 일에 그가 끼지 않은 적이 없었다. 송사에 개입하여 돈을 갈취하려다 관가에 끌려가 곤장을 맞기도 여러 번이었다. 장날만 되면 마을 사람들은 술 취한 이덕수를 만날까 봐 전전긍긍했다. 고랑포에서 이덕수는 '기피 인물 제1호'였다.

그랬던 이덕수가 어느 날 장터에 나갔다가 낯선 장사꾼을 만났다. 그가 파는 것은 마른 생선이나 옷감이 아니었다. 성경과 전도 책자를 파는 '권서인'(勸書人)이었다. 그는 다른 장사꾼과 달랐다. 처음 만났는데도 자주 만난 것처럼 부드러운 목소리로 차근차근 책에 담긴 내용을 설명했다. 마치 상품을 소개하는 상인처럼 '예수 도(道)'를 설명하는 전도인의 말에 이상하게 이덕수의 마음이 끌렸다. 그 사람은 "한번 읽어 보시오" 하고 작은 전도 책자 하나를 이덕수에게 건네주고 떠났다.

겨우 한글을 깨친 이덕수는 그 책을 집으로 가져와 읽기 시작했다. 처음 보는 책인데도 끌어당기는 뭔가가 있었다. 일주일 후 그 권서인은 이덕수를 다시 찾아왔다. 그리고 자신도 이덕수처럼 전에는 부끄러운 죄를 지으며 살다가 예수를 믿고 구원받은 후 새사람이 되었다고 간증하면서 "하나님께서 당신도 구원하실 것을 확신합니다"라고 했다. 그 말에 이덕수의 입에서 자신도 모르게 "예, 당신이 믿는 도를 나도 하겠습니다"라는 말이 나왔다. 마침 얼마 전 고랑포 읍내 작은 초가집에서 적은 숫자이지만 교인들이 모여 예배를 드리고 있었다. 이덕수는 그 교회에 나가기 시작했다. 그때 나이 서른이었다.

그렇게 예배당 출입을 시작한 이후 이덕수는 완전 새사람이 되었다. 그 좋아하던 술도 끊었고 도박장에는 얼씬도 안 했다. 거리에서 술 취한 그의 모습은 더 이상 볼 수 없었다. 그동안 술 취해서 살다 보니 있던 재산은 다 날렸고 가진 것이라곤 지게 하나였다. 그는 지게를 지고 장터에 나가 짐을 실어다 주고 돈 받는 일부터 했다. 그렇게 번 돈은 모두 부인에게 가져다주었다. 가난과 폭력에 시달렸던 부인과 자녀들은 작은 행복을 느끼기 시작했다. 자연스럽게 가족들도 예배당에 나갔다.

이덕수는 그렇게 교회에 나간 지 1년 만에 세례를 받고 속장이 되었다. 마을 사람들은 술 취하거나 싸움질하는 그의 모습을 더 이상 볼 수 없었다. 말투도 달라졌고 행동거지도 바뀌었다. 폭력적이었던 그가 유순한 사람이 되었다. 처음엔 반신반의했던 주변 사람들도 그의 변화된 삶을 보고 '예수 도를 하는 사람'으로 인정했다. 이덕수는 지게 품을 팔아 모은 돈으로 말린 생선과 새우젓을 떼다가 인근 장터를 찾아다니며 팔기 시작했다. 새우젓 통을 실은 지게 새고자리에는 아내가 싸준 도시락만 걸린 것이 아니라 전도지와 쪽복음, 찬송 책을 담은 보따리도 걸렸다. 물건만 판 것이 아니라 복음도 팔기 시작했다. 장터에서 그의 전도를 받고 믿게 된 사람들이 늘어났다.

그 무렵(1904년) 서울에 있던 남감리회 선교사 무스(J. R. Moose)는 새로운 선교지로 할당받은 강원도 춘천에 파송할 토착 전도인을 찾고 있었다. 그런 그의 귀에 '고랑포 속장 이덕수'에 대한 소문이 들렸다. 무스 선교사는 직접 고랑포까지 가서 이덕수를 면담한 후 "춘천에 함께 가서 전도하고 성경책을 팔자" 하고 권했다. 이덕수는 즉각 응낙했다.

약속한 날 이덕수는 고랑포에서 서울까지 120리 길을 걸어왔다. 거기서 지게에 성경책과 전도 책자를 가득 실은 후 춘천까지 320리 길을 갔다. 동행하는 선교사는 자전거를 탔지만 그는 무거운 짐을 지고 걸어서 갔다. 언덕이나 진흙 길에서는 자전거를 지게에 실어야 했다. 그렇게 춘천에 도착하니 마침 장날이었다. 처음 보는 서양 사람인 데다 그가 타고 온 자전거가 신기해서 순식간에 수백 명 군중이 몰려들었다. 그들을 대상으로 이덕수의 전도가 시작되었다. 훗날(1924년) 무스 선교사는 그 장면을 이렇게 기록했다.

> 이덕수는 그 옛날 사울 왕처럼(그는 자기 고향에서 키가 제일 컸다) 군중 가운데 당당하게 버티고 서서 외쳤다. "여러분, 여기를 보시오. 내가 하는 말을 들어보시오." 그리고 "수고하고 무거운 짐 진 자들아 내게로 오라 내가 너희를 쉬게 하리라" 한 후 무거운 짐과 달콤한 휴식에 대하여 재미있게 이야기를 풀어 나갔다. 그곳에 모인 사람들은 무거운 짐이 어떤 것인지 잘 알고 있었다. 무거운 짐을 지게에 지고 서서 듣는 사람들이 많았다. 부인들도 그 말을 이해했다. 그들의 삶 자체가 무거운

짐 같았기 때문이다. 어린 소녀들까지 등에 동생을 업고 서 있었다. 그들은 모두 그의 말을 알아들었다. 그런데 다음 구절은 전혀 새로운 것이었다. 쉬게 하리라! 이덕수는 적시에 그들의 생각을 육신의 짐보다 더 무거운 죄의 짐으로 옮겨 놓았다. 그는 요한복음 3장 16절을 수시로 인용하면서 온 인류의 죄 짐을 지고 가신 주님을 소개하였다. 이 성경 구절은 그가 제일 좋아하는 구절 같았다. 그의 설교는 간단하면서도 청중의 관심을 끌었다. 그의 얼굴이나 표정이나 행동에서 그가 전하는 메시지의 진실함이 우러나왔다. 이처럼 그리스도를 체험한 신실한 성도가 복음을 전하고 있으니 얼마나 감격스런 일인가!

그날 이덕수가 춘천 장터에서 전도하면서 선택한 본문은 마태복음 11장 28-29절이었다. 무거운 짐을 지고, 혹은 이고 서 있는 장터 사람들에게 "수고하고 무거운 짐 진 자들아 내게로 오라 내가 너희를 쉬게 하리라"라는 말씀은 관심과 주의를 끌기에 충분했다. 그리고 이어서 "나는 마음이 온유하고 겸손하니 나의 멍에를 메고 내게 배우라. 그리하면 너희가 쉼을 얻으리니 이는 내 멍에는 쉽고 내 짐은 가벼움이라"라는 말씀을 소개하면서 과거 무거운 죄 짐을 지고 허덕이며 살다가 예수님을 믿은 다음에 얻은 기쁨과 평안의 축복을 간증할 때 많은 사람들이 고개를 끄덕였다. 내한 5년차로 어느 정도 한국말을 알아들을 수 있었던 무스 선교사는 곁에 서서 이덕수 전도사의 설교와 그것을 듣는 청중들의 반응을 보면서 "그리스도를 체험한 신실한 성도가 복음을 전하는" 모습이라고 증언했다. 과거에는 어느 누구도 손을 댈 수 없었던 불량배였지만 이제는 그리스도의 '온유하고 겸손한' 마음과 행실을 보여 주는 이덕수에게 춘천 선교를 맡기기로 했다.

이덕수는 봉의산 자락 춘천향교 뒤편 언덕에 초가집을 마련하고 고랑포에 있던 가족들을 데려온 후 본격적으로 전도하기 시작했다. 이덕수의 전도는 '지게 전도'로 유명했다. 고랑포에서 했던 것처럼 그는 매일 지게를 지고 장터로 나가 만나는 사람들에게 성경책과 전도책을 팔면서 전도했다. 장날에는 시골에서 장보러 왔다가 돌아가는 사람들의 짐을 실어다 주면서 전도했다. 그는 춘천뿐 아니라 인근 가평과 홍천, 양구, 화천, 인제, 멀리는 원주와 제천까지 다니며 전도했다. 그렇게 해서 그가 춘천에 내려온 지 불과 2년 만에 춘천 주변으로 75곳에 교회가 세워졌다. 이덕수가 인도하는 춘천 집회 참석자도 100명으로 늘어났다. 이에 무스 선교사 부부는 1908년 춘천에 내려와 양관을 건축하고 선교부를 개설했다. 그 후 이덕수는 지방 전도에 전념했다. 강원도와 경기도 6개 군이 그의 전도 구역이었다. 그는 지게를 지고 시골 마을을 찾아다니며 성경책을 팔고 복음을 전했다.

그러다가 결핵병에 감염되었다. 병세는 급속도로

악화되어 손을 쓸 수 없었다. 결국 1910년 4월, 봉의동 집에서 숨을 거두었다. 그때 무스 선교사는 지방 순회 중이어서 춘천에 없었고 대신 무스 부인이 그의 임종을 지켰다. 무스 부인은 그에게 "무 목사님께 남길 말씀이 있습니까?" 하고 물었다. 부인은 속으로 "죽은 후 가족이나 자식을 돌봐 달라" 부탁할 것을 예상했다. 그러나 이덕수는 "무 목사님께 전해 주세요. 여호와는 나의 목자시니 내게 부족함이 없으리로다" 했다. 성경 말씀이 그의 유언이었다. 그의 별세 소식은 무스 선교사에 의해 그해 9월 개성에서 개최된 남감리회 연회에 보고되었다. 연회원들은 '이덕수 전도사 추모예배'를 드리고 그를 추모하는 기념비를 세울 것을 결의했다. 그렇게 연회원들의 헌금으로 춘천 봉의동 언덕에 묘비가 건립되었다. 교인들은 그가 남긴 유언 말씀을 묘비에 새겼다.

> 여호와는 나의 목자시니 내게 부족함이 없으리로다.
>
> 시 23:1

네 번째 복

무얼 먹고 마실까

산에 오르사
그 어디나 하늘나라
애통하며 회개할 맘
물방울, 바위를 뚫다
때리시고 어루만져
네가 내 얼굴이다
평화, 평화로다
십자가, 그 복된 길
다시, 복을 받으려면

6 의에 주리고 목마른 자는 복이 있나니 그들이 배부를 것임이요

주리게 하신 40년

요즘 '먹는 방송'이 대세다. 먹방이라던가? 방송국마다 요리사와 음식 전문가들이 직접 요리하는 모습을 보여 주거나, 배우나 연예인들을 내세워 전국 맛집을 찾아가 먹는 장면을 보여 준다. 그중에도 몸집 큰 연예인 네 명이 유명 음식점들을 찾아다니며 맛있는 요리를 먹는 프로그램이 재미있다. 네 명이 경쟁적으로 맛있게 먹는 모습을 보노라면 침이 저절로 고이고 '나도 저기 가서 먹어 봐야겠다'는 생각이 든다. 그런데 어느 날인가, 그렇게 한바탕 신나게 먹어 치운 후 행복한 만족감으로 녹화를 끝내려 할 즈음, 느닷없이 한 친구가 혼잣말로 "이렇게 먹으면 뭐해?" 하는 짧은 멘트가 내 귀에 들렸다. 그 순간 다른 세 친구도 동작을 멈추고 서로 얼굴을 쳐다보았다. 몇 초 안 되는 아주 짧은 순간이지만 여운이 오래가는 장면이었다.

"먹기 위해 사나? 살기 위해 먹나?" 어떤 경우든 잘 먹고 잘 마셔야 사람은 행복하게 살 수 있다. 반면에 먹지 못하고 마시지 못함은 불행일 뿐 아니라 죽음으로 가는 길목이다(신 28:48; 대하 32:11; 사 5:13). 사람들은 주리고 목마르게 될까 걱정하고 두려워한다. 그런데 주님은 "주리고 목마른 자는 복이 있다" 하셨다.

Μακάριοι οἱ πεινῶντες καὶ διψῶντες τὴν δικαιοσύνην,
Blessed those hungering and thirsting,

Ὅτι αὐτοὶ χορτασθήσονται.
for they will be filled.

어떻게 주리고 목마른 사람이 행복을 느낄 수 있을까?

모세의 인도로 애굽을 탈출하여 홍해 바다를 건넌 이스라엘 백성은 사흘 만에 수르 광야에 도달했다. 그런데 거기서 물이 떨어졌다. 마침 오아시스 하나가 있었는데 고인 물이라 썩어서 마실 수 없었다. 그래서 쓰다는 뜻으로 '마라'라 했다. 모세는 하나님께 부르짖었다. 그러자 하나님께서 그에게 한 나무를 보여 주셨다. 그 나뭇가지를 꺾어 연못에 던졌더니 쓴물이 단물로 바뀌었다. 그걸 마신 백성들의 기쁨이 어땠겠는가? 목마른 상황에서 쓴물을 먼저 맛보았기 때문에 달게 바뀐 그 물이 더욱 감격스러웠다. 그 일 후 하나님은 "너희가 너희 하나님 나 여호와의 말을 들어 순종하고 내가 보기에 의를 행하며 내 계명에 귀를 기울이며 내 모든 규례를 지키면 내가 애굽 사람에게 내린 모든 질병 중 하나도 너희에게 내리지 아니하리니 나는 너희를 치료하는 여호와임이라" 하셨다(출 15:22-26).

그리고 두 달을 행진하여 신 광야에 다다랐다. 거기서 애굽에서 가져온 양식이 떨어졌다. 먹을 것이 없었다. 양식을 구해 올 곳도 없었다. 또 백성은 모세와 아론을 원망했다. "우리가 애굽 땅에서 고기 가마 곁에 앉아 있던 때와 떡을 배불리 먹던 때에 여호와의 손에 죽었더라면 좋았을 것을, 너희가 이 광야로 우리를 인도해 내어 이 온 회중이 주려 죽게 하는도다." 모세는 그저 듣고만 있었다. 그런데 하나님께서 모세를 통해 말씀을 주셨다. "너희가 해 질 때에는 고기를 먹고 아침에는 떡으로 배부르리니 여호와 너희 하나님인 줄 알리라." 이스라엘 백성은 그때부터 만나와 메추라기를 먹게 되었다(출 16:1-12). 배가 잔뜩 고팠다가 먹으니 더욱 꿀맛이었다. 그래서 먹어 본 사람들은 "맛은 꿀 섞은 과자 같았다"라고 했다(출 16:31). 고진감래(苦盡甘來)가 바로 그것이었다. 아무런 수고도 아니 하고 매일 거르지 않고 고기와 곡식을 먹게 되었으니 그런 행운이 또 어디 있겠는가?

그들은 계속 행진하여 르비딤 광야에 이르렀다. 거기서 또 물이 떨어졌다. 그곳엔 쓴물도 없었다. 모래사막에 바위투성이였다. 절망에 빠진 백성들은 또 모세를 찾아가 원망했다. 이번에는 백성들이 싸울 기세로 달려들어 "어찌하여 우리를 애굽에서 인도해 내어서 우리와 우리 자녀와 우리 가축이 목말라 죽게 하느냐?" 외쳤다. 다급한 모세는 하나님께 부르짖었다. "어찌하면 좋습니까? 저들이 조금 있으면 내게 돌을 던지겠나이다." 그러나 하나님은 미리 준비해 놓고 계셨다. 하나님의 말씀대로 모세가 지팡이로 바위를 치자 그 속에 저장되었던 생수가 터져 나왔다(출 17:1-7). 사막 뜨거운 열기에 목말라 죽을 지경이었던 사람들이 암반수

생수를 마셨으니 그 감격이 또한 얼마나 컸겠는가? 그런 식으로 이스라엘 백성은 "여호와께서 우리 중에 계신가, 안 계신가?" 계속 시험했다. 그리고 양식과 물이 떨어져 굶주리고 목말라 죽을 위기에 처할 때마다 먹고 마실 것이 공급되는 이적을 체험하면서 하나님의 존재와 능력에 대한 믿음을 키워 나갔다. 물이 없어도, 양식이 떨어져도 하나님만 함께 계시면 된다는 믿음이었다.

하나님은 출애굽한 이스라엘 백성을 곧바로 젖과 꿀이 흐르는 가나안 땅으로 인도하지 않으셨다. 처음부터 배불리 먹이고 풍족하게 하지 않으셨다. 먼저 목마르게 하시고 굶주리게 하셨다. 갈증과 배고픔을 겪은 후 원망이든 부르짖음이든, 그들이 하나님을 향할 때 물과 양식이 공급되었다. 하나님은 "그들의 굶주림 때문에 그들에게 양식을 주시며 그들의 목마름 때문에 그들에게 반석에서 물을 내셨다"(느 9:15). 어머니 품속의 어린 아기가 울지 않으면 젖을 물리지 않는 것과 마찬가지로 목마름과 굶주림이 하나님의 은총을 받을 수 있는 조건이 되었다.

그렇게 광야에서 40년, 모세는 하나님이 공급해 주시는 물과 양식으로 '배불리' 먹으며 행복한 여정을 마쳤다. 느보산에 올라 멀리 요단 강 건너편 가나안 땅을 바라보면서 유언 설교를 했다. 그는 특히 만나의 영적 의미를 강조했다.

네 하나님께서 이 사십 년 동안 네게 광야 길을 걷게
하신 것을 기억하라. 이는 너를 낮추시며 너를 시험하사
네 마음이 어떠한지 그 명령을 지키는지 지키지 않는지
알려 하심이라. 너를 낮추시며 너를 주리게 하시며
또 너도 알지 못하며 네 조상들도 알지 못하던 만나를
먹이신 것은 사람이 떡으로만 사는 것이 아니요
여호와의 입에서 나오는 말씀으로 사는 줄을 네가 알게
하려 하심이라.

신 8:2-3

입으로 들어가는 육적인 만나(떡)보다 더 중요한 것이 귀(마음)로 듣는 영적인 말씀이었다. 이제 가나안 땅에 들어가면 만나는 내리지 않을 것이고 농사를 지어 먹고 살 것인데 그렇더라도 보이는 물질보다 보이지 않는 하나님을 소중하게 여기라는 마지막 유훈이었다.

내 살은 참된 양식이요

유월절 가까운 어느 날 예수님은 갈릴리 호수 건너편으로 가셨다가, 거기서 굶주린 사람들을 보시고 어린아이가 가져온 보리떡 다섯 개와 물고기 두 마리로 5,000명이나 되는 무리를 먹이셨다. 그러자 많은 사람들이 "저분은 우리 경제 문제를 해결할 수 있는 분이다. 저분은 못 고치는 병이 없다. 저분을 우리 왕으로 모시자" 했다. 그러자 예수님은 배를 타고 호수 건너편으로 피하셨다. 무리들은 거기까지 따라왔다. 주님은 가버나움 회당으로 들어가셔서 그런 무리 지도자들과 토론하셨다(요 6:22-35).

무리 선생님, 언제 여기 오셨습니까?

예수 너희가 나를 찾는 것은 표적을 본 까닭이 아니고 먹고 배부른 까닭이다. 썩을 양식을 위하여 일하지 말고 영생하도록 있는 양식을 위하여 하라. 이 양식은 인자가 너희에게 주리니 인자는 아버지 하나님께서 인 치신 자다.

무리 우리가 어떻게 하여야 하나님의 일을 할 수 있습니까?

예수 하나님께서 보내신 이를 믿는 것이 하나님의 일이다.

무리 우리가 보고 당신을 믿도록 행하시는 표적이 무엇입니까? 우리 조상들은 광야에서 만나를 먹었습니다.

예수 모세가 너희에게 하늘로부터 떡을 준 것이 아니라 내 아버지께서 너희에게 참떡을 주시나니 하나님의 떡은 하늘에서 내려 세상에 생명을 주는 것이다.

무리 주여, 이 떡을 항상 우리에게 주십시오.

예수 나는 생명의 떡이니 내게 오는 자는 결코 주리지 아니할 터이요 나를 믿는 자는 영원히 목마르지 아니할 것이다.

이어서 주님은 그들이 알아들을 수 없는 말씀을 쏟아내셨다. "나는 하늘에서 내려온 살아 있는 떡이니 사람이 이 떡을 먹으면 영생하리라. 내가 줄 떡은 곧 세상의 생명을 위한 내 살이니라." "내 살을 먹고 내 피를 마시는 자는 영생을 가졌고 마지막 날에 내가 그를 다시 살리리라." "내 살은 참된 양식이요 내 피는 참된 음료로다. 내 살을 먹고 내 피를 마시는 자는 내 안에 거하고 나도 그의 안에 거하리라." "나는 하늘에서 내려온 떡이니 조상들이 먹고도 죽은 그것과 같지 아니하여 이 떡을 먹는 자는 영원히 살리라"(요 6:48-58). 사람들은 "인육을 먹으라는 말인가? 피를 빨아먹으라는 말인가?"라면서 "너무 어려운 말씀이다. 누가 알아들겠는가?" 하고 떠나갔다. 영적인 말씀을 육적으로 들은 결과였다.

무리가 떠난 후 주님은 제자들에게 "너희도 가려느냐?" 물으셨다. 베드로는 "주여, 영생의 말씀이 주께 있사오니 우리가 누구에게로 가오리까?" 하였다. 유월절 전날 밤 최후의 만찬 때 주님은 "내 몸이다", "내 피다" 하시며 떡과 포도주를 나눠 주셨다(마 26:26-30; 막 14:22-26; 눅 22:14-20). 떡은 말씀이요 포도주는 생명이었다. 그것이 기독교의 성만찬 전례가 되었다.

성만찬은 '육적으로' 포도주와 떡을 먹으면서 '영적으로' 하나님의 아들 예수 그리스도를 내 안에 모시는 의식이다. 영과 육으로 갈급하고 허기진 상태로 성찬 예식에 참예했다가 예수 그리스도를 모신 '행복한 만족감'을 얻는다. '기갈'이 '포만'으로 바뀐다. 한바탕 먹고 나서 "이렇게 먹어서 뭐해?"라고 말하는 허무함이 아니다. 성찬식(communion)은 주님과 내가 하나 되고(com), 주 안에서 자매와 형제가 하나 되는(union) 공동체 의식이다. 성만찬을 처음으로 제정하신 주님은 "아버지여, 아버지께서 내 안에, 내가 아버지 안에 있는 것같이 그들도 다 하나가 되어 우리 안에 있게 하사 세상으로 아버지께서 나를 보내신 것을 믿게 하옵소서"(요 17:21)라고 기도하셨다.

그런데 성찬식에 참석해서도 하나가 되지 못하고 편을 갈라 싸우는 교인들이 있다. 사도 시대 고린도교회가 그러했다. 그래서 바울은 파당과 분쟁 문제를 해소하지 못하고 성찬식에 참예한 교인들을 향해 "먹고 마실 집이 없느냐? 너희가 하나님의 교회를 업신여기고 빈궁한 자들을 부끄럽게 하는도다. 차라리 집에서 배불리 먹고 오라"라고 질책했다(고전 11:17-31). 교회에 나가는 이유, 신앙생활을 하는 목적이 분명치 않거나 잘못되어 '헛고생'하는 경우가 적지 않았다.

양식이나 의복보다 먼저 구할 것은 '의'(義)였다.

> 그러므로 염려하여 이르기를 무엇을 먹을까 무엇을 마실까 무엇을 입을까 하지 말라. 이는 다 이방인들이 구하는 것이라. 너희 하늘 아버지께서 이 모든 것이 너희에게 있어야 할 줄을 아시느니라. 그런즉 너희는 먼저 그의 나라와 그 의를 구하라.
>
> 마 6:31-33

신약성경에서 '의'로 번역된 그리스어 '디카이오수네'(δικαιοσυνη)는 성품이나 행동에서 '적합하고(equitable), 흠이 없고(innocent), 곧은(straight)'이라는 뜻의 '디카이오스'에서 파생되었고, '디카이오스'는 '옳다(right) 혹은 바르다(justice)'는 뜻의 '디케'(δικη)에서 파생되었다. 종합하면 '디카이오수네'는 흠 잡을 것이 없는 올바른 마음가짐과 행동거지를 의미한다. 우리 어른들은 그것을 '사람의 바른 도리'라는 뜻의 '의'로 번역했다. 구약 히브리어로는 '체데크'(צדק) 혹은 '미슈파트'(משפט)으로 표기한다. 한글 성경에서 주로 '공의'라고 번역한 체데크는 '바로 잡다, 곧다'는 뜻의 '차다

크'에서 파생된 것이고, '정의' 혹은 '법도'로 번역한 미슈파트는 '판단, 심판, 판결'을 뜻하는 '샤파트'에서 파생되었다. 그리스어 '디카이오수네'나 히브리어 '체데크' 및 '미슈파트'는 재판과 관련된 용어들이다. 양심대로 올바르게 사는 사람들만 있다면 재판은 필요 없었겠지만 세상에는 죄악과 오류, 갈등과 분쟁이 끊인 적이 없다.

구약 시대부터 하나님은 진리와 정의와 평화가 구현된 '하나님의 나라'를 지상에 세우려고 이스라엘을 택하셨고, 이스라엘 지도자는 백성들이 하나님의 축복을 받도록 의로운 백성으로 지도하고 감독했다. 이를 위해 하나님은 율법(תורה, 토라)을 내려주셨다. 시내산에서 모세가 율법을 받기 전에는 십부장부터 천부장에 이르는 재판관들이 사심(私心)으로 억울한 판결을 내릴 위험이 있었지만, 모세가 40일 간 시내산에서 하나님의 계명을 전수받은 이후에는 율법이 이스라엘의 법전이 되었다. 그리고 십계명 돌판이 든 법궤를 중심으로 성막과 제사장이 세워졌다. 여호수아 사후에는 하나님이 세우신 샤파트(שפט, 쇼페트)들이 재판관과 감독자 역할을 했고 마지막 사사 사무엘은 사울과 다윗을 왕으로 세워 그 일을 맡겼다.

성경에서 왕의 지도력은 군사력이나 경제력보다도 하나님의 율법에 따라 얼마나 공의와 정의를 구현하는가에 달려 있었다. 다윗은 하나님의 의로운 심판을 염두에 두고 나라를 다스렸다. 그러나 솔로몬 이후 분열된 북이스라엘과 남유다에서 왕과 지도자의 타락은 그칠 줄 몰랐다. 건강한 국가의 기반이 될 공의와 정의가 무너져 내렸다. 하나님은 잘못을 바로잡고자 예언자(נביא, 나비)를 보내셨다. 그러나 거듭된 백성의 약속 위반으로 나라의 멸망은 불가피해졌다. 망국 시대 예언자들은 하나님의 심판 후 회복된 나라를 새롭게 통치할 메시아가 나오기를 간절히 기대했다.

의로운 통치자, 다윗의 왕통을 이을 메시아를 기다린 구약 예언자의 대망은 신약에서 예수 그리스도로 마침내 성취되었다(마 1:23; 2:13; 3:3; 5:17). 하나님의 아들로서 예수님은 하나님의 마음과 생각, 의지와 능력을 100퍼센트 그대로 지니신 분이었다. 예수님은 제자들에게 "나의 양식은 나를 보내신 이의 뜻을 행하며 그의 일을 온전히 이루는 이것이니라"(요 4:34) 하셨다. 완벽한 의를 이루신 예수님은 자신을 의로운 제물로 삼아 하나님께 의로운 제사(신 33:19; 시 4:5, 51:19)를 드렸다. 곧 십자가 제사였다. 이제 의로운 제물이 되신 주님이 죄인을 대신하여 하나님께 탄원하면 하나님은 진노를 누그러뜨리고 용서하시는 은총을 내리신다.

그러므로 심판대 앞에 선 죄인의 운명은 멸망과 구원, 둘 중의 하나다. 골고다 언덕 주님의 십자가 좌우에 달렸던 강도들의 운명과 같다(눅 23:39-43). 어떤 죄를 졌더라도 예수 그리스도께 죄를 고하고 모든 것을 맡기면 용서받고 구원 얻을 길이 열린다(요일 1:9).

> 만일 누가 죄를 범하여도 아버지 앞에서 우리에게 대언자가 있으니 곧 의로우신 예수 그리스도시라.
> 요일 2:1

성경과 교회사는, 예수를 "믿음으로 의롭다 하심을" 받아(롬 5:1) 의인의 반열에 오른 사람들의 이야기로 채워져 있다. 막달라 마리아와 바울을 필두로 바나바, 디모데, 디도, 오네시모, 빌레몬, 어거스틴, 프란체스코, 루터, 웨슬리, 하디, 이덕수, 백사겸……. 하나같이 죄인으로 살면서 '의에 주리고 목말라' 하다가 주님을 만난 후 의인으로 살면서 '배부르게 된' 사람들이다. 구약의 시인은 의로우신 하나님을 찾으며 이렇게 고백했다. "하나님이여, 사슴이 시냇물을 찾기에 갈급함같이 내 영혼이 주를 찾기에 갈급하나이다"(시 42:1). 또한 1916년에 증축한 서울 정동제일교회 문화재예배당의 머릿돌에는 "飢渴者來 眞糧生水"이라는 여덟 글자가 새겨져 있다. "주리고 목마른 자는 오시오. 참된 양식과 생명의 물이 여기 있습니다."

> 오호라, 너희 모든 목마른 자들아 물로 나아오라. 돈 없는 자도 오라. 너희는 와서 사 먹되 값없이 와서 포도주와 젖을 사라. 너희가 어찌하여 양식이 아닌 것을 위하여 은을 달아주며 배부르게 하지 못할 것을

위하여 수고하느냐. 내게 듣고 들을 지어다.
그리하면 너희가 좋은 것을 먹을 것이며 너희 자신들이
기름진 것으로 즐거움을 얻으리라.
사 55:1-2

백사겸과 의의 산통

1906년 봄, 개성을 방문했던 미감리회 선교사 데밍(C. S. Deming)은 마침 개성에서 개최된 지방연합 사경회에 참석했다가 놀라운 장면을 목격했다. 그리고 선교사 잡지 *The Korea Mission Field*에 기록을 남겼다.

> 한국인들의 암기력은 대단하다. 특히 세 사람이 주목을 끌었는데 이들은 모두 뛰어난 암기력을 성경 공부에 적용하고 있다. 첫 번째 사람은 개성 사는 맹인인데 자기 아들을 눈으로 삼아 복음서 전체를 외우게 되었다. 사복음서를 줄줄 외울 뿐 아니라 어느 장, 어느 절을 지적하든지 그것을 찾아 외울 수 있을 정도다.
> 두 번째 사람은 속장인데 역시 성경 말씀을 탐독하여 누가복음과 사도행전을 외울 수 있다.
> 세 번째 사람은 권서인인데 아무 성경 구절을 대든 그것이 어디에 있는 말씀인지 정확하게 밝혀냈다. 과연 미국 교인 중에 이 정도로 성경을 잘 아는 사람이 몇 명이나 될까?

데밍의 보고서에 나오는 '성경을 줄줄 외우는 교인' 중 첫 번째로 언급한 인물이 선교 초기 '맹인 전도자'로 유명했던 백사겸(白士兼)이다.

백사겸은 평안남도 평원 출생으로, 두 살 때 부친

이 죽고 아홉 살 때 모친도 죽었다. 게다가 열병을 앓다가 실명했다. 그때부터 네 살 위 형의 손을 잡고 구걸하며 다녔다. 그렇게 2년 동안 걸인 생활을 하다가 성년이 된 형이 남의 집 머슴으로 들어가자 그는 어느 복술가의 집에 맡겨져 점술을 배우기 시작했다. 학비는 형이 댔다. 머리가 영민했던 백사겸은 점치는 법과 경(經) 읽는 법을 열심히 배워 4년 만에 '스승을 능가하는'(勝於師) 수준이 되었다.

스승으로부터 산통(算筒)과 죽장(竹杖)을 받아 독립한 그는 눈치와 재치가 빨라 오래지 않아 '점 잘 치는 명복(名卜)'으로 소문이 났다. 그는 평양과 서울, 이천, 원주를 돌면서 점을 쳐서 돈을 제법 벌었다. 어느 양반집 부인이 딸을 데리고 점을 치러 왔을 때 "딸을 성한 사람에게 시집보내면 일찍 죽을 괘라"라는 거짓말로 그 딸을 부인으로 얻기까지 했다. 결혼 후에는 경기도 고양읍에 자리를 잡았다.

고양읍에서도 '명복'으로 소문이 나 많은 손님이 몰려들었다. 종종 부잣집에 불려가 경을 읽거나 점을 쳐주고 거액의 복채를 받았다. 그렇게 번 돈으로 고래 등 같은 기와집도 짓고 땅도 샀다. 오래지 않아 고양읍에서 '제일가는 부자' 소리를 듣게 되었다. 복술업에 종사한 지 20년 만에 얻은 부와 명예였다.

그러나 정작 그 자신은 만족하지 못했다. 오히려 불안하고 혼란스러웠다. 무엇보다 직업에 대한 회의감이 그를 괴롭혔다. 비록 보지는 못하지만 소리를 듣고 눈치로 상대방의 약점을 잡아 "화(禍)를 복(福)으로 바꾸어 준다" 하며 돈을 긁어내는 것이 그의 직업이었다. 엄밀한 의미에서 거짓과 속임수, 사기와 횡령이었다. 나이 서른이 넘으면서 '언제까지 이렇게 살아야 하나?' 하는 자괴감이 깊어졌다.

더욱이 그 무렵 동학농민전쟁과 청일전쟁, 갑오개혁과 단발령, 을미사변과 아관파천, 독립협회 운동으로 정치적 혼란에다 민중이 도탄에 빠져 나라와 민족이 위기에 처한 때 남을 속여 돈만 벌고 있는 자신이 부끄럽고 괴로웠다. 그렇게 '양심의 고발'로 인해 고민하던 그는 "참도(道)를 찾아보리라. 죽는 셈치고 이 생명을 바쳐 소란한 이때를 위해 축원이나 지성껏 해보아야 하겠다" 결심하고 '백일 철야기도'에 들어갔다. 매일 목욕재계하고 몸가짐을 조심하며 매일 철야하며 기도했다.

오, 천지신령(天地神靈)님이여! 하늘의
일월성신(日月星辰)님이여! 이 더러운 인간의 축원을
하감(下鑑)하사 소란한 이때를 평정시켜 주시고
시화연풍(時和年豐)하게 하소서.

그렇게 점칠 때 외웠던 도교경전 〈태을조신경〉(太乙照神經)을 외우며 백일기도를 끝낸 날 아침에 낯선 사람이 그의 집을 방문했다. 서울에서 온 전도인 김제옥(金濟玉)이었다. 김제옥은 그에게 "이것은 예수를 믿는 도리를 적은 책자인데 한번 읽어 보시오" 하고 작은 책을 그의 손에 쥐어 주었다. 그것은《인가귀도》(引家歸道)라는 작은 전도 책자였다. 백사겸은 기독교에 대해 부정적이었다. 그는 예수교를 천주학(天主學)처럼 부모와 임금을 모르는 무군무부(無君無父)의 종교요, 나라를 서양에 팔아먹는 오랑캐 종교로 알고 있었다. 그래서 김제옥의 전도를 받아들이지 않고 그가 쥐여 준 책도 던져 버렸다.

그때부터 그에게 '이상한' 징조가 나타났다. 도무지 점을 칠 수 없었다. 아무리 산통을 흔들어도 점괘가 떠오르지 않았다. 백사겸의 집에서 경 읽는 소리가 끊겼다. '백일기도를 헛 했구나' 하는 생각에 불안과 고민이 심해졌다. 김제옥을 다시 불러다 대화를 나눠 보았지만 기독교에 대한 확신도 서지 않았다.

불안하게 며칠을 보낸 후 이상한 꿈을 꾸었다. 잠이 채 들기도 전에 그의 몸이 하늘로 솟구치더니 하늘나라라는 곳에 당도했다. 거기서도 앞을 보지 못해 어찌할 바를 몰라 하는데 좌우편으로 두 사람이 다가왔다. 그리고 우편에 있는 사람이 그에게 은(銀)으로 만든 산통을 쥐여 주며 "나는 예수다. 내가 주는 산통은 의(義)의 산통이니 받아 가지라" 하고 사라졌다. 왼편에 있던 사람은 아무 말 없이 빈 산통을 쥐여 주고 사라졌다. 그렇게 양손에 산통을 든 채 꿈에서 깼다.

'이상한' 꿈으로 그의 고민은 더욱 깊어졌다. 그리고 며칠 후 그의 집에 장인이 찾아왔다. 그날 밤 부인 방에서 도란도란 이야기 소리가 들렸다. 부인이 친정아버지에게 이야기책을 읽어 주고 있었다. 그런데 그 책은 백사겸이 전도인에게 받아서 땅바닥에 던졌던 《인가귀도》였다. 책의 내용은 "돈 많고 화목했던 집안 가장이 노름과 주색잡기, 우상숭배, 아편 중독으로 재산을 날리고 자식까지 남에게 팔아먹은 후 사기와 속임수, 횡령 등 방탕한 생활을 하다가 전도인의 전도를 받고 기독교인이 된 후 새사람이 되어 근면하게 살면서 가정을 다시 일으키고 전도에 평생을 바친 후 죽어서 하늘나라에 갔다"라는 내용이었다. 방문 밖에서 부인이 읽어 주는 것을 듣고 있던 백사겸은 돌연 방으로 뛰어들며 "여보, 알았소. 꿈에 얻은 은산통이라는 것이 그것이구려. 지금부터 점치고 경 읽는 일은 단연코 그만두겠소!" 했다.

백사겸이 처음 교회에 나간 날은 1897년 5월 2일, 그날 마침 서울에서 남감리회 선교사 리드(C. F. Reid)가 내려와 고양읍교회를 설립하면서 교인 27명에게 세례를 베풀었다. 그 가운데는 백사겸 부부와 두 아들도 포함되었다. 예수를 믿기 시작한 백사겸은 무엇보다 '의의 산통'인 성경을 알고 싶었다. 그래서 맏아들 백남석(후에 미국 유학을 다녀와 연희전문학교 영문과 교수가 되었다)이 읽어 주는 성경 말씀을 듣고 외우기 시작했다. 그는 10년 만에 사복음서를 다 외웠고 다시 10년 후에는 신약성경 전체를 외우게 되었다.

그는 성경을 외울 뿐 아니라 그대로 살았다. 그는 개종 직후 누가복음 18장에 부자 청년이 "네게 있는 것을 다 팔아 가난한 자들에게 나눠 주라. 그리하면 하늘에서 네게 보화가 있으리라. 그리고 와서 나를 따르라"라는 주님의 말씀을 따르지 못하고 "근심하였다"하는 대목과, 19장의 삭개오가 주님을 집으로 모신 후 "내 소유의 절반을 가난한 자들에게 주겠사오며 만일 누구의 것을 속여 빼앗은 일이 있으면 네 갑절이나 갚겠나이다" 고백함으로 "오늘 구원이 이 집에 이르렀으니 이 사람도 아브라함의 자손임이로다" 하고 축복을 받았다는 말씀을 들었다. 그는 즉시 말씀에 비추어 자신을 돌아보았다. 삭개오는 "만일 누구의 것을 속여 빼앗은 일이 있으면 네 갑절로 갚겠다" 했는데 백사겸이 지금까지 모은 재산은 모두 남을 속여 취득한 것이었다. 그는 불의한 방법으로 얻은 재산을 정리하기 시작했다. 그동안 점을 쳐서 번 돈으로 마련한 가구와 토지를 정리하니 3,000원가량 되었다. 요즘 시세로 1억 5,000만 원쯤 된다. 그 돈을 어떻게 처리할까 생각하던 중에 강도가 들어 그 돈을 강탈해 갔다. 백사겸은 "하나님이 불의한 재물을 불의한 방법으로 처분하셨다"라고 생각했다.

그는 살고 있던 집도 동네 가난한 친구에게 거저 주고 부인과 함께 '전도 길'에 나섰다. "명복 백장님이 예수 전도인이 되었다"는 소문이 돌면서 그의 전도 이야기를 들으러 사람들이 몰려들었다. 그는 1899년부터 리드 선교사의 지휘를 받으며 남감리회 전도사로 활약했다. 그의 전도 구역은 고양과 서울을 비롯하여 행주, 파주, 장단, 개성, 풍덕, 철원, 김화, 평강, 평양에 이르기까지 광범위했다. 그의 전도로 예수 믿은 사람이 수백 명에 달했고 장단읍교회와 감바위교회, 개성남부교회는 그의 전도로 세워진 교회였다. 그렇게 백사겸은 점을 치며 다녔던 곳에 복음을 전하며 다녔다. 백사겸은 전도(설교)할 때 명복 시절 경을 읽던 구성진 목소리로 자신이 만든 '전도가'(傳道歌)를 부르면서 청중들을 감동시켰다. 그중에도 총 49곡으로 된 장편 〈회심행도가〉(回心行道歌)가 유명했다. 그 가운데 제44곡 '영혼의 불쌍한 사정'의 끝부분이다.

일국(一國)을 만든 제왕이며 고대관인(高大官人)과
부자라도
구주(救主)를 관계없이 알고 구속함을 못 받은 자는
지옥영고(地獄永苦)를 받을 테니 빈천한 자가 주를 믿고
영생복락(永生福樂) 받는 자보다 오히려 심히 가련토다
세상 법률 범한 죄인도 받을 형벌을 모면하되
지혜 지식이 많은 자도 지혜로써 면키도 하고
거리가 먼 곳 외국으로 도주하야 면키도 하고
재정이 많은 부자이면 벌금 바쳐 면키도 한다
소진(蘇秦)같이 언변이 좋으면 구재(口才)로써 면키도
하고
벌문권리(閥門權利)가 좋은 사람 면하는 수도 있지마는

한명(限命)이 되어 별세하고 지옥에 가는 영혼들이
한없이 길이 받을 형벌 면할 방법이 아주 없네
잠깐 되는 세상 살 동안 영혼의 복 구치 않고
육신의 복만 구하다가 영혼이 음부 들어간 후
육신은 산에 장사하니 고요 적막한 궁벽처(窮僻處)에
묘중석상(墓中石床)에 누었으니 두견새 울 뿐 처량하네
뼈는 썩어서 흙이 되고 살은 썩어서 물이 되어
시내 강수에 살 썩은 물 합수가 되어 흘러가니
영웅호걸 그 수 얼마냐 인생육신 가련함이여
아침 이슬과 안개로다 잠시 있을 육신만 위해
죄를 짓고 영고(永苦) 말고서 우리 인생의 영생 위해
죽고서 부활하신 예수 앞에 영생하라

다섯 번째 복

산에 오르사
그 어디나 하늘나라
애통하며 회개할 맘
물방울, 바위를 뚫다
무얼 먹고 마실까

때리시고 어루만져

네가 내 얼굴이다
평화, 평화로다
십자가, 그 복된 길
다시, 복을 받으려면

7 긍휼히 여기는 자는 복이 있나니 그들이 긍휼히 여
김을 받을 것임이요

부성애와 모성애

옛날 조선시대에는 부부유별(夫婦有別)이라 해서 어머니와 아버지 역할이 확연히 구별되었다. 아버지는 바깥일, 어머니는 안의 일을 맡았고 집안에서도 활동 공간이 안방과 사랑방으로 구분되었다. 자식을 대하고 가르치는 방식도 달랐다. 어머니가 따스한 손길로 보듬고 안아서 자식을 키웠다면 아버지는 근엄하게 거리를 두고 훈계와 질책으로 자식을 다루었다. 아이가 자라 홀로 설 때가 되면 부자(父子) 간 거리는 더욱 멀어진다. 간혹 아들이 잘못을 저지르면 아버지는 종아리를 때리며 호되게 야단을 쳤다. 그렇게 아버지에게 혼나고 울면서 나오는 아들을 껴안고 위로해 주는 것이 어머니 역할이었다. 물론 낮에는 혼을 냈지만 밤에는 몰래 아들 방에 들어가 잠자는 아들의 종아리 상처에 약을 발라 주며 눈물 흘리는 아버지도 없지 않았다. 교회 지도자들 사이에 신앙 배반과 훼절이 판을 치던 일제 말기(1943년) 전영택 목사가 지은 찬송가(527장) 내용 그대로다.

> 어서 돌아오오 어서 돌아만 오오
> 채찍 맞아 아파도 주님의 손으로
> 때리시고 어루만져 위로해 주시는
> 우리 주의 넓은 품으로 어서 돌아오오 어서

그렇게 자식은 엄한 아버지로부터 예의와 범절, 법도에 대한 두려움을, 자애로운 어머니로부터 용서와 사랑, 위로의 따뜻함을 배우며 자랐다. 공의와 긍휼을 가르치는 훌륭한 교사가 있어 아이는 온전한 인격체로 성장할 수 있었다.

그러면 하나님의 자녀인 우리는 어떻게 태어나 자라는가? 성경에는 '하나님 아버지'란 칭호만 나온다. 하나님을 '어머니'라 부른 경우는 없다. 그렇다면 하나님께 아버지 속성만 있고 어머니 속성은 없는 것인가? 그럴 수는 없다. 성경에서 하나님을 '아버지'로 호칭한 것은 고대의 가부장적 문화를 배경으로 한 기록일 뿐이다. 하나님은 아버지나 어머니라는 인간적 호칭에 매일 수 없는 초월적 존재이다. 단지 인간으로서 "나는 하나님으로부터 비롯된 존재입니다"라는 신앙 고백으로 그렇게 표현할 뿐이다. 따라서 하나님을 '아버지' 속성으로만 제한해서 남성우월적인 편견을 갖고 성경을 읽어서는 안 된다. 성경은 "하나님이 자기의 형상 곧 하나님의 형상으로 사람을 창조하시되 남자와 여자를 창조하셨다"(창 1:27)고 기록했다. 즉 '남자 + 여자 = 인간'이라는 공식으로 인간을 창조하셨다. 여자와 남자를 합쳐서 사람이라 한다. 그렇게 사람에 담긴 '하나님의 형상' 속에는 남성(아버지와 남편) 속성만 있는 것이 아니라 여성(어머니와 아내) 속성도 있다. 그런 하나님의 '어머니 속성'을 표현하는 단어가 긍휼과 자비, 인자(仁慈)와 인애(仁愛)다. 성경에는 그런 표현이 아주 많다(시 25:6; 시 40:11; 사 63:7).

여호와는 긍휼이 크시니 우리가 여호와의 손에 빠지고 내가 사람의 손에 빠지지 아니하시기를 원하노라.

삼하 24:14; 대상 21:13

여호와여 인자와 긍휼이 무궁하시므로 우리가 진멸되지 아니함이니이다.

애 3:22

이런 표현들은 그동안 하나님의 '아버지' 속성을 표현했던 공의와 정의, 율례와 법도 등과 대비된다. 그러나 이 둘이 함께라야 '부모로서' 하나님의 온전하신 성품과 속성을 드러낼 수 있다. 그래서 성경은 '긍휼과 법도', '정의와 긍휼', '공의와 인애'를 함께 언급한다.

주의 긍휼히 여기심이 내게 임하사 내가 살게 하소서.
주의 법은 나의 즐거움이니이다.

시 119:77

여호와여 주의 긍휼이 많으오니 주의 규례들에 따라 나를 살리소서.

시 119:156

내(여호와)가 네게 장가들어 영원히 들되 공의와 정의와 은총과 긍휼히 여김으로 네게 장가들며 진실함으로 네게 장가들리니 네가 여호와를 알리라.

호 2:19

너희가 자기를 위하여 공의를 심고 인애를 거두라.

호 10:12

회개 다음에 긍휼

Μακάριοι οἱ ἐλεήμονες,
Blessed the merciful,

Ὅτι αὐτοὶ ἐλεηθήσονται.
for they will receive mercy.

여기서 '긍휼'로 번역된 그리스어 '엘레에몬'(ελεηον)이나 그에 상응하는 히브리어 '라하밈'(רחמים)은 모두 '부드러운 사랑'(tender love)의 속성을 표현하는 것으로 '자비와 연민'(mercy), '불쌍히 여김'(pity), '인자와 동정'(compassion)을 뜻한다. 우리 어른들은 그것을 불쌍히 여길 '긍'(矜) 자와 동정할 '휼'(恤) 자를 합쳐 '긍휼'(矜恤)이라 번역했다. 물론 '긍휼' 외에도 '인애'와 '자비', '불쌍히 여김', '인자' 등으로 번역된 경우도 많다. 어떤 경우든 아버지의 엄격함보다는 어머니의 모성애에 가까운 표현들이다.

그러면 어느 때 '하나님의 긍휼'이 나타나는가? 먼저 하나님께서 긍휼을 베풀지 않을 때를 알 필요가 있다.

> 이 백성이 … 악을 행하며 … 그들의 고아와 과부를
> 긍휼히 여기지 아니하시리라.
> 사 9:17

다시는 이스라엘 족속을 긍휼히 여겨서 용서하지 않을 것임이라.
호 1:6

내가 그의 자녀를 긍휼히 여기지 아니하리니 이는 그들이 음란한 자식들임이니라.
호 2:4

사람이 하나님 앞에서 범죄하여 잘못을 저질렀을 때 긍휼은 소멸된다. 실망하고 분노한 하나님의 책망과 심판만 있을 뿐이다. 모세가 시내산에서 말씀을 받는 동안 백성이 금송아지를 만들었을 때 이미 하나님은 "나는 은혜 베풀 자에게 은혜를 베풀고 긍휼히 여길 자에게 긍휼을 베푸느니라" 하고 선별적인 은혜를 선언하셨다. 심판 현장에서는 율례와 법도, 공의와 정의가 우선한다. 용서와 자비는 뒤로 밀린다. 준엄한 심판 뒤에는 가혹한 형벌이 따른다. 그리고 죗값을 치르는 인간의 신음만 들린다. 그런 고통을 받으면서 인간은 비로소 자신의 죄와 잘못이 무엇이었는지 깨닫고 후회하며 통회한다. 그런 인간들의 애통하는 눈물과 비탄의 울음소리가 들릴 때 하나님의 마음이 움직인다. "백성의 고통을 분명히 보고 그들이 그들의 감독자로 말미암아 부르짖음을 듣고"(출 3:7) 하나님은 마음을 돌이키신다(사 54:8; 사 60:10; 슥 10:6).

여호와께서 그의 진노를 그치시고 너를 긍휼히 여기시고
자비를 더하사 네 조상들에게 맹세하심같이 너를
번성하게 하실 것이라.
신 13:17

내가 그들을 뽑아낸 후에 내가 돌이켜 그들을 불쌍히
여겨서 각 사람을 그들의 기업으로, 각 사람을 그 땅으로
인도하리니.
렘 12:15

이스라엘이여 … 내가 어찌 너를 아드마같이 두겠느냐.
… 내 마음이 내 속에서 돌이키어 나의 긍휼이 온전히
불붙듯 하도다.
호 11:8

하나님께서 마음과 뜻을 '돌이키심'으로 진노와 형벌의 때가 끝나고 용서와 회복의 때가 시작된다. 분노의 채찍 대신 위로의 손길이 임한다. 엄격했던 아버지가 퇴장한 후 자애로운 어머니가 등장한다. 그것이 하나님의 긍휼이다. 이처럼 용서하시고 다시 기회를 주시는 하나님의 긍휼을 입기 위해서 필요한 것이 있다. 곧 죄지은 인간의 '돌이킴'이다. 마음을 돌이키고 행동을 돌이켜야 한다. 성경은 그것을 '회개'(μετάνοια, 메타노이아)라 한다. 용서하시는 하나님의 자비와 긍휼을 끌어낼 수 있는 것은 자기 죄를 깨닫고 회개하는 죄

인의 눈물뿐이다. 망국과 포로 시대를 살았던 예언자들이 '남은 백성'에게 유독 회개와 참회를 강조한 것도 그 때문이다(사 55:7; 단 9:9-10).

주께서는 용서하시는 하나님이시라. 은혜로우시며
긍휼히 여기시며 더디 노하시며 인자가 풍부하시므로
그들을 버리지 아니하셨나이다.
느 9:17

나의 하나님이여, 귀를 기울여 들으시며 눈을 떠서
우리의 황폐한 상황과 주의 이름으로 일컫는 성을
보옵소서. 우리가 주 앞에 간구하옵는 것은 우리의
공의를 의지하여 하는 것이 아니요, 주의 큰 긍휼을
의지하여 함이니이다.
단 9:18

여호와여 주는 주의 일을 이 수년 내에 부흥하게
하옵소서. 이 수년 내에 나타내시옵소서.
진노 중에라도 긍휼을 잊지 마옵소서.
합 3:2

망국의 시대, 나라 잃고 본토에서 식민지 노예로 살거나 이국땅에서 포로 생활을 하는 이스라엘 백성에게는 그런 하나님의 용서와 회복, 그것을 가능케 하는 하나님의 자비와 긍휼을 기다리는 수밖에 없었다.

여호와께서 기다리시나니 이는 너희에게 은혜를 베풀려 하심이요, 일어나시리니 이는 너희를 긍휼히 여기려 하심이라. 대저 여호와는 정의의 하나님이심이라. 그를 기다리는 자마다 복이 있도다.

사 30:18

하늘이여 노래하라. 땅이여 기뻐하라. 산들이여 즐거이 노래하라. 여호와께서 그의 백성을 위로하셨은즉 그의 고난당한 자를 긍휼히 여기실 것임이라.

사 49:13

하나님의 '긍휼히 여기심', 그것만이 다시 살 길이고 희망이었다. 구약은 그렇게 긍휼을 희망하는 것으로 끝났다. 신약에서 그 희망이 메시아(그리스도)로 이 땅에 오신 예수님을 통해 현실이 되었다.

세리와 죄인의 친구

복음서는 예수 그리스도의 탄생을 긍휼하신 하나님의 은총으로 기록했다.

누가복음은 그리스도를 잉태한 마리아의 찬가에서 이렇게 고백했다. "능하신 이가 큰일을 내게 행하셨으니 그 이름이 거룩하시며 긍휼하심이 두려워하는 자에게 대대로 이르는도다"(눅 1:49-50). "그 종 이스라엘을 도우사 긍휼히 여기시고 기억하시되 우리 조상에게 말씀하신 것과 같이 아브라함과 그 자손에게 영원히 하시리로다"(눅 1:54-55).

그리스도에 앞서 탄생한 세례 요한의 아버지 사가랴의 예언 역시 긍휼을 언급한다. "이는 하나님의 긍휼로 인함이라. 이로써 돋는 해가 위로부터 우리에게 임하여 어둠과 죽음의 그늘에 앉은 자에게 비치고 우리 발을 평강의 길로 인도하시리로다(눅 1:78-70)".

요한복음은 그리스도의 탄생과 목적을 이렇게 증언한다. "하나님이 세상을 이처럼 사랑하사 독생자를 주셨으니 이는 저를 믿는 자마다 멸망하지 않고 영생을 얻게 하려 하심이라"(요 3:16). "이처럼 사랑하사"(so loved)라는 표현에서 하나님의 지극한 사랑, 즉 무한한 긍휼을 읽을 수 있다. 지금까지의 소행으로 보면 심판을 받고 멸망을 받아 마땅한 죄인임에도 하나님은 심판하고 멸망시키는 대신 용서하고 새 생명을 주기로 하신 것이다. 면죄받는 것도 큰일인데 영생까지 주셨으니 그야말로 엄청난 사랑이다. 다만 '하나님의 아들 예수 그리스도를 믿으면'이라는 조건이 붙었다. 그리하여 죄인들에게 죽지 않고 살 길이 열렸다.

> 나는 부활이요 생명이니 나를 믿는 자는 죽어도 살겠고
> 무릇 살아서 나를 믿는 자는 영원히 죽지 아니하리니
> 이것을 네가 믿느냐.
>
> 요 11:25-26

> 내가 곧 길이요 진리요 생명이니 나로 말미암지 않고는
> 아버지께로 올 자가 없느니라.
>
> 요 14:6

예수님이 이 땅에 오신 이유는 죄인을 멸망시키지 않고 구원하시려는 '하나님의 긍휼', 그것을 증거하고 실현하기 위함이었다.

예수님은 사역 초반에 많은 환자와 장애인들을 치유하셨는데 육신의 병만 고친 것이 아니었다. 마음의 죄까지 사해 주셨다. 예수님이 가버나움에 계실 때 친구들에게 실려 온 중풍병자가 있었다. 예수님은 친구들의 믿음을 보시고 병자에게 "안심하라. 네 죄 사함을 받았느니라" 하셨다. 왜 그러셨을까? 병자는 "내가 죄를 지어 하나님께 벌을 받아 이렇게 되었다" 하는 죄책감에 사로잡혀 극도로 불안해 있었다. 그래서 육신

의 질병을 고쳐 주시기 전에 먼저 마음의 병을 고쳐 주셨다. 그러자 옆에서 지켜보던 서기관들이 "이는 신성모독이다. 하나님 한 분 외에 누가 능히 죄를 사하겠느냐?"라며 항의했다. 이에 주님은 "인자가 세상에서 죄를 사할 권능이 있는 줄 알게 하려 하노라" 하신 후 공개적으로 환자에게 "일어나 네 침상을 가지고 집으로 가라" 하셨다(마 9:1-8; 막 2:1-12; 눅 5:17-26). 예수님은 환자의 영과 육을 온전하게 치유하셨다.

어떤 때는 공개적으로 죄인을 풀어 주시기도 했다. 간음하다 현장에서 잡혀 끌려온 여인의 경우다. 현행범이었기에 즉각 처형이 가능했다. '모세 율법'에도 그런 여인은 "돌로 쳐 죽이라" 했다(신 22:22-24). 사람들이 그 문제를 굳이 예수님께 가져올 필요는 없었다. 그런데도 율법 해석의 권위자인 서기관과 바리새인들이 그 여인을 예수님께 끌고 온 이유는 조언이 아니라 시험하려 함이었다. 그들은 "모세는 이런 여인은 죽이라 했는데 당신은 어떻게 하겠습니까?" 하며 대답을 요구했다. 풀어 주라고 하면 모세의 율법을 어긴 것이요, 죽이라고 하면 그동안 '용서하고 사랑하라'고 가르친 것이 거짓이었음을 드러낼 수 있었다. 그들은 예수님이 외통수에 걸린 것으로 생각하고 대답을 독촉했다. 그런 상황에서 예수님은 침묵하셨다. 그리고 앉아서 땅바닥에 글을 쓰셨다. 그렇게 주님은 땅바닥에 내팽개쳐진 여인과 '눈높이'를 맞추셨다. 현장에 죄지은 여인을 '불쌍히' 여긴 인물은 예수님 한 분밖에 없었다. 긴 침묵을 끝내고 예수님은 일어나 "너희 중에 죄 없는 자가 먼저 돌로 쳐라"라고 한 마디 하시고 또다시 앉으셨다. 그 한마디 말씀에 '양심에 가책을 느낀' 사람들은 연령순으로 현장을 떠났다. 모두가 떠난 후 예수님은 홀로 남은 여인에게 "너를 고발하던 자들이 어디 있느냐? 너를 정죄한 자가 없느냐?" 하셨다. "주여, 없나이다." 그러자 "나도 너를 정죄하지 아니하노니 가서 다시 죄를 범하지 말라." 하셨다.

여인만 구원받은 것이 아니다. 죽이겠다고 살기등등하여 몰려왔던 사람들까지 주님 말씀에 양심을 회복한 후 죄인임을 깨닫고 돌아갔다. 그들도 회개함으로 구원받았다! 모든 사람을 구하시는 주님의 '온전한'(holistic) 구원 사역이었다.

구원 사역에 집중하다 보니 예수님 주변에 모여드는 사람도 확연히 구분되었다. 부자나 권력가, 율법학자와 서기관, 제사장, 바리새파와 사두개파 지도자 등 스스로 '의롭다' 여기며 살던 '지도급 인사'들은 보이지 않았다. 그 대신 가난하고 소외된 사람들, 세리와 창녀, 한센병 환자, 귀신 들린 사람, 손 마른 사람, 앞 못 보는 사람, 말 못 하는 사람, 다리 저는 사람들이 모여들었다. 하나같이 율법 규정에 의해 '죄인'이거나 '부정한 사람'으로 분류되어 성전에도 들어가지 못하던 사람들이었다. 율법 전통을 중시하는 사람들이면 이런 부류 사람들과는 거리를 두고 접촉을 피했다. 그런데 주님은 노골적으로 이런 소외 계층과 가까이 하셨다.

특히 죄인과 동급으로 여겨지던 세리와 친하셨다. 열두 사도에 들었던 마태는 세리 출신이었고(마 10:3), 여리고의 세리장이었던 삭개오의 집에 들어가셔서는 "오늘 구원이 이 집에 이르렀다. 이 사람도 아브라함의 자손이다" 하고 선언하셨다(눅 19:9). 또 갈릴리에서는 세관에서 일 보던 레위를 보시고 "나를 따르라" 하신 후 제자들과 함께 그의 집에 들어가 식사하셨다. 그 모습을 보고 바리새인과 서기관들이 "너희가 어찌하여 세리와 죄인과 함께 먹고 마시느냐?" 했다. 그러나 주님은 당당하게 "건강한 자에게는 의사가 쓸데없고 병든 자에게라야 쓸데 있나니 내가 의인을 부르러 온 것이 아니요 죄인을 불러 회개시키러 왔노라" 하셨다(눅 5:30-32). 죄인을 찾아 회개시키는 것이 주님 사역의 핵심이었다.

예수님은 '잃어버린 양 한 마리', '잃어버린 은전 하나', '잃어버린 아들' 등 세 가지 비유를 들려주시며 "죄인 한 사람이 회개하면 하늘에서는 회개할 것 없는 의인 아흔아홉으로 말미암아 기뻐하는 것보다 더하리라"(눅 15:7) 하셨다. 그중에서도 '탕자의 비유'로 알려진 둘째아들 이야기는 기독교의 핵심 교리인 구원과 회개를 설명하는 데 아주 적당한 소재가 되었다. 아버지 밑에 있기 싫다며 아버지 유산을 챙겨 집을 나갔던 둘째 아들이 집으로 돌아오자 아버지는 기뻐 잔치를 벌였다(눅 15:11-24). 탕자의 회개도 있었지만 그보다는 집 나간 아들을 포기하지 않고 기다리는 아버지의 마음, 변함없는 사랑이 더 컸다. 이는 곧 죄인을 심판하시기보다 '긍휼히 여기시며' 용서하시는 하나님의 사랑이었다.

그러나 잃어버린 아들 이야기를 돼지우리에서 돌아온 둘째 아들 대목에서 끝내서는 안 된다. 밭에서 돌아온 맏아들 이야기까지 읽어야 한다. 아버지의 속만 썩였던 둘째 아들에 비하면 맏아들은 아버지 말씀을 거역한 적이 한 번도 없었다. 집 나간 동생 몫까지 맡아서 집안일을 묵묵히 해온 착한 효자였다.

그날도 밭에 나가 열심히 일을 하고 돌아오는데 집 안에서 풍악소리가 들려 알아보니 말썽꾸러기 둘째가 돌아와서 아버지가 동네 사람들을 불러다 벌인 잔치였다. 거기서 맏아들의 인내심은 한계에 도달했고 그동안 참았던 분노가 폭발했다. "내가 여러 해 아버지를 섬겨 명을 어김이 없거늘 내게는 염소 새끼라도 주어 나와 내 벗으로 즐기게 하신 일이 없더니 아버지의 살림을 창녀들과 함께 삼켜 버린 아들이 돌아오매 이를 위하여 살진 송아지를 잡으셨나이다."

누가 봐도 화 낼만 했다. 잔뜩 화가 난 맏아들에게 아버지는 "애, 너는 항상 나와 함께 있으니 내 것이 다 네 것이로되 이 동생은 죽었다가 살아났으며 내가 잃었다가 얻었기로 우리가 즐거워하고 기뻐하는 것이 마땅하다" 했지만 그 말이 귀에 들어올 리 만무했다(눅 15:25-32). 돌아온 둘째 아들로 인해 기뻐하고 즐거워하는 아버지를 이해할 수 없었던 것은 물론이고 둘째 때문에 '상대적 박탈감'을 느낀 맏아들은 아버지를 향한 불평과 불만 때문에 그동안 쌓아 올린 '효자의 공든 탑'도 무너지고 말았다.

예수님이 언급한 '맏아들'은 세 가지 비유를 말씀하시게 된 배경이 되었던 바리새인과 서기관을 의미했다. 바리새인이나 서기관, 율법학자들은 예수님이 '의로운' 자신들과 어울리기보다는 죄인과 세리와 가깝게 지내시며 그들을 행복하게 만드시는 것을 보고 참을 수 없는 실망과 분노를 표출했다. 회개와 용서에 인색한 사람들이었다.

이런 '맏아들 심보'는 종교적 기득권층에만 있는 것이 아니었다. 예수님의 제자들 가운데도 있었다. 마태복음 18장을 보면, 예수님이 '잃은 한 마리 양'에 대한 비유를 말씀하신 후 제자들에게 "형제 가운데 죄를 지은 사람을 회개하도록 권고하라"라고 가르치셨다. 그러자 베드로가 주님께 "주여, 형제가 내게 죄를 범하면 몇 번이나 용서하여 주리이까? 일곱 번까지 하오리이까?" 하고 물었다. 용서와 인내의 한계를 물은 것이다. 이에 주님은 "일곱 번뿐 아니라 일곱 번을 일흔 번까지라도 할지니라" 하셨다. 용서에 한계가 없음을 말한 것이다. 무한 사랑, 무한 인내, 그것이 하나님의 긍휼하심이었다. 주님은 제자들이 그 수준까지 나아갈 것을 요구하셨다(마 18:15-22).

이어서 예수님은 "천국은 마치 그 종들과 결산하려 했던 임금과 같으니" 하시며 새로운 비유를 말씀하셨다. 주인에게 1만 달란트 빚진 종이 있었다. 자기 몸과 아내와 자식들과 모든 소유를 다 팔아도 갚을 수 없을 정도였다. 주인은 엎드려 비는 종을 '불쌍히 여겨' 그 빚을 탕감해 주었다. 그런데 그 종이 100데나리온 빚을 진 동료를 잡아다 "빚을 갚으라"며 옥에 가두었다. 주인이 그 사실을 알고 대노하여 그 종을 다시 잡아다가 "악한 종아, 네가 빌기에 내가 네 빚을 전부 탕감하여 주었거늘 내가 너를 불쌍히 여김과 같이 너도 네 동료를 불쌍히 여김이 마땅하지 아니하냐" 하며 1만 달란트 빚을 다 갚기까지 옥에 가두었다.

예수님은 이 비유를 말씀하신 후 제자들에게 "너희가 각각 마음으로부터 형제를 용서하지 아니하면 나의 하늘 아버지께서도 너희에게 이와 같이 하시리라" 하셨다(마 18:23-35). 당시 1데나리온은 성인 남자 한 사람의 하루 일당(요즘 가치로 환산하면 5-10만 원)이었다. 금화 1달란트가 6,000데나리온이었으니 1만 달란트는 6,000만 데나리온, 즉 성인 남자가 안식일 빼고 매일 출근해서 20만 년(!) 동안 모아야 하는 돈이다. 그런 천문학적인 액수의 빚을 탕감받고서도 100일 동안 일해서 벌 수 있는 돈을 갚지 않았다고 동료를 옥에 가두었으니 긍휼이라고는 조금도 찾아볼 수 없는 무자비한 인물이었다. 그래서 이 비유엔 '무자비한 종의 비유'라는 제목이 붙었다.

여기서 '빚'으로 번역된 그리스어 '오페일레'(ὀφειλή)는 '죄'로도 번역된다. 주님이 가르쳐 주신 기도 중에 나오는 "우리가 우리에게 죄 지은 자를 사하여 준 것같이 우리 죄를 사하여 주시옵고"(마 6:12) 같은 경우다. 따라서 이 기도는 "우리에게 빚진 자를 우리가 탕감해 준 것같이 우리의 빚을 탕감해 주시옵고"라고 읽어야 한다. 결국 예수님이 '무자비한 종의 비유'를 통해 제자들에게 말씀하신 요지는 "용서를 받았으면 용서를 하고, 사랑을 받았으면 사랑을 하고, 긍휼히 여김을 받았으면 긍휼히 여기며 살라"는 것이었다. 제자들에게 주신 새 계명도 마찬가지였다. "내가 너희를 사랑한 것 같이 너희도 서로 사랑하라"(요 15:12). 사랑과 용서, 자비와 긍휼. 그것이 우리가 하나님께로부터 받은 은혜였으니 우리도 그렇게 세상 사람들에게 사랑과 긍휼을 베풀고 나누며 살아가야 한다는 말씀이었다.

종순일 목사의 빚 탕감 잔치

한국 초대교회사에서 '강화 교인들의 믿음' 이야기는 종종 선교사들을 감동시켰다. 그래서 선교사들이 발행하는 신문이나 잡지, 선교 보고서에 그런 '신앙 미담'이 실려 우리나라는 물론 미국 교인들에게까지 알려졌다. 1903년 7월 인천에 있던 존스 선교사가 발행하던 〈신학월보〉에 실린 글이다.

> 강화읍내에 김 씨 부인은 연방 팔십에 자녀와 친속이 없고 홀로 과거하야 다만 복섬이라 하는 여종을 데리고 세상을 지내더니, 하루는 예수 씨의 복음을 듣고 스스로 죄를 깨달아 회개하고 주를 믿기 작정한 후 언문을 알지 못함으로 성경을 보지 못하여 주야 근심하고 날마다 언문을 힘써 공부하여 나중에 언문 성경을 보기에 이르러, 성경 뜻을 상고함에 종 두는 것이 또한 큰 죄인 줄을 깨닫고 가로되 "우리의 주인은 하늘에 계시고 우리는 다 한 형제라 내가 어찌 감히 하나님 앞에서 주인이 되어 죄를 범하리오" 하고, 하루 날은 교중 형제를 청하야 그 종 복섬이를 불러 앉히고 마태복음 18장 15절부터 20절까지 읽은 후에 좋은 말씀으로 몇 마디 하신 후에 종 문서를 불사르고 그 종에게 일러 가로되 "내가 금일부터는 너를 종으로 알지 않고 딸로 아노라" 하고 주일마다 한 가지로 예배당에 열심히 다니시니, 종 되던 여자가 기쁜 마음이 충만하여

친어머니같이 섬기며 날마다 온 집안이 화목한 것이 충만하니 하나님께 만만 감사할 일이로다.

여종 하나 데리고 홀로 살던 팔십 노인이 예수 믿고 한글을 배운 후 성경을 읽으면서 깨달은 것을 그대로 실천에 옮긴 것이다. 부인이 교인들을 집으로 초청하고 여종 복섬이를 불러 앉힌 후 읽어 준 성경 말씀은 마태복음 18장 15-22절, 곧 예수님께서 제자들에게 용서에 관하여 전하면서 하신 말씀이다. "진실로 너희에게 이르노니 무엇이든지 너희가 땅에서 매면 하늘에서도 매일 것이요 무엇이든지 땅에서 풀면 하늘에서도 풀리리라." "진실로 다시 너희에게 이르노니 너희 중에 두 사람이 땅에서 합심하여 무엇이든지 구하면 하늘에 계신 내 아버지께서 그들을 위하야 이루게 하시리라."

김 씨 부인은 이 말씀을 곧 자신에게 적용했다. 여종을 부리고 있는 것을 '땅에서 매는 것'으로 풀이했고 '두 사람이 합심해서 기도해야' 하나님이 들어주실 터인데 주인과 종이 '같은 마음'을 갖는다는 것이 불가능하다는 것을 알았다. 더욱이 하나님만 '주님'이신데 복섬이가 자신을 '주인마님'이라 부르고 있으니 하나님께 외람된 일이었다. 그래서 김 씨 부인은 여종 복섬이의 종 문서를 꺼내 불사른 후 "이제부터는 종이 아니다" 하고 선언했다. 그렇게 해서 복섬이는 "무서워하는 종의 영을 받지 아니하고 양녀의 영을 받아"(롬

8:15) 방금 전까지 '주인마님'이라 불렀던 김 씨 부인을 '어머님'이라 부르게 되었다.

존스 선교사는 이보다 2년 앞선 1901년 5월, 미감리회한국선교회 연회에 선교 보고서를 내면서 강화 교인들의 '어린아이같이'(childlike) 순진한 믿음을 언급했다. 그는 "한국 교인들은 성경을 무척 아끼고 사랑한다. 그리고 성경 읽기를 아주 좋아하는데 '문자적으로'(in a literal sense) 성경을 읽어, 때로는 어처구니없는 행동을 하기도 한다"면서 강화에서 사역하던 어떤 전도사가 예수님께서 진흙을 개서 앞 못 보는 사람의 눈에 바르시고 고쳐 주셨던 것처럼(요 9:6) 마을에 앞 못 보는 사람 하나를 데려다가 진흙을 그의 눈에 바르고 기도한 후 눈 뜨기를 기다렸다가 낭패를 본 이야기를 전했다. 그러면서 존스는 "강화 교인들은 이처럼 문자적 해석을 해서 성경 말씀을 실천하는데 그 아름다운 행위가 그리스도의 가르침에 전혀 배치되지 않는 경우가 종종 있다"면서 강화 홍의교회 종순일(種純一) 속장 이야기를 소개했다. 그 이야기는 1년 전, 1900년 6월 발행된 〈대한크리스도인회보〉에도 실렸다.

> 강화 홍의 교우 종순일 씨가 자기 죄를 하나님께서 용서하여 주심을 깨닫고 무한 감사하며 또 성경 말씀을 생각하고 스스로 가로되 "하나님께서 나의 천만 냥 빚을 탕감하여 주셨으니 나도 남이 내게 빚진 것을 탕감하여 주리라" 하고 빚진 사람들을 모두 청하여

놓고 성경 말씀으로 연설하여 전도한 후에 빚 준 문서를 그 사람들 앞에서 즉시 불을 놓으니 탕감하여 줌을 입은 자들이 크게 감복하여 영화를 하나님께 찬송하고 서로 공론하되 "세상 사람이 백지 없는 빚도 있다 하여 기인취물(欺人取物)하는 자 있거늘 예수교를 믿는 사람은 자기 돈까지 버려 남에게 적선(積善)하니 참 거룩한 일이라" 한다더라.

종순일 속장이 읽은 성경 말씀도 마태복음 18장이었다. 특히 18장 23절 이하 '무자비한 종의 비유'를 읽었다. 그리고 그 말씀을 자신에게 적용했다. 그는 예수 믿기 전 마을에서 '큰 부자' 소리를 들었다. 마을에서 그에게 돈을 빌려다 쓴 사람들이 적지 않았다. 그런데 예수를 믿고 성경 말씀을 읽다가 임금에게 1만 달란트 빚을 탕감 받고서도 동료의 100데나리온 빚을 탕감해 주지 않아 임금의 책망을 받고 옥에 갇힌 종이 바로 자신인 것을 깨달았다.

그는 자기에게 돈을 빌려 간 채무자들을 불러 모은 후 자신이 읽은 성경 말씀을 읽어 주고 "하나님께서 내 죄를 사해 주신 것이 천만 냥 빚을 탕감해 주신 것과 같은데 여러분에게 빌려 준 100냥, 200냥 돈을 탕감해 주지 못한다면 내 어찌 하나님의 진노를 피할 수 있으리오" 하면서 문갑에서 빚 문서들을 꺼내 채무자들이 보는 앞에서 불태워 버렸다. "여러분은 내게 빚진 것이 없소이다!" 탕감 받은 채무자들의 감격이 어떠했겠는가? 예수 믿는 사람의 착한 행실에 감복한 사람들이 교회에 나오기 시작했다. 그렇게 해서 홍의마을은 '교인마을'이 되었다.

그것으로 끝난 것이 아니었다. 종순일은 성경을 읽다가 부자 청년에게 하신 "네 가진 것을 팔아 가난한 사람들에게 주고 너는 나를 따르라"는 말씀을 읽고 재산을 처분하여 마을 가난한 사람들에게 나눠 주고 나머지는 교회에 헌납했다. 그리고 존스 선교사의 추천을 받아 신학 공부를 하면서 전도사로 목회를 시작했다.

그가 택한 곳은 '땅 끝'이었다. 그는 강화도 남단 길상면으로 가서 복음을 전했고 배를 타고 영종도로 가서 목회했다. 그는 1916년 목사 안수를 받은 후 주문도 진촌교회(현 서도중앙교회)에 부임했다.

당시 진촌교회에는 주문도에서 배 사업을 크게 하며 조선 말기 감역(監役) 벼슬을 했던 박두병(朴斗秉)·박순병(朴淳秉) 형제가 권사로서 기둥 역할을 하고 있었다. 그런데 같은 박씨 문중 사람 가운데 박두병 권사에게 돈 2,000원을 빌려 갔다가 그것을 갚지 못하고 죽은 교인이 있었다. 8년 전 일이었다. 그 무렵 1원은 요즘 시세로 5만 원 정도였으니 1억 정도 되는 빚이었다. 아버지가 진 빚을 아들이 갚아야 했다. 아들은 아버지 빚을 갚기 위해 8년간 애를 썼지만 겨우 16원 모았다. 2,000원 빚을 갚으려면 1,000년은 모아야 했다. 아들은 자기 능력으로는 도저히 갚을 수 없는 빚 걱정에 마음 편할 날이 없었다.

그러던 중 1917년 음력 정월 박두병 권사의 집에서 종순일 목사의 인도로 속회 예배가 열렸다. 예배 후에는 음식을 나누며 즐거운 시간을 보냈다. 모임이 끝날 무렵 아들은 "저를 위해서도 기도해 주시기 바랍니다" 하면서 교인들을 집으로 초청했다. 종순일 목사와 박두병·박순병 권사를 비롯한 교인들이 그 집으로 자리를 옮겼다. 기도회를 마친 후 빚진 아들은 "제가 일가 어른께 진 빚을 갚으려고 갖은 노력을 다 기울였어도 8년간에 겨우 16원을 모았습니다. 수천 원 빚을 어찌하여 갚을까 생각하면 마음이 편치 못하니 이 일에 대하여 어떻게 하여야 좋을지 채권자 되시는 일가 어른께서 말씀해 주시면 그대로 따르겠습니다" 하였다. 예상치 못했던 발언에 채권자 박두병 권사는 무슨 말을 할지 몰랐다. 어색한 침묵이 흘렀다. 종순일 목사가 침묵을 깼다. 그날 광경을 1917년 5월 〈기독신보〉는 이렇게 기록했다.

> 박두병 씨가 돌연한 이 문제에 대하여 무엇이라 대답할 수 없어 묵묵히 있을새 종순일 목사가 성경 마태복음 18장 20절을 보고 해석하매 박 씨의 사제(舍弟) 순병 씨가 그 형님을 대하여 말하기를, "오늘날 이 자리에서 이 문제 난 것이 곧 하나님의 뜻인 듯하니 형님이 그 돈을 아니 받을지라도 당장 곤란을 당할 터이 아니오니 탕감하여 주시어 받아야 하겠다 하는 마음과

갚아야 하겠다 하는 근심이 서로 있어 기도하는 때에 항상 거리낌이 없게 하면 하나님께서 더욱 아름답게 여기시겠다" 하매, 박 씨가 즉시 즐거운 마음으로 쾌히 허락하야 2,000여 원을 받지 아니 하겠다 하매 그 아우 순병 씨도 받을 것 60여 원을 탕감하며 "내 형님은 수천 원도 탕감했거든 하물며 몇 푼 아니 되는 내 것을 받겠느냐" 하고 받지 아니하기를 성언하매, 채무자의 기뻐함은 물론이어니와 좌중의 어려 교우들의 기뻐하며 찬송함은 과연 한 입으로 다 말하기 어려웠더라. 이는 사람의 뜻으로는 될 수 없는 것이나 하나님을 의지하고 주를 사랑하는 자는 주께서 자기를 사랑하여 생명을 버리신 것을 생각하면 어찌 재물로써 형제를 사랑하지 아니하리오.

종순일 목사가 펴서 읽은 마태복음 18장 20절, "두세 사람이 내 이름으로 모인 곳에는 나도 그들 중에 있느니라" 하는 말씀은 앞서 강화읍 김씨 부인이 읽었던 말씀이었다. 종순일 목사는 18장에 나오는 '무자비한 종의 비유' 말씀도 소개했다. 이런 종순일 목사의 말씀에 감동을 받은 동생 박순병 권사가 "돈을 받아야겠다는 채권자의 마음과 돈을 갚아야 한다는 채무자의 마음이 다르니 어찌 '합심하여' 드리는 기도가 되겠습니까? 형님, 그 돈 받지 않아도 사는 데 지장 없으니 탕감해 줍시다" 하였다. 그 말에 형 박두병 권사도 감동을 받아 "탕감해 주겠다" 선언했다. 그러자 동생은 "형님이 수천 원 돈을 탕감해 주셨으니 나도 그 집에 빌려 준 60원을 탕감해 주겠습니다" 하였다. 그 순간 아버지 빚 때문에 지난 8년 근심 걱정이 떠나지 않았던 아들이 느꼈을 기쁨과 감격이란! 그 자리에 있던 교인들도 감격했고 그 소식을 들은 마을 사람 모두 감동했다.

누구보다 감격한 이는 종순일 목사였다. 17년 전 자신이 고향에서 처음 성경 말씀을 읽고서 홍의마을 사람들의 빚을 탕감해 주었던 사건이 목회지 주문도에서 자기 설교를 듣는 교인들 가운데 그대로 재현되었기 때문이다. 그렇게 탕감은 탕감으로, 용서는 용서로, 긍휼은 긍휼로, 사랑은 사랑으로 이어지고 부활하는 법이다.

여섯 번째 복

산에 오르사

그 어디나 하늘나라

애통하며 회개할 맘

물방울, 바위를 뚫다

무얼 먹고 마실까

때리시고 어루만져

네가 내 얼굴이다

평화, 평화로다

십자가, 그 복된 길

다시, 복을 받으려면

8 마음이 청결한 자는 복이 있나니 그들이 하나님을
볼 것임이요

맑은 영성

오랫동안 이집트에서 선교 활동을 하다가 들어온 후배 목사를 만났다. 그에게 "사막 수도사들을 만나 본 적이 있느냐?" 하고 물었다. 얼마 전부터 '사막 교부 영성'에 관심이 생겨 사막 교부의 후예들이 산다는 이집트 사막 수도원이 궁금했다. 후배 목사는 "그럼요, 저도 여러 번 가서 사막 수도사들을 만나 보았고 그분들 배려로 수도원에서 함께 지내기도 했어요"라고 대답했다. 나는 다시 "그분들이 어떠했느냐?" 하고 물었다. 그러자 후배는 즉각, "눈이 맑았어요!" 하였다. 태어나서 그처럼 맑은 눈을 본 적이 없었다고 했다. 사막 밤하늘의 별빛처럼 맑았다고 했다. 눈이 맑은 사람들. 그 말에 나도 괜히 흥분되었다. 사막 교부들의 '맑은 영성'이 2,000년 동안 그 맥이 끊어지지 않고 이어져 내려오고 있다는 것을 간접 확인한 것만으로도 감격스러웠다.

《사막 교부 말씀집》에서 읽은 몇 대목이다.

> 알로니우스 교부의 말이다. "하나님과 자신만 있는 곳에서는 마음으로부터 말하지 않으면 평안을 얻을 수 없습니다."

> 누군가 테오도레 교모(教母)에게 "하나님 한 분만을 위해 살고 싶은데 어쩔 수 없이 세속적인 대화를 해야 하는

경우에는 어떻게 해야 합니까?" 하고 물었다. 교모는 이렇게 말했다. "그대가 앉아 있는 테이블에서 오고가는 대화중에 설혹 참여하게 되더라도 그것을 즐기지는 마십시오. 그리고 세속적인 대화가 계속 진행될 때는 그대 마음을 하나님께로 향하십시오. 그리고 그런 자세를 취할 수 있게 된 것에 감사하십시오. 그러면 어떤 소리가 들려도 흥미를 느끼지 못할 것이며 그대는 그런 대화로 인해 전혀 해를 입지 않을 것입니다."

사라 암마의 말이다. "내가 나의 모든 행동이 모든 사람들에게 용납되기를 하나님께 기도한다면 모든 사람들의 문 앞에 나가 회개를 하는 길밖에 없습니다. 그래서 차라리 모든 사람을 향하여 내 마음이 깨끗하기만 위하여 기도하겠습니다."

한 수도사가 포에멘 교부에게 "성경에 '삼가 누가 누구에게든지 악으로 악을 갚지 말라'(살전 5:15) 하셨는데 무슨 뜻입니까?"라고 물었다. 교부는 이렇게 말했다. "감정은 네 단계로 작용합니다. 첫째 마음에서, 둘째 얼굴에서, 셋째 말에서, 그리고 넷째가 행동인데 여기서 악을 악으로 갚아서는 안 됩니다. 마음을 정결하게 하면 감정이 얼굴 표정에 나타나지 않습니다. 감정이 얼굴에 나타나더라도 입에 올리지는 마십시오. 설혹 말을 하게 되더라고 악으로 악을 갚는 것이라고 생각될 때엔 대화를 짧게 끝내십시오."

> 포에멘 교부의 말이다. "물은 부드럽고 돌은 딱딱합니다. 그러나 돌 위에 물병을 올려놓고 한 방울씩 한 방울씩 계속 떨어뜨리면 돌도 깨지고 맙니다. 하나님의 말씀도 그와 같습니다. 말씀은 부드럽고 우리 마음은 딱딱합니다. 하나님의 말씀을 계속 듣고 있노라면 우리 마음이 깨지면서 하나님을 두려워하는 마음이 생깁니다."

길고도 잔혹했던 로마제국의 300년 박해가 끝나고 '제국의 종교'가 되면서 기독교는 부흥과 융성의 시대를 맞았다. 그러면서 노예와 천민, 순교자들이 떠난 자리를 귀족과 부자들이 채웠다. 교인들의 의복과 함께 사제의 복장도 점점 화려해졌고 성전도 예식도 우아하고 화려하게 바뀌었다. 가난과 고난, 고통과 애통은 더 이상 미덕이 아니었다. 육신의 안락과 물질적인 풍요, 그것이 곧 '하나님의 축복'이었다. 그렇게 교회가 풍요의 시대로 접어들던 4세기 초반, 홀연히 부와 명예, 가족을 포기하고 도시를 떠나 사막으로 들어간 사람들이 있었다. 그들은 사막에 들어가 오직 기도와 말씀, 노동과 묵상으로 '하나님께 나아가기'를 추구했다. 스스로 사막을 선택한 교부들은 말씀의 '온전한' 실천, 그중에도 주님께서 가르쳐 주신 산상팔복 말씀을 생활 규범으로 삼았다. 목적은 오직 '그리스도인의 완전'(Perfectio Christiana)이었다. 그러기 위해 마음 수련과 연단에 특별한 노력을 기울였다. "마음이 청결한 자는 복이 있나니 저희가 하나님을 볼 것임이요"라는 주님 말씀 때문이었다.

상실한 마음과 할례

Μακάριοι οἱ καθαροὶ τῇ καρδίᾳ,
Blessed the pure in heart,

Ὅτι αὐτοὶ τὸν Θεὸν ὄψονται.
for they God will see.

여기서 '마음'으로 번역된 그리스어 '카르디아'(καρδια)나 그에 상응하는 히브리어 '레브'(לב)는 영어에서처럼 심장(heart)을 뜻하기도 하지만, 그보다는 마음과 그 마음의 기능, 즉 생각과 의지, 이해, 판단, 의욕, 때로는 정신과 양심을 의미한다. 사람의 가장 깊숙한 곳에 담긴 생각과 의견을 뜻한다. 마음이 중요한 것은 사람이 마음의 생각과 의지에 따라 결단하고 행동하기 때문이다. 마음이 모든 행동과 실천의 시작이요 출발이란 말이다. 그래서 모세도 이스라엘 백성에게 하나님을 사랑하되 '마음부터' 하라고 당부했다.

> 이스라엘아 들으라. 우리 하나님 여호와는 오직
> 유일하신 여호와시니 너는 마음을 다하고 뜻을 다하고
> 힘을 다하여 네 하나님 여호와를 사랑하라.
> 신 6:4-5

어떤 생각이든지 마음(heart, spirit)에서 비롯하여 뜻(soul, mind)을 통해 힘(might, body)으로 이어진다. 따

라서 사람이 어떤 행동을 취할 것인가는 '마음먹기'에 달렸다. 사람이 선을 행할 것인가, 죄를 지을 것인가? 그것 역시 마음의 판단에 달려 있다.

성경은 인간의 타락을 마음의 실수로 설명한다. 본디 '하나님의 형상'으로 지으심을 받은 인간은 '하나님의 마음'에 가까운 생각과 의지를 갖고 있었다. 그런데 하나님의 뜻과 의지를 '거역하는' 것을 본분으로 삼는 사탄('거역' 혹은 '반대'라는 뜻)이 뱀을 시켜 인간에게 접근하여 "하나님과 같이 되는 길이 있다"며 하나님이 금지하신 나무 열매를 따 먹으라고 유혹했다. 유혹에 넘어간 여자는 그 열매를 보고 "먹음직하고 보암직하고 지혜롭게 할 만큼 탐스럽기도 하다"는 마음의 판단에 따라 행동했다. 그리고 남자까지 끌어들였다. 이후로 타락한 인간은 하나님을 정면으로 보지 못했다. 하나님의 시선을 피하고 숨어 사는 인생이 되었다(창 3:1-10). 인간의 타락은 자기 안에서 일어난 마음의 유혹을 뿌리치지 못한 결과였다.

아담과 하와의 아들 가인도 마찬가지였다. 그의 잘못은 제물에 있지 않았다. 동생 아벨의 제물은 받고 자기 제물은 받지 않으신 하나님의 판단과 결정에 대한 불복이 원인이었다. 하나님에 대한 불평과 불만이 동생을 향한 질투와 증오로 나타난 것이다. 그래서 동생을 죽이기로 마음먹었을 때 하나님은 그에게 나타나 죄를 피할 수 있는 기회를 주셨다. "죄가 문에 엎드려 있느니라. 죄가 너를 원하나 너는 죄를 다스릴지니라"(창 4:7). 마음속 분노와 증오가 살인이라는 바깥 행동으로 연결되기 전에 마음을 잡으라는 말씀이었다. 그러나 가인은 그렇게 하지 못했다. 악한 마음이 악한 행동으로 연결되는 것을 막지 못했다. 그리고 인류 최초의 살인자가 되었다. 아담과 하와도 그랬지만 가인도 죄가 행동으로 드러나기 전에 마음을 다스리지 못한 것이 타락의 원인이었다. 사탄은 인간을 유혹할 때 마음부터 공략한다. 행위의 범죄보다 무서운 것이 마음의 범죄다.

타락한 인간의 마음은 점점 더 하나님으로부터 멀어져 갔다. 인간은 악한 것만 생각했고 행동도 점점 난폭해졌다. 인간에게 걸었던 하나님의 기대는 실망으로 바뀌었다.

> 여호와께서 사람의 죄악이 세상에 가득함과 그의 마음으로 생각하는 모든 계획이 항상 악할 뿐임을 아시고 땅 위에 사람 지으셨음을 한탄하사 마음에 근심하시고 이르시되 내가 창조한 사람을 내가 지면에서 쓸어버리되 사람으로부터 가축과 기는 것과 공중의 새까지 그리하리니 이는 내가 그것들을 지었음을 한탄함이니라.
>
> 창 6:5-7

하나님은 "의인이요 당대에 완전한 자라 하나님과 동행하였던"(창 6:9) 노아와 그 가족을 제외하고 모든 인간과 가축을 홍수로 멸망시켰다. '의인' 노아의 가족으로 새롭게 시작하시기를 원했는데, 타락한 본성을 지닌 인간의 범죄는 계속 이어져 오만의 바벨탑에까지 이르렀다. 건잡을 수 없는 타락과 범죄는 "하나님을 알되 하나님을 영화롭게도 아니하며 감사하지도 아니하고 오히려 그 생각이 허망하여지며 미련한 마음이 어두워진"(롬 1:21) 인간이 제멋대로 생각하고 행동한 결과였다. 하나님도 "그들을 마음의 정욕대로 더러움에 내버려 두었다"(롬 1:24). 즉 포기했다.

> 그들이 마음에 하나님 두기를 싫어하매 하나님께서 그들을 상실한 마음대로 내버려두사 합당하지 못한 일을 하게 하셨으니 곧 모든 불의, 추악, 탐욕, 악의가 가득한 자요, 시기, 살인, 분쟁, 사기, 악독이 가득한 자요, 수군수군하는 자요, 비방하는 자요, 하나님께서 미워하시는 자요, 능욕하는 자요, 교만한 자요, 자랑하는 자요, 악을 도모하는 자요, 부모를 거역하는 자요, 우매한 자요, 배약하는 자요, 무정한 자요, 무자비한 자라.
>
> 롬 1:28-31

여기서 '상실한 마음'(depraved mind)으로 번역된 그리스어 '아도키몬 누스'(ἀδόκιμον νοῦς)는 '버림받은 마음, 인정받지 못한 생각, 거부당한 의견'이라는 뜻이다. 타락한 인간이 마음에 하나님 모시기를 싫어한 것처럼 하나님도 그런 인간의 마음과 생각을 개의치 않고 내버려두었다. 그 결과, 인간은 하나님으로부터 점점 더 멀어졌다. 마치 고삐 풀린 망아지처럼, 아버지 집을 뛰쳐나간 아들이 멀리멀리 도망쳤다가 결국 돼지우리 밑바닥까지 굴러 떨어진 것처럼. 그래서 '타락'(墮落)이라고 했다. 그렇게 세상의 타락과 범죄는 '하나님을 마음에 두기 싫어한' 인간 때문에 비롯되었다. 따라서 세상의 구원과 회복은 '하나님을 마음에 두기를 좋아하는' 인간으로부터 비롯되어야만 했다.

그런 하나님의 계획에 따라 부르심을 받은 인물이 아브라함이었다. 아브라함은 하나님의 말씀을 듣고 고향을 떠났다. 그는 하나님의 인도하심을 따라 가나안 땅을 옮겨 다니면서 하나님의 이름으로 제단을 쌓았다(창 12:7-8; 13:18; 15:1-11). 마지막에는 사랑하는 독자 이삭을 번제로 드리라는 하나님의 명령에 순종하여 "네가 하나님을 경외하는 줄을 안다"(창 22:12)는 하나님의 인정을 받았다. 그리고 하나님의 지시에 따라 하나님과 맺은 언약의 표시로 할례를 행했다(창 17:1-27). 아브라함에게 제사와 할례는 하나님을 마음에 모시는 의식이었다. 오늘 우리의 예배와 성례전에 해당한다.

하나님을 마음에 모시고 살았던 아브라함의 뒤를 이어 이삭도 브엘세바에서 제단을 쌓았고(창 26:25), 그

아들 야곱도 벧엘에서 제단을 쌓았다(창 35:7). 조상의 하나님을 위한 '제단 쌓기'는 야곱으로 끝났다. 아브라함의 증손 요셉 때에 가족과 후손이 애굽으로 내려가 살면서 제사의 맥이 끊어졌다. 할례 전통도 사라졌다. 그렇게 430년 세월이 흐르면서(출 12:40) '하나님을 아는 세대'는 사라지고 '하나님을 모르는 세대'가 나왔다.

바로 왕은 인구가 늘어난 변방 부족(히브리인)의 반란을 두려워하여 히브리인 집에서 난 아들은 무조건 죽였고, 공사 현장에서 히브리인 노예들을 더욱 혹독하게 다루었다. 아들을 잃은 어머니의 통곡 소리, 노예들의 신음이 울려 퍼졌다. 그 소리를 하나님이 들으셨다.

> 이스라엘 자손은 고된 노동으로 말미암아 탄식하며 부르짖으니 그 고된 노동으로 말미암아 부르짖는 소리가 하나님께 상달된지라. 하나님이 그들의 고통소리를 들으시고 하나님이 아브라함과 이삭과 야곱에게 세운 그의 언약을 기억하사 하나님이 이스라엘을 돌보셨고 하나님이 그들을 기억하셨더라.
>
> 출 2:23-25

하나님의 기억! 이스라엘 후손들은 마음에서 하나님을 지워 버렸지만 하나님은 그들을 잊지 않으셨다. 조상들과 맺었던 언약을 기억하신 하나님은 애굽에서 이스라엘 백성을 구출하여 '약속의 땅'으로 데려가시기로 결심하셨다. 그리고 그 일을 위해 모세를 불러내셨다.

모세는 애굽으로 가던 중 미디안에서 얻은 아들에게 할례를 행하여 할례 전통을 회복했다(출 4:25-26). 모세와 아론이 바로 왕에게 히브리인을 풀어 달라 요구하며 내건 이유는 한 가지, "우리가 광야로 가서 우리 하나님 여호와께 제사를 드리려 한다"는 것이었다(출 5:3). 제사의 회복, 그것은 잃어버렸던 신앙 전통의 회복을 의미했다. 이스라엘 후손들이 오랫동안 잊고 살았던 하나님을 마음에 다시 모셔 드리는 종교 의식, 곧 '상실했던 마음'을 되찾는 의식이었다.

애굽에서 나와 광야에서 40년 동안 지내면서 한 일은 하나님을 섬기는 법이 담긴 계명과 율법을 받는 것과 하나님께 제사드릴 '거룩한 공간'인 성막을 건설하는 것이었다. 그 일을 마친 모세와 이스라엘 백성은 약속의 땅을 향해 행진하여 요단강 동편, 모압과 암몬 족속의 땅을 점령하고 르우벤과 갓, 므낫세 지파에게 나눠 주었다. 요단강을 건너 가나안 땅으로 들어가기 직전, 모세는 하나님의 부르심을 받았다. 비록 강 건너 '젖과 꿀이 흐르는' 약속의 땅에 들어가지는 못했지만 후손들이 들어가 살 그 땅을 멀리 바라보면서 이스라엘 백성에게 마지막 유언을 남겼다. 모세는 다른 무엇보다도 하나님을 섬기되 '마음부터 다할 것'을 강조했다(신 11:13-15, 18).

> 이스라엘아, 네 하나님 여호와께서 네게 요구하시는 것이 무엇이냐. 곧 네 하나님 여호와를 경외하며 그의 모든 도를 행하고 그를 사랑하며 마음을 다하고 뜻을 다하여 네 하나님 여호와를 섬기고 네가 오늘 네 행복을 위하여 네게 명하는 여호와의 명령과 규례를 지킬 것이 아니냐.
> 신 10:12-13

모세는 시내 산에서 하나님께 직접 받은 돌판을 가지고 산에서 내려오다가 이스라엘 백성이 금송아지를 만들어 숭배하는 것을 보고 분노하여 그들에게 돌판을 던져 깨뜨렸다(출 32:19). 돌이나 거기 새긴 글자가 중요한 것이 아니었다. 그 속에 담긴 하나님의 생각과 뜻이 중요했다. 그래서 하나님의 말씀은 돌판에 새길 것이 아니라 '마음 판에 새겨야' 할 것이었다(잠 3:3; 6:21). 돌이 기억하는 것이 아니라 마음이 기억할 수 있기 때문이다. 이스라엘 백성이 회복할 종교 전통 할례도 같았다(신 10:15-16; 렘 4:4).

> 네 하나님 여호와께서 네 마음과 네 자손의 마음에 할례를 베푸사 네게 마음을 다하며 뜻을 다하여 네 하나님을 사랑하게 하사 네게 생명을 얻게 하실 것이라.
> 신 30:6

육체나 마음에 글을 새기든, 할례를 행하든, 칼이

나 쐐기로 찌르고 쪼개고 새길 때는 아픔과 고통이 따른다. 그런 아픔과 고통을 통해 고집 세고 강퍅했던 마음이 온유하고 겸손한 마음으로 바뀐다. 철없이 뛰놀던 송아지에게 벌겋게 달군 쇠꼬챙이로 코에 구멍을 뚫고 코뚜레를 매는 이유도 그렇다. 그래야 나중에 힘센 황소가 되어서도 고분고분 주인 말을 잘 듣는 일꾼소가 될 수 있기 때문이다. 그렇게 이스라엘 백성에게 할례는 하나님을 떠났다가 다시 귀속하는 과정에서 입어야 했던 '마음의 상처'였다. 제사와 회개도 마찬가지였다.

> 하나님께서 구하시는 제사는 상한 심령이라.
> 하나님이여, 상하고 통회하는 마음을 주께서 멸시하지
> 아니하시리이다.
> 시 51:17

> 너희는 옷을 찢지 말고 마음을 찢고 너희 하나님
> 여호와께로 돌아올지어다.
> 욜 2:13

하나님은 '상한 심령'과 '찢긴 마음'을 기뻐 받으신다(시 34:18). 회개하고 돌아왔기 때문이다. 아버지 집을 떠났다가 다시 돌아온 아들에게 다시 반지를 끼워 주었듯 하나님은 참회하고 돌아온 심령에 '하늘의 은총'을 내려주신다. 곧 마음에 '지혜와 명철'(잠언 2:2)

을 채워 주시고 '마음의 묵상'(시편 19:14), '깨끗한 마음'을 회복시켜 주신다.

> 하나님이여, 내 속에 정한 마음을 창조하시고 내 안에 정직한 영을 새롭게 하소서.
>
> 시 51:10

> 여호와의 산에 오를 자가 누구며 그의 거룩한 곳에 설 자가 누구인가. 곧 손이 깨끗하며 마음이 청결하며 뜻을 허탄한 데에 두지 아니하며 거짓 맹세하지 아니하는 자로다.
>
> 시 24:3-4

회복(복구)되어 '깨끗한 마음', '청결한 마음'은 곧 '영원을 사모하는 마음'(전 3:11)이다. 그래서 '영원한 존재' 하나님을 사모하고 추구한다. 타락한 후 엉뚱한 방향으로 향했던 시선을 하나님 쪽으로 돌린다. 하나님의 부르심을 외면했던 과거의 실수를 반복하지 않는다. "하늘에서는 주 외에 누가 있으리요. 땅에서는 주 밖에 내가 사모할 이 없나이다"(시 73:25) 하는 고백이 나온다. 그렇게 마음을 다하고, 뜻을 다하고, 힘을 다하여 하나님을 사모하면 '그 얼굴을 보여 주시는' 은총을 경험하게 된다. 인간이 살면서 누릴 수 있는 최대 행복이다.

하나님의 얼굴을 보리라

구약에서는 하나님뿐 아니라 하나님이 보낸 사자를 보는 것만으로도 죽음을 의미했다(출 33:20; 삿 13:22). 그런데 하나님을 직접 만나 보았으면서도 죽지 않았으니 그 영광과 감격이 얼마나 컸겠는가? 성경에서 하나님의 음성을 들은 사람, 하나님이 보낸 천사를 만나 본 사람들은 많았지만 하나님을 직접 만나 본 인물은 야곱과 모세, 두 사람밖에 없었다.

야곱은 하란에서 가족을 이끌고 고향 브엘세바로 돌아오던 중 하나님을 만났다. 야곱은 형 에서를 속여서 장자권과 아버지 축복을 가로챈 일로 고향을 떠나 하란으로 가다가 루스 광야에 이르렀다. 돌베개를 베고 자는데 꿈속에 "나는 여호와니 너의 조부 아브라함의 하나님이요 이삭의 하나님이라. 네가 누워 있는 땅을 내가 너와 네 자손에게 주리니 … 내가 너와 함께 있어 네가 어디를 가든지 너를 지키며 너를 이끌어 이 땅으로 돌아오게 할지라" 하는 음성을 들었다. 야곱은 잠에서 깨어나 "이곳은 하나님의 집이요 이는 하늘 문이로다" 하고 그곳 이름을 '하나님의 집'이라는 뜻의 '벧엘'(ביתאל)로 고쳐 불렀다(창 28:10-19). 그리고 하란의 외갓집에 가서 20년 동안 데릴사위 노릇을 하면서 여러 명의 부인과 자녀, 상당한 재물을 얻었다. 그러나 그 일로 처갓집 형제들과 분쟁이 생겨 하란을 떠날 수밖에 없었다.

고향에 가까울수록 야곱의 마음은 불안하고 두려웠다. 아직도 화가 풀리지 않았을 형 에서의 '붉은 얼굴' 때문이었다. 더욱이 에서는 400명 장정들을 이끌고 올라오고 있었다. 야곱은 "심히 두렵고 답답하여"(창 32:7) 형의 분노를 재물로 풀어 볼 요량으로 하란에서 얻은 가축을 세 무리로 나누어 3중 방어선을 쳤다. 그러고는 가족까지 먼저 건너보내고 홀로 얍복 나루에 남았다. 저만 살겠다는 얍삽한 생각이었다. 그날 밤 극도의 불안감에 사로잡혀 뒤척이고 있을 때 씨름꾼으로 변장한 하나님이 그에게 나타났다. 씨름이 시작되었다. 밤새 뒹굴며 씨름을 하는 동안 야곱은 상대방이 누구인지 깨달았다. 야곱은 그분을 붙잡고 "내게 축복하지 않으면 놓지 않겠다" 하며 매달렸다. 결국 하나님은 그를 축복하고 그의 이름을 야곱에서 이스라엘로 바꾸어 주었다. 야곱은 "내가 하나님과 대면하여 보았으나 내 생명이 보전되었다" 진술한 후 그곳 이름을 '브니엘'(פנואל)이라 했다. '하나님의 얼굴'이라는 뜻이다.

야곱의 이름이 바뀌었다. 호칭만 바뀐 것이 아니다. 존재가 바뀌었고 가치관이 바뀌었다. 마음의 생각과 행동 원리도 바뀌었다. 어젯밤까지만 해도 불안하고 두려워 도망칠 궁리만 했던 그가 모든 식구들보다 앞서 형 에서에게 나아갔다. 그러자 "에서가 달려와서 그를 맞이하여 안고 목을 어긋맞추어 그와 입 맞추고 서로 울었다"(창 33:4). 하나님은 그 밤에 야곱만 바꿔 놓으신 것이 아니라 에서의 마음도 바꿔 놓으셨던 것이다! 그렇게 해서 형제간의 화해가 이루어졌다. 야곱은 형에게 가축 떼를 선물로 준 후 이렇게 말했다.

> 내가 형님의 얼굴을 뵈온즉 하나님의 얼굴을 본 것 갈사오며.
>
> 창 33:10

야곱은 밤새 하나님과 한 덩어리가 되어 어깨와 어깨, 가슴과 가슴, 얼굴과 얼굴을 맞대고 씨름을 하는 중에 그의 얼굴이 하나님의 얼굴로 바뀌었다. 그렇게 바뀐 얼굴로 형을 보았더니 그 형의 얼굴도 하나님 얼굴로 보였다. 내가 변하면 저쪽이 변하게 되어 있다. 하나님의 얼굴 안에서 불안했던 형제간의 화해가 이루어졌다.

모세도 그런 경험을 했다. 모세는 미디안 광야 떨기나무 불꽃에서 처음 하나님을 만났을 때만 해도 "하나님 뵈옵기를 두려워하여 얼굴을 가렸다"(출 3:6). 그랬던 모세가 출애굽 여정에서 하나님의 임재와 능력을 직접 체험하면서 자신감이 생겼다. 그가 하나님을 본 것은 하나님의 계명을 받기 위해 두 번째로 시내 산에 올랐을 때였다.

금송아지 사건으로 백성에게 크게 실망한 모세는 더 이상 지도자 노릇을 하고 싶지 않았다. 모세는 다시 산에 올라가 말씀을 받기 전에 먼저 하나님께 부탁했다. "주의 영광을 내게 보이소서." 살아 계신 하나님을 뵙고 싶었던 것이다. 그런 모세의 요구를 들으시고 하나님은 "네가 내 얼굴을 보지 못하리니 나를 보고 살 자가 없음이라" 하신 후 "내 영광이 지나갈 때에 내가 너를 반석 틈에 두고 내가 지나가도록 내 손으로 너를 덮었다가 손을 거두리니 네가 내 등을 볼 것이요 얼굴은 보지 못하리라"(출 33:22-23) 하셨다. 말씀대로 하나님은 구름 가운데 강림하셔서 모세에게 나타나셨다. 모세는 휙! 하고 지나가시는 하나님의 등을 보았다.

40일 동안 산에 머물러 하나님의 임재 안에서 말씀을 받는 동안 그의 얼굴 피부에 광채가 났다. 정작 본인은 몰랐다. 모세가 산에서 내려올 때 아론과 온 이스라엘 자손이 그에게 가까이하기를 두려워할 정도였다. 결국 모세는 그들의 눈을 보호하기 위해 수건으로 자기 얼굴을 가려야만 했다(출 34:29-35). 모세 얼굴의 광채는 하나님 얼굴의 광채를 반사한 것으로 그의 권위를 나타냈다. 하나님은 "모세와는 내가 대면하여 명백히 말하고 은밀한 말로 하지 아니하며 그는 또 여호와의 형상을 본 자라"(민 12:8) 하심으로 모세의 지도력에 대한 절대 지지를 표명하셨다.

모세는 '하나님과 대면하여'(출 33:11) 말씀을 나눌 수 있었던 독보적인 지도자였다. 하나님의 사명을 완수하고 죽기 전, 그의 나이 120세였음에도 "그의 눈이 흐리지 아니하였고 기력이 쇠하지 아니하였다"(신

34:7). 성경은 모세의 사역을 이렇게 정리했다.

> 그 후에는 모세와 같은 선지자가 일어나지 못하였나니, 모세는 여호와께서 대면하여 아시던 자요 여호와께서 그를 애굽 땅에 보내사 바로와 그의 모든 신하와 그의 온 땅에 모든 이적과 기사와 모든 큰 권능과 위엄을 행하게 하시매 온 이스라엘의 목전에서 그것을 행한 자이더라.
> 신 34:10-12

하나님과의 대면(對面, face to face). 그것은 하나님의 선택을 받은 지도자에게 주어지는 최상의 영광이요 절대 권위였다. 하나님의 얼굴을 뵙는 것, 그것은 하나님을 마음에 모시고 사는 사람의 최종 목표였다. 그래서 다윗은 늘 "나는 의로운 중에 주의 얼굴을 뵈오리니 깰 때에 주의 형상으로 만족하리이다"(시 17:15)라고 기도했고, 바울은 "지금은 거울로 보는 것같이 희미하나 그때에는 얼굴과 얼굴을 대하여 볼 것이요 지금은 내가 부분적으로 아나 그때에는 주께서 나를 아신 것같이 내가 온전히 알리라"(고전 13:12)라고 했다.

시내산에서 나타난 모세 얼굴의 광채는 변화산에 오른 예수 그리스도 얼굴의 광채로 연결된다. 모세가 여호수아와 소수 장로만 데리고 산에 올랐듯이 예수님도 제자 중에 베드로와 야고보, 요한만 데리고 산에 올라가셨다. 그리고 예수님은 "그들 앞에서 변형

되사 그 얼굴이 해같이 빛나며 옷이 빛과 같이 희어졌다." 그 자리에 모세와 엘리야가 함께했다. 시내산에서 하나님과 대면하고 내려온 모세의 얼굴에서 광채를 보았던 여호수아처럼 제자들도 변화산에서 예수 그리스도의 얼굴에서 광채를 보았다(마 17:1-8; 막 9:2-13; 눅 9:28-36). 그 장면을 보고 놀라 초막 셋을 짓겠다고 한 베드로에게 구름 속에서 나오는 음성이 들렸다. "이는 내 사랑하는 아들이요 내 기뻐하는 자니, 너희는 그의 말을 들으라." 예수님 얼굴이 곧 하나님 얼굴이었다.

이에 대하여 요한복음은 "본래 하나님을 본 사람이 없으되 아버지 품속에 있는 독생하신 하나님이 나타내셨느니라"(요 1:18)라고 기록했다. 예수님은 최후의 만찬 석상에서 제자들과 나눈 대화를 통하여 그 점을 보다 명확히 하셨다(요 14:1-10).

예수 내가 곧 길이요 진리요 생명이니 나로 말미암지 않고는 아버지께로 올 자가 없느니라. 너희가 나를 알았더라면 내 아버지도 알았으리로다. 이제부터는 너희가 그를 알았고 또 보았느니라.

빌립 주여, 아버지를 우리에게 보여 주옵소서. 그리하면 족하겠나이다.

예수 내가 이렇게 오래 너희와 함께 있으되 네가 나를 알지 못하느냐? 나를 본 자는 아버지를 보았거늘 어찌하여 아버지를 보이라 하느냐? 내가 아버지 안에 거하고 아버지가 내 안에 계신 것을 네가 믿지 아니하느냐? 내가 너희에게 이르는 말은 스스로 하는 것이 아니라 아버지께서 내 안에 계셔서 그의 일을 하시는 것이라.

당시 제자들은 주님 말씀을 이해하지 못했다. 영적인 말씀을 육적으로 해석하려 애썼기 때문이다. 부활하신 예수님을 믿지 못했던 것도 같은 이유였다. 주님은 도마에게 "네 손가락을 내밀어 내 손을 보고 네 손을 내밀어 내 옆구리에 넣어 보라, 그리하여 믿음 없는 자가 되지 말고 믿는 자가 되라" 하셨다. 그 순간 도마는 "나의 주, 나의 하나님!" 하고 외쳤다. 도마의 마음속에 믿음이 들어가는 순간, 예수님이 하나님이 되었다. 예수님은 그런 도마를 향해 "너는 나를 본 고로 믿느냐 보지 않고 믿는 자들은 복되도다"(요 20:28-29) 하셨다.

엠마오로 내려가던 두 제자도 마찬가지였다. 그들 역시 부활하신 주님을 믿지 못하고 실의에 빠져 엠마오로 내려가던 중 예수님이 곁에서 동행하시며 긴 시간 대화를 나누었음에도 주님을 알아보지 못했다. 날이 저물어 집에 도착해서 식사 중 주님이 떡을 떼어 그들에게 주는 순간, '눈이 밝아져' 주님을 알아보았다. 그때부터 그들은 부활의 주님을 믿게 되었다. 두 사람은 "길에서 우리에게 말씀하시고 우리에게 성경을 풀어 주실 때에 우리 속에서 마음이 뜨겁지 아니하더냐?"(눅 24:32) 하였다. 마음의 뜨거움, 그것은 말씀과 믿음과 성령이 임했을 때 나타나는 현상이다. 영적인 사건이 일어나는 현장, 주님의 말씀이 임하고 믿음이 생기는 자리는 머리가 아니라, 마음이다(고후 1:22; 갈 4:6; 엡 3:17).

예수님의 부활 후에도 한동안 제자들은 육적인 상태에 머물러 있었다. 베드로를 비롯한 제자들은 생전의 예수님을 육으로 보았음에도 그분이 누구이신지 알아보지 못했다가 나중에 성령을 받은 후에야 그분이 하나님의 아들이신 것과 '죽었으나 살아 계셔서' 그를 믿는 사람에게 놀라운 능력이 나타난다는 것을 영으로 깨달았다. 믿음으로 보게 되었다.

> 예수를 너희가 보지 못하였으나 사랑하는도다. 이제도 보지 못하나 믿고 말할 수 없는 영광스러운 즐거움으로 기뻐하니 믿음의 결국 곧 영혼의 구원을 받음이라.
> 벧전 1:8-9

바울도 처음엔 주님의 부활을 믿지 못했다. 믿지 않았을 뿐 아니라 '그리스도의 부활'을 말하는 자들을 잡아다 옥에 가두는 일에 몰두했다. 그러다가 다메섹으로 가던 길에 빛과 음성으로 임하신 '부활의 주님'을 만난 후 새사람이 되었다. 믿음이 생긴 후 바울이 가는 곳마다 "예수가 하나님의 아들"(행 9:20)이라는 것과 "하나님이 죽은 자 가운데서 그를 살리셨다"(행 13:30)

는 것을 증언했다.

> 네가 만일 네 입으로 예수를 주로 시인하며 또 하나님께서 그를 죽은 자 가운데서 살리신 것을 네 마음에 믿으면 구원을 받으리라. 사람이 마음으로 믿어 의에 이르고 입으로 시인하여 구원에 이르느니라.
>
> 롬 10:9-11

바울에게 믿음의 자리는 마음이었다. 마음에 생긴 믿음으로 구원을 받아 의롭게 되고 그 사실을 입으로 시인하는 것이 증인이자 전도자의 삶이었다. 그런 전도자의 마음에 '하나님의 얼굴', 그 빛난 광채가 계속 비칠 것은 당연하다.

> 어두운 데에 빛이 비치라 말씀하셨던 그 하나님께서 예수 그리스도의 얼굴에 있는 하나님의 영광을 아는 빛을 우리 마음에 비추셨느니라.
>
> 고후 4:6

"주를 깨끗한 마음으로 부르는"(딤후 2:22) 전도자, 수도자, 성도의 마음에 비취는 '영광의 빛'(lux gloria)이다. 그 빛에 쬐인 사람은 예수 그리스도를 통해 하나님의 얼굴을 볼 수 있다. 결국 하나님의 얼굴을 보는 것은 시력 좋은 눈이 아니라 믿음이 있는 마음이다.

마음 씻기

'한국인 최초 신학자', '토착화 신학의 선구자'라는 칭호를 받고 있는 탁사(濯斯) 최병헌(崔炳憲)은 충북 제천의 가난한 선비 집안에서 출생하여 어려서부터 한학을 공부했다. 여섯 살 때 할아버지에게 천자문을 배운 것으로 시작해서 12년 동안 한학과 유학만 공부했는데 이유는 단 하나, 과거에 급제해서 입신양명(立身揚名)하는 것이었다. 그는 18세 때인 1875년 서울에 올라와 처음으로 과거시험을 본 후 13년 동안 다섯 차례 응시했으나 번번이 떨어졌다. 실력이 없어서 떨어진 것이 아니었다. 매관매직이 성행하던 시절이라 돈과 뒷배가 없으면 과거에 응시조차 할 수 없었던 '타락한' 정치 현실 때문이었다. 임오군란 때 충북 보은으로 피난 갔다가 그곳 여인과 결혼해서 자식까지 얻었지만 변변한 직업 없이 서울로 올라와 친구 집에 묻어 지내는 신세가 되었다. 그러던 중 배재학당에 영어 배우러 다니던 친구 윤호의 소개로 미국에서 갓 나온 존스 선교사의 어학 선생이 되었다.

선교사에게 한국어를 가르치는 선생이 되었으나 기독교를 믿을 생각은 아예 없었다. 그에게 기독교는 서양 오랑캐의 종교, 무군무부의 사도(邪道)일 뿐이었다. 친구 소개로 처음 존스 선교사를 만났을 때도 "당신네 종교를 내게 강요하지 마시오"라는 조건을 붙였을 정도였다. 존스도 그에게 개종을 강요하지 않았다.

존스는 그를 배재학당 주인 아펜젤러에게 소개했고 아펜젤러는 그를 1889년부터 배재학당 한문 선생으로 채용했다. 그러다 보니 기독교에 접할 수 있는 기회가 늘어났다. 그는 학교 도서실에 비치된 한문 성경과 《만국통감》(萬國通鑑), 《태서신사》(泰西新史), 《서정총서》(西政叢書), 《격물탐원》(格物探源), 《천도소원》(天道溯源), 《자서조동》(自西徂東) 등 중국에서 인쇄된 책들을 읽으며 기독교와 서구 학문에 대한 정보를 얻었다. 그러면서도 과거급제에 대한 꿈도 포기하지 않았다. 그는 여전히 유교신봉자였고 선교사 어학 선생이나 배재학당 교사는 단지 호구지책일 뿐이었다.

어느 날 최병헌이 서대문 안 경희궁 홍화문을 지나다가, 병든 거지가 누워 있는 것을 보고 불쌍한 마음이 들었지만 도와주지 못하고 돌아왔다. 그런데 얼마 후 어느 선교사가 그 환자를 구리개 제중원(후의 세브란스병원)에 데려다 치료하여 살렸다는 소문을 들었다. 그 소식을 듣고 그는 수치감을 느꼈다. 그리고 고민했다. "내가 믿는 유교의 공자님 가르침과 그 핵심인 '인'(仁)이나, 선교사나 배재학당 사람들이 믿는 예수의 가르치는 '사랑'이나 근본에서 다를 바 없는 것인데, 나는 내 동족인데도 실천하지 못한 것을 저 서양인들은 어찌 남의 나라에 와서 보잘것없는 사람에게까지 사랑을 실천한단 말인가? 머릿속에 담고만 있는 것이 참된 종교인가? 그것을 실천하는 종교가 참된 종교인가?"

종교적 갈등과 고민 속에 1892년 가을, 그는 경무대에 개최된 과거시험에 다시 한번 응시했다. 그러나 부패한 관리 때문에 시험지조차 제출하지 못하고 과장(科場)에서 쫓겨났다. 그것을 계기로 "과거급제를 통한 정치적 출세는 물건너갔으니 조용히 은거하며 종교 철학이나 깊이 연구하자" 하고 결심했다.

최병헌의 관심은 유학에서 기독교로 바뀌었다. 성경을 탐독하기 시작했다. 그는 신약 마태복음 5장에 매력을 느꼈다. 특히 "원수를 사랑하며 핍박하는 자를 위해 기도하라"(마 5:44-46)라는 구절에서 신선한 충격을 받았다. 그동안 열심히 읽었던 유교나 도교, 불교 경전에서 느끼지 못했던 감동을 느꼈다. 그리하여 "남자가 세상에 나서 과거도 보지 않고 사환(仕宦)도 구하지 아니하여 무여폐인(無餘廢人)이 되었으니, 차라리 세상 사람들이 핍박하는 천주학(天主學)이나 하여 백세에 아름다운 이름을 끼치지 못할진대 만년을 두고 욕을 먹는 것이 가하겠다" 결심하고 1893년 2월 정동교회에서 존스에게 세례를 받았다. 선교사를 만난 지 5년 만이었다.

이후 최병헌은 정동교회와 배재학당을 오가며 신앙생활에 매진했다. 갑오개혁 후 1895년 10월 농상공부 주사로 발령을 받았지만 그가 맡은 일이 주로 종묘 제사를 관장하는 일이라, "우상숭배하는 일은 할 수 없다"라고 하면서 사표를 냈다. 대신 선교사들과 함께 성경 번역하는 일과 전도하는 일에 전념했다. 정동교회

속장과 권사를 거쳐 전도사가 되었고 목회자가 되기 위한 신학 공부도 시작했다.

1899년 1월 초 정동교회에서 한 주간 '만국연합기도회'가 개최되었다. 최병헌도 참석했다. 마지막 날 아펜젤러 목사가 로마서 12장 1절, "그러므로 형제들아 내가 하나님의 모든 자비하심으로 너희를 권하노니 너희 몸을 하나님이 기뻐하시는 거룩한 산 제물로 드리라. 이는 너희가 드릴 영적 예배니라"라는 말씀으로 설교한 후 참석자들에게 "거룩한 제단에 나와 산제사를 드리라" 하고 권했다. 그 말에 따라 교인들은 제단 밑에 엎드려 기도하기 시작했다. 최병헌도 제단 앞으로 나갔다. 그리고 엎드려 기도하던 중, "성신의 인도하심을 입어 천성낙원(天城樂園)에 들어가 일호(一毫)도 진념(塵念)이 없고 거룩한 몸이 한량없는 기쁨으로 주를 찬송하는" 체험을 하고 "신(神)으로 거듭난 증거를 얻어 심신체(心身體)를 다 바쳐 천국에 헌신하기로" 결심했다. 마치 사도 바울이 개종 직후 아라비아 광야에서 3년 동안 기도 생활을 하던 중 "셋째 하늘에 이끌려 올라간" 경험을 했던 것처럼(고후 12:2) 최병헌도 제단 앞에서 기도하던 중 성령에 이끌려 그 몸이 하늘나라에 이르러 몸과 마음에 한 점 티끌도 없이 깨끗한 상태에서 하나님을 찬양하는 신비를 체험했다. 이후 마음(心)을 다하고 뜻(身)을 다하고 힘(體)을 다하여 '천국 사업'에 헌신하기로 결심했다.

최병헌은 전도사 과정을 마치고 1902년 5월 18일 평양에서 개최된 미감리회 연회에서 목사 안수를 받았다. 그런데 그는 목사 안수를 받기 전 '두렵고 떨리는' 마음으로 하나님께 기도했다. 즉 평양으로 올라가기 한 달 전부터 매일 아침저녁으로 정동교회 예배당에 가서 기도를 했는데 기도 제목은 한 가지, "주의 영광을 눈으로 보게 하시고 주의 말씀을 귀로 듣게 하옵소서"였다. 이는 이스라엘 백성을 이끌고 광야로 나온 모세가 하나님의 말씀(계명)을 받기 위해 시내산에 올랐을 때 "원하건대 주의 영광을 내게 보이소서"(출 33:18) 하고 간구했던 것과 같았다. 반역을 일삼는 백성들을 이끌고 약속의 땅으로 가야 했던 모세의 부담감과 두려움을 목사가 되기 직전의 최병헌도 느꼈던 것이다. 그래서 모세처럼 그도 하나님의 영광(얼굴)을 보고 하나님의 음성을 듣고 싶었다.

그는 간절한 기도 끝에 "너는 세상의 빛이니 내 행위를 살펴보아라. 성경은 상주(上主)의 가르침(訓)이니 성경 말씀을 들으라. 어찌 다른 것을 구하리오"라는 음성을 들었다. 최병헌은 모세가 보았던 '하나님 등'이라도 보고 싶었는지 모른다. 그러나 하나님은 그런 환상을 보여 주시지 않고 말씀을 주셨다. 곧 그가 좋아했던 마태복음 5장의 "너희는 세상의 빛이라… 너희 빛이 사람 앞에 비치게 하여 그들로 너희 착한 행실을 보고 하늘에 계신 너희 아버지께 영광을 돌리게 하라"(마 5:14-16)라는 말씀이었다.

인간은 처음에 '하나님의 형상'으로 지으심을 받았지만 타락함으로 그 형상을 잃어버렸다. 그 결과 인간은 하나님의 얼굴이 아니라 짐승의 얼굴로 죄를 범하며 살았다. 그러나 예수 그리스도를 믿음으로 잃어버렸던 하나님의 형상을 회복하게 되었다. 그렇게 '하나님의 형상'을 회복한 그리스도인은 착한 행실로 세상 사람들이 하나님께 영광을 돌리도록 해야 한다. 그것이 전도자의 사명이었다. 그렇게 최병헌은 하나님으로부터 "네가 내 얼굴이다"라는 말씀을 들었다. 또 "주의 말씀을 귀로 듣게 하옵소서"라는 간구에는 "성경이 곧 하나님의 말씀이다. 다른 것을 구하지 말라"라는 응답이 왔다.

주변에 소위 은혜받았다는 교인들 중에 무엇을 보았네, 무엇을 들었네 하면서 무의식 가운데 경험한 환상과 환청을 하나님을 본 것처럼, 하나님의 계시를 받은 것처럼 착각하고 자랑하는 사람들이 많다. 더 나아가 자기가 보고 들은 것만 옳다고 생각하여 자기와 생각과 의견이 다르면 정죄하고 배척한다. 그래서 교회에 분란이 생긴다. '성령의 은사'를 너무 많이 받은 고린도교회가 그랬다. 그런 점에서 5,000년 동안 검증되고 실증된 성경이야말로 오류가 없는 하나님의 말씀이었다. 그렇게 기록된 말씀도 제대로 읽지 않으면서 환청 같은 음성을 '들으려' 했던 것이 부끄러웠다. 최병헌 목사는 이후 그런 기도를 더 이상 하지 않았다. 하나님 말씀을 듣고 싶으면 성경책을 펼쳤고 하나님의 영광을 보고 싶으면 자신의 행위를 돌아보았다.

1902년 목사 안수를 받은 최병헌은 그해 5월 순직한 아펜젤러 목사 후임으로 정동교회를 담임했고 경성지방과 인천 지방 감리사를 거쳐 1916년부터 협성신학교(현 감리교신학대학교)에서 비교종교학과 종교변증론을 가르쳤다. 그 무렵(1920년) 최병헌 목사는 신학교 기관지 〈신학세계〉에 "심"(心)이라는 제목의 설교문을 발표했다. 그는 마음 '심'(心)을 부(部)로 사용하는 열 개의 한자를 파자(破字) 형식으로 풀이해 한자 문화권 사람들의 흥미와 관심을 유도했다. 그 전문을 요즘 말로 번역하여 소개한다.

> "우리가 〔예수의 피를〕 마음에 뿌림을 받아 악한
> 양심으로부터 벗어나고 몸은 맑은 물로 씻음을 받았으니
> 참마음과 온전한 믿음으로 하나님께 나아가자"
> (히 10:22).
> 세계 만민이 누구를 물론하고 구주 보혈을 의뢰하면
> 속죄함을 얻고 영생을 입나니 주께서는 진리요 생명의
> 길이시라. 우리가 성심을 가지고 구주를 신앙하며
> 성신의 묵시를 마음에 받고 거룩한 피로 마음을 빨아 주
> 안에서 성결을 이룰지라 … 하나님을 경외하며 예수를
> 믿고 따름도 진심으로 행하지 아니하면 구원을 얻지
> 못한다 하나이다.

• **원욕망(愿慾忘)**

원(愿) 심(心)의 원(原, 근원)이 원(愿, 삼가는 마음)이 되나니, 태초에 하나님께서 사람을 창조하실 때 자기 모습과 닮게 하셨으니 마음의 타고난 지혜와 재능과 이치와 도리와 본래 앎이 다 깨끗하여 더러움이 없고 공순하고 정성을 다하며 항상 마음을 삼가고 근신하여 주의 명령에 순종하였으니, 에덴에 살던 아담이 범죄하기 전에 하나님을 가까이 하며 틈과 의심이 없었던 지극한 마음(誠心)이었다.

욕(慾) 심(心)의 욕(欲, 욕구)이 욕(慾, 욕심)이 되나니, 아담이 에덴동산에 있을 때에 하와가 뱀 마귀의 유혹을 받아 선악과를 볼 때 입에 넣어 먹기에 적당하고 눈에 보기가 좋고 마음에 욕구가 갑자기 일어나니 불일 듯 하는 욕망의 파도는 하나님의 계명도 잊고 양심의 눈을 어둡게 하여 과일을 따서 먹고 자기 남편 아담까지 먹게 함으로 죄인 반열에 빠지게 하였으니, 물질과 욕심이 서로 속여 양심의 본질을 잃고 쓰레기더미에 매몰된 거울 표면 같고 연기 그을음으로 검게 칠한 등잔 겉면같이 되었다.

망(忘) 심(心)의 망(亡, 잃음)이 망(忘, 잊어버림)이 되나니, 처음 조상 아담이 본심을 잃어버리고 죄와 허물에 빠짐으로 그 자손이 하나님의 은총을 잊어버리고 부패한 성품을 받아 가인이 자기 동생 아벨을 때려죽임에 죄악이 가득 차 하나님께 벌을 받아 하나님 앞에서 내쫓김을 당하고 사방에 유리하였다.

• 악자사(惡慈思)

악(惡) 심(心)의 아(亞, 버금)가 악(惡, 사악함)이 되나니, 아담의 후예 된 자 점점 악한 일 하는 것이 극심하여 음란과 무도(無道), 탐학과 질투로 하나님을 멀리 떠나고 금송아지를 숭배하며 간음을 행하다가 하루에 2만 3,000명씩 피살되었으며 부모의 은덕을 배반하며 명령을 거역하고 교만과 불의, 깊은 잠꼬대로 악의 벌을 받아 소돔은 불로 멸망하였다.

자(慈) 자(玆, 그윽함)의 심(心)이 자(慈, 자비)가 되나니, 언제나 항상 생각하시는 하나님의 그윽한 진리와 사랑하심이 지극히 선한 양심에서 나오는 것이라. 여호와 하나님께서 세상 사람의 죄악을 용서하시고 가련한 생명을 긍휼히 여기사 독생자 예수 그리스도를 내려주셨으니 어느 누구든 막론하고 구주를 믿고 의지하면 멸망을 면하고 영생을 얻게 하심이라. 자애로우신 은혜와 속죄하신 공덕은 충분히 말하기 어렵도다.

사(思) 심(心)의 전(田, 밭)이 사(思, 생각)가 되나니, 성경에 가로되 땅에 있는 것을 생각하지 말라 하시고 또 말씀하기를 우리는 하나님과 함께 일하는 사람이요 너희는 하나님의 밭이라 하였으니 사도와 전도인들이 백성의 마음 밭에 천국 진리의 씨앗을 뿌리며 물을 주어 하나님께서 길이 자라게 하시기를 바라고 백 배, 육십 배의 결실을 생각하니 성신으로 씨를 뿌리는 자는 성신으로 말미암아 영생을 받음이라.

• **참충덕(慙忠悳)**

참(慙) 심(心)의 참(斬, 벰)이 참(慙, 부끄러움)이 되나니, 말씀을 듣는 인민들이 각각 자기 죄를 참회하고 애통하야 하나님께 자복함이니 예컨대 오순절에 회중들이 베드로 설교를 듣고 마음에 찔려 후회와 번민에 불타 가로되 우리가 어찌 할꼬 하였으며, 삭개오는 자기의 토색함을 통회하여 네 배씩 보상하기를 예수께 말씀하고 요술로 명예를 취하던 사람들이 바울의 설교를 들을 때 전날의 죄과를 참회하여 요술책을 불에 태웠으니 책값이 은(銀) 오만각(五萬角)이나 되었다 하였는지라. 이러한 신자(信者)들이 다 죄를 부끄러워함(慙愧)이라.

충(忠) 중(中, 가운데)의 심(心)이 충(忠, 충성)이 되나니, 충(忠)이란 글자는 힘을 다해 임금을 섬기며 자신을 바쳐 남을 위함이라. 사도들이 우리 구주 하늘나라 임금을 신봉하며 마귀의 장애물을 파멸할 때에 마음을 다하고 힘을 다하고 뜻을 다하고 정성을 다하여 충애(忠愛)와 충절(忠節)로 십자가의 정병이 됨이요 마귀 왕의 머리를 성신의 검으로 참수하는 자는 진실로 하늘나라 임금의 충용(忠勇)한 맹장이라 하리라.

덕(悳) 직(直, 곧은)의 심(心)이 덕(悳, 덕행)이 되나니, 덕(悳/德)이란 글자는 선행의 열매요 바른 몸가짐의 표식이라. 구주의 보혈로 죄악을 깨끗이 씻고 성신의 감화로 거듭남을 얻어야 십자가를 지고 자기를 이기며 예절을 따르고 내면의 덕이 밖으로 드러나나니 하늘을 받들어 도를 행함으로 덕의 과실이 맺힘이라. 곧 인애와 화평과 인내와 양선과 온유와 겸손이라. 덕은 외롭지 않도다. 그 이웃이 반드시 있고 밝은 덕으로 원수와 적까지 사랑함이라.

• 결론

심(心)의 혈(血, 피)이 휼(恤, 긍휼)이 되나니 구주의 심혈이 만민을 긍휼히 여기사 십자가 위에서 손과 발의 못 자국과 허리와 옆구리의 창 자국으로 흘러내려 유월절 양의 피를 대신하사 만국의 죄와 허물을 속(贖)하신지라. 성경에 이르기를 "소와 양의 피도 부정한 사람을 성결케 하거든 하물며 그리스도의 성혈로 너희 양심을 깨끗하게 못 하겠느뇨" 하신지라. 고로 주 예수께서 붙잡히시던 밤에 포도주 잔으로 제자들에게 주시며 가라사대 "이것은 언약하는 나의 피라, 무리의 죄 사함을 위하여 흘릴 것이라" 하셨고, 제사장들은 피 값을 고간(庫間)에 둠이 불가하다 하여 옹기장이 밭을 산 고로 그 밭을 피밭이라 하였고 빌라도는 갈아대 "이 의인의 피를 흘림이 내 죄가 아니라"고 하고 사도요한은 갈아대 "예수 그리스도의 피가 우리의 모든 죄를 깨끗이 씻는다" 하였으니 "증거하시는 이는 성신이오 물과 피와 성신이 합하셨다" 하니 구주의 긍휼하신 피로 속죄하심을 신앙하는 자들은 먼저 자기 죄를 참회하며 항상 예수를 사모하여 충성을 다하고 하나님의 자비하심을 몸으로 실천하여 사람들의 죄악을 미워하며 도덕의 성품을 회복하고 성실과 근신하는 마음으로 하나님을 경애하면 때가 묻어 더러운 거울을 닦아 깨끗한 거울을 얻고 연기 그을림으로 더러워진 등잔 갓을 깨끗이 씻어 빛이 통하는 유리가 될지라. 고로 예수교를 낡은 것을 새롭게 고치는 유신교(維新敎)라, 본디 것을 회복하는 복원교(復原敎)라 하나니 형제자매들이여 마음을 다하고 정성을 다하여 처음 조상 아담이 죄에 빠지기 전 지위에 들어가 처음 것을 회복하는 복초인(復初人) 되시기를 간절히 바라나이다.

최병헌 목사는 창조와 타락(원→욕→망), 죄와 용서(악→자→사), 중생과 성결(참→충→덕)에 이르는 구원의 전 과정을 아홉 글자로 설명했다. 내용을 요약해서 정리하면 다음과 같다.

原 + 心 = 愿
하나님이 창조하신 본마음은 두렵고 삼가는 마음.

欲 + 心 = 慾
사람이 안 되는 것을 가지려 하니 욕심이 생김.

亡 + 心 = 忘
사람의 본분을 잃어버린 결과 본마음을 잊어버림.

亞 + 心 = 惡
참된 것이 아니라 버금 것을 추구하는 악한 생각.

玆 + 心 = 慈
그윽하신 하나님의 죄인을 불쌍히 여기시는 마음.

田 + 心 = 思
마음 밭에 뿌려진 복음 씨앗으로 자신을 돌아봄.

斬 + 心 = 慙
악하고 잘못된 것을 베어 버리고 참회하는 마음.

中 + 心 = 忠
마음 중심에 주님을 모시고 충성하며 사는 삶.

直 + 心 = 悳
곧은 마음에 성령의 감화를 받아 덕행을 이룸.

최병헌 목사는 결론에서 "불쌍히 여길" '휼'(恤=忄+血) 자를 활용하여 기독교 구원 교리의 핵심인 '보혈 속죄'를 다시 한번 설명했다. 죄인을 향한 하나님의 '불쌍히 여기는' 마음(忄, 心)과 예수 그리스도의 흘리신 피(血)로 타락한 인간에게 구원의 길이 열렸다. 십자가 보혈은 출애굽 직전의 유월절 어린 양의 피이자, 최후의 만찬 때 주님께서 제자들에게 주신 포도주에 담긴 '언약의 피'였다. 그리하여 "어린 양의 피에 옷을 씻어 희게 한"(계 7:14) 성도들은 본디 마음과 양심을 회복하고 거룩하고 깨끗한(聖潔) 생활로 하나님께 영광을 돌리게 되었다.

최병헌 목사의 호는 '탁사'(濯斯)였다. "나를 씻는다"라는 뜻이다. 이는 그의 고향에 있는 명승고적 '탁사정'(濯斯亭)에서 따온 것으로 보인다. 탁사정은 주변 경관도 아름답거니와, 조선 말기 일본의 침략에 항거하여 의병운동을 일으켰던 유인석과 화서학파 선비들의 충군애국(忠君愛國) 정신과 얼이 깃든 곳으로 유명하다. '탁사'라는 어휘는 중국 당나라 시인 굴원(屈原)이 지은 〈어부사〉(漁父詞)라는 시에서 따온 것으로 알려져 있다.

滄浪之水淸兮면　　可以濯我纓이요
창랑지수청혜　　가이탁아영

滄浪之水濁兮면　　可以濯吾足이라
창랑지수탁혜　　가이탁오족

창랑의 물이 맑으면 내 갓끈을 씻고
창랑의 물이 흐리면 내 발을 씻으리.

어찌 갓과 발만 씻겠는가? 몸과 마음을 씻는 것이 더 중요했다. 세속에 살다 보니 자신도 모르게 오염된 마음에 비집고 들어온 추한 생각과 의지를 깨끗이 씻어 냄으로 맑고 그윽한 '하늘의 가르침'(天道)을 모시고 살려는 선비의 꿈이었다. 그런 선비의 꿈을 안고 유학자로 출발했던 최병헌은 기독교로 개종한 후 전도자와 목회자, 신학자가 되어서도 '자신을 씻어'(濯斯) 하나님을 모시는 일을 게을리하지 않았다.

일곱 번째 복

산에 오르사
그 어디나 하늘나라
애통하며 회개할 맘
물방울, 바위를 뚫다
무얼 먹고 마실까
때리시고 어루만져
네가 내 얼굴이다
평화, 평화로다
십자가, 그 복된 길
다시, 복을 받으려면

9 화평케 하는 자는 복이 있나니 그들이 하나님의 아들이라 일컬음을 받을 것임이요

휴전선의 사람들

신학교에서 은퇴하기 전 어느 여름방학, '북한교회사' 수업을 준비하는 마음에서 친한 친구 몇 명과 함께 휴전선을 따라 3박 4일 동서횡단 여행을 했다. 강화도에서 출발하여 경기도 파주와 연천, 강원도 철원과 춘천, 화천, 고성에 이르는 쉽지 않은 산길이었다. 가는 곳마다 공통적으로 네 가지를 볼 수 있었다.

첫째, 휴전선을 따라 이어지는 철책과 초소가 있었다. 그리고 그것을 지키는 군인들을 보았다. 아직도 끝나지 않은 '한반도 전쟁 상황'을 여실히 보여 주고 있었다. 그곳에서 대립과 대결, 경계와 감시가 지배하는 분단체제의 현실을 느낄 수 있었다. 예전보다는 많이 줄어들었지만 철책을 따라 여행을 하다 보니 군인들의 검문도 종종 받아야 했다.

둘째, 휴전선을 따라 남쪽에는 십자가 종탑, 북쪽에는 주체사상탑이 평행선을 이루며 대치하고 있었다. 남쪽 십자가 탑은 주로 철책을 지키는 군부대의 군인교회 종탑이기도 하지만 성탄절만 되면 점화식을 하는 수십 미터짜리 높은 철탑도 적지 않았다. 낮에는 볼 수 없지만 밤만 되면 북쪽 탑도 남쪽 탑도 모두 붉은 빛을 띠고 대치하고 있었다. 무기와 군대가 아니라 사상과 종교로 대립하고 있는 남북 관계를 보여 주는 상징적인 설치물이었다.

셋째, 간헐적으로 높은 언덕이나 산봉우리에 설치

된 전망대를 통해서 북녘 땅을 바라볼 수 있었다. 전망대 이름을 '을지전망대', '열쇠전망대', '칠성전망대', '승리전망대' 등 철책을 지키고 있는 부대 명칭을 따서 지은 것도 있지만 평화 통일을 염원하며 '평화전망대', '통일전망대'라고 이름 붙인 곳도 여러 곳 되었다. 전망대에서 망원경 혹은 육안으로 내려다보는 철책선 안의 비무장지대(DMZ)에서 고요하고 평화로운 자연 생태계를 볼 수 있었다. 물론 그 안에 수백만 발의 지뢰와 포탄, 파괴된 탱크와 발굴하지 못한 군인들의 시체가 묻혀 있겠으나 드러난 풍경은 70년 동안 사람의 손때가 묻지 않은 자연 그대로의 모습이었다. 그곳을 자유롭게 뛰어다니는 고라니와 노루, 그리고 남북을 거침없이 오고가는 새 떼를 보면서 그들이 누리는 자유와 평화를 부러워했다.

넷째, 가는 곳마다 휴전선 바로 아래 마을에서 평화운동을 하는 사람들을 만났다. 강화 주문도에서는 탈북민 청소년들과 북한 선교를 꿈꾸는 신도들과 함께 환경 농사를 지으면서 통일을 준비하고 있는 '모퉁이돌선교회'의 순철기 목사를 만났고, 교동에서는 지역사회 부인들과 함께 자연 염색과 환경운동을 하는 초교파 '아줌마 평화 모임'을 보았다. 경기도 연천에는 지역 주민은 물론 탈북민, 장애인, 외국인 노동자들과 함께하는 사회적 기업 '해피트리 공동체'를 이끌고 있는 김용택 목사가 있었다. 강원도 철원에는 영국에서 평화학 박사학위를 받고 들어와 분단 현장인 철원에서

'국경선평화학교'를 설립하고 청소년과 외국인도 참여하는 평화 학습, 평화 순례, 평화 활동 프로그램을 실시하고 있는 정지석 목사를 만났다. 고성에는 1984년, 농촌 목회를 꿈꾸고 왕곡리 산골마을 오봉교회 전도사로 들어와 30년 넘게 교인과 주민들을 섬기며 지역사회 생태환경운동가로 활동하고 있는 장석근 목사가 있었다.

그렇게 휴전선을 따라 동서를 횡단하면서 만난 사람들, 군인이든 주민이든 목회자든, 마음으로 간절히 바라는 것은 오직 하나, '평화'였다. 다시는 전쟁이 일어나지 않고 남과 북이 함께 만들어 가는 평화로운 세상이 열리기만 바랄 뿐이었다. 그리고 그런 꿈을 이루기 위해 분단 현장에서 평화를 공부하고, 실험하고, 실천하는 사람들이 있어 좋았다. 이들이야말로 주님께서 축복하신 '평화를 만드는 사람들'(peacemakers)들이었다.

Μακάριοι οἱ εἰρηνοποιοί,
Blessed the peacemakers,

῞Οτι αὐτοὶ υἱοὶ Θεοῦ κληθήσονται.
for they sons of God will be called.

여기서 "화평케 하는 자"라 번역된 그리스어 '에이레노포이오스'(ειρηνοποιος)는 '평화, 평정, 고요'를 뜻하는 '에이레네'(ειρηνη)와 '만들다, 하다'는 뜻의 '포이에 오'(ποιεω)를 합친 것이다. 곧 '평화를 만드는 사람, 평화롭게 하는 사람'이라는 뜻이다. 이에 상응하여 구약에서 '평화, 평강, 평안, 화평' 등으로 번역되는 히브리어 '샬롬'(שלום)은 '완전, 온전'을 뜻하는 '샬렘', '화목'을 뜻하는 '셸렘', '형통, 배상'을 뜻하는 '샬람'과 어원이 같다. 따라서 구약에서 평화란 그저 다투지 않고 평화롭게 지내는 것이라기보다는 '완전, 혹은 온전한 상태(혹은 관계)에서 이루어지는 평안과 형통, 화목'을 의미한다. 즉 올바른 관계에서 맺어지는 평화로운 세상이다. 인간이 타락하기 전 에덴동산이 그랬다. 그러나 인간의 타락으로 관계가 깨지기 시작했다. 제일 먼저 하나님과 인간 사이의 관계가 깨졌고 인간과 다른 피조물 사이의 관계도 깨졌으며 부부와 형제, 이웃 사이의 관계도 깨졌다. 관계가 깨지면서 평화도 깨졌다.

제사와 평화 회복

평화 상실이 관계 상실에서 비롯되었으니 평화 회복도 관계 회복으로부터 이루어져야 할 것은 당연했다. 관계가 깨진 이유는 무엇인가? 하나님과 인간 사이, 인간과 인간 사이에 당연히 지켜야 할 도리와 의무를 저버렸기 때문이었다. 그것을 죄라 한다. 그러므로 죄를 없애야만 관계가 회복되고 평화도 회복된다. 특히 모든 관계의 출발이 된 하나님과 나 사이의 관계가 회복되어야 인간관계도 회복된다. 하나님과의 평화 회복을 위해서 하나님께 지은 죄 문제를 해결해야만 했다. 죄 문제를 해결하는 것이 인간 쪽에서는 불가능하다. 인간이 범죄자이기 때문이다. 재판관인 하나님 쪽에서 길을 터주어야만 했다. 그런 목적에서 율법 규정에 제사가 포함되었다. 제사는 죄를 소멸하는 의식이었다. 죄를 씻어 내고 관계를 회복하여 평화를 누리게 하시려는 하나님의 은총이었다. 이를 위해 제사 법규를 자세히 기록한 것이 레위기다. 레위기의 주제는 '거룩'이다.

> 너희는 거룩하라. 이는 나 여호와 너희 하나님이 거룩함이니라.
>
> 레 19:2

기독교인이든 아니든, 한민족은 제사 문화에 익숙하다. 기독교가 들어오기 전부터 우리 조상들은 유교와 불교, 도교, 무교, 어떤 종교를 신봉하든 제사 혹은 고사 드리는 것을 가장 중요시했다. 《삼국유사》를 보더라도 우리 민족은 고대로부터 매년 봄가을로 하늘에 제사(祭天) 드리는 일을 게을리하지 않았다. 강화도 마리산(마니산) 정상에 있는 참성단(塹星壇)도 우리 민족의 첫 조상인 단군 임금이 하늘(하느님)께 제사를 지내던 제단이었다. 그래서 이스라엘 민족과 우리 민족은 제사 문화에서 서로 통하는 점이 많다. 제사 중심의 종교 및 일상생활이 그러하다. 한국 교인들은 예배를 하나님께 드리는 '제사 의식'으로 해석하여 예배를 집전하는 목사를 '제사장'이라 부르며 설교 강대(pulpit)도 '제단'(祭壇)이라 부르고 헌금도 '제물'이라 부른다. 그래서 옛날 어른들은 헌금할 때 찢어지거나 더러운 돈을 은행에 가서 새 돈으로 바꿔 오거나 다리미로 다려서 깨끗한 예물을 드리려 애썼다. 예배를 드리러 가기 전에는 반드시 목욕하고 깨끗한 옷을 차려 입었다. 제사로서 예배에 정성을 다한 것이다.

이스라엘 백성의 각종 제사 중에 중요한 것은 번제와 소제, 속죄제, 속건제, 화목제, 다섯 가지였다.

번제(עלה, 올라), 즉 '제물을 태워서' 바치는 제사는 성경에서 가장 오래된 전통이다. 아담의 아들 아벨이 "양의 첫 새끼와 그 기름"을 번제로 하나님께 드렸고(창 4:4), 홍수 심판 후에 노아도 "정결한 중에서 제물을 취하여" 번제로 드렸다(창 8:20). 믿음의 조상 아브라함도 하나님께 받은 마지막 시험으로 "네 아들 네 사랑하는 독자 이삭을 번제로 드리라"라는 지시를 받았다. 아브라함은 그대로 순종했는데 하나님께서 마지막 순간에 제물을 인간에서 숫양으로 바꾸셨다(창 22:1-13). 이로써 그 땅의 본토인 가나안 사람들이 제사를 지내면서 사람을 태워 바치는 의식이 중단되었다. 그래서 레위기 법전은 번제로 드릴 제물로 소와 양, 염소, 비둘기를 규정했다. 인간의 죗값으로 제물이 된 짐승은 죽임을 당한 후 피는 제단 주변에 뿌리고 나머지는 '온전히' 불태워 바쳤다.

소제(מנחה, 민하)는 짐승이 아닌 식물, 즉 곡식 가루를 제물로 바치는 제사다. 화덕이나 철판에 굽거나 그릇에 찐 과자나 떡을 바치는 경우가 많았다(레 2:1-16). 소제는 인간의 죗값으로 바치는 제사가 아니었다. 하나님이 주신 은총을 깨닫고 감사하여 자원해서 드리는 제물이다. 낙헌제나 감사제가 여기 해당한다. 첫아들을 얻었거나 첫 이삭을 추수한 후 소제를 바치는 경우가 많았다. 제물은 일부만 하나님께 불태워 바치고 나머지는 제사장과 그의 가족 몫으로 돌렸다.

속죄제(חטאת, 하타트)는 말 그대로 죄인이 죄를 용서받기 위해 드리는 제사다. 형식은 불에 태우는 번제였고 제물로는 소(송아지)와 양, 염소, 비둘기 등이 사용되었다. 누구든지 "여호와의 계명 중 하나라도 그릇 범한" 경우 속죄제를 드려 사함을 받았다(레 4:2-27). 우상숭배나 안식일 위배같이 하나님께 범한 죄 그리고 살인과 불효, 간음, 위증, 도적질 같은 인간 사회의 윤리적인 죄를 지은 사람은 제물로 선정된 짐승에 손을 얹어 자기 죄를 전가시킨 후 제사장이 짐승을 잡아 피는 제단 주변에 뿌리고 나머지는 불살랐다.

속건제(אשם, 아샴)는 '부지불식 간에', 즉 무의식중에 하나님의 계명을 어긴 경우에 용서를 구하는 제사다. 일반인은 만져서는 안 될 '하나님의 성물'을 만졌거나 훼손하는 신성모독을 범했을 경우(레 5:14-19), 이웃의 것을 훔치거나 빌렸다가 되돌려 주지 않고 써버린 경우, 맹세하고서도 그것을 지키지 않았을 경우다(레 6:1-7). 이런 경우 가해자는 제물(양)과 함께 피해자에게 해를 끼친 만큼 보상해야 한다. "생명을 생명으로, 눈은 눈으로" 갚으라는 규정이 그것이다(출 21:23-25; 레 24:20; 신 19:21). 이런 보상 행위를 통해 용서와 화해가 성립된다. 1903-1907년 한국 교회 초기 부흥운동 때 회개한 교인들이 '양심전'(良心錢)이라는 명칭으로 전에 훔치고 횡령한 것을 되돌려 주는 배상과 보상 운동을 벌인 것도 같은 맥락이다.

화목제(שלם, 셸렘)는 말 그대로 평화와 화목을 기원하는 제사다. 죄인이 하나님께 드리는 제사라기보다는 사랑을 제사장, 이웃과 함께 '나누는'(sharing) 제사다. 감사제와 낙헌제, 요제와 거제, 소제, 서원제가 여기 해당한다. 화목제의 핵심 개념은 '자원과 감사와 나눔'이다. 제물은 주로 번제에 사용하는 '정결한' 짐승인데 기름과 누룩을 넣어 구운 빵을 함께 드리기도 했다. 그러나 기쁘고 감사한 일이 있을 때만 화목제를 드린 것은 아니다. 백성들(공동체)이 어려운 상황에 처했을 때에도 근심과 걱정을 함께 나누는 화목제를 드렸다(민 7:12-89). 그렇게 화목제는 공동체의 화합과 평화를 기리는 공동체 식탁(communion table)이었다.

이처럼 레위기에서 언급한 제사가 많은 중에서 핵심은 속죄제와 화목제였다. 하나님과의 관계와 평화를 회복하는 종교 의식이었기 때문이다. 죄를 속하여 주는 속죄제와 화목제는 제물을 '온전히' 태워 바치는 번제였다. 속죄제나 속건제를 드려서 죄를 사함 받고 '깨끗해진' 사람들이 '하나님 앞에서' 제사장 및 이웃과 제물을 나누어 먹는 화목제를 드리는 경우가 많았다. 그래서 성경에 '번제와 화목제'라고 묶어서 표현하는 경우가 많았다(출 21:24; 신 27:6-7).

그 말씀에 따라 이스라엘 백성은 약속의 땅 가나안에 들어가서도 '번제와 화목제'를 드리는 일에 소홀하지 않았다. 여호수아와 사사 시대를 거쳐 다윗과 솔로몬도 번제와 함께 화목제를 드리는 것으로 통치를 시작했다(삿 21:4; 대상 16:1; 대하 7:7).

그러나 분열왕국 시대 나라가 둘이 되면서 하나님께 제사를 드리는 제단도 둘로 나뉘었다. '망국의 시대'에 이르러 이스라엘 지도자와 백성의 마음은 점점 하나님으로부터 멀어졌다. 그 대신 이방신과 우상을 섬기는 사람들이 늘어났다. 거기다 제사장을 비롯한 종교 지도자들의 영적·육적 타락으로 성전과 제사 기능도 점차 약해졌다. 결국 북이스라엘에 이어 남유다까지 멸망하면서 예루살렘 성전은 이교도들의 침범으로 처참하게 유린되었다. 그것으로 이스라엘 백성이 성전에서 드리던 제사 전통은 끝났다. 제사가 소멸되면서 관계도 단절되고 평화도 깨졌다. 다시 갈등과 다툼, 불만과 불평, 분쟁과 전쟁의 시대가 되었다(시 28:3; 사 9:8; 겔 13:10).

> 그들은 평강의 길을 알지 못하며 그들이 행하는 곳에 정의가 없으며 굽은 길을 스스로 만드나니 무릇 이 길을 밟는 자는 평강을 알지 못하느니라.
>
> 사 59:8

그리고 포로 시대에 이르러 예언자들은 '하나님의 날'에 제사장과 왕의 역할을 모두 갖춘 메시아가 도래하여 무너진 나라를 다시 세우고 만국의 평화를 회복할 것을 예언했다(사 57:19).

> 그가 열방 사이에 판단하시며 많은 백성을 판결하시리니 무리가 그들의 칼을 쳐서 보습을 만들고 그들의 창을 쳐서 낫을 만들 것이며 이 나라와 저 나라가 다시는 칼을 들고 서로 치지 아니하며 다시는 전쟁을 연습하지 아니하리라.
>
> 사 2:4; 미 4:3

> 한 아기가 우리에게 났고 한 아들을 우리에게 주신 바 되었는데 그의 어깨에는 정사를 메었고 그의 이름은 기묘자라, 모사라, 전능하신 하나님이라, 영존하시는 아버지라, 평강의 왕이라 할 것임이라.
>
> 사 9:6

그 예언의 성취가 예수 그리스도였다. 그리스도로 인하여 하나님과 인간 사이, 인간과 인간 사이에 끊어졌던 관계가 이어지고 세상에 참평화, 완전한 평화가 회복될 길이 열렸다.

> 지극히 높은 곳에서는 하나님께 영광이요, 땅에서는 하나님이 기뻐하신 사람들 중에 평화로다.
>
> 눅 2:14

예수님의 사역은 평화를 잃어버린 이 땅에서 '하나님이 기뻐하신 사람들 가운데' 평화를 만들어 가는 일이었다. 예수님의 공생애는 요단강에서 요한에게 세례를 받는 것으로 시작되었다. 주님이 세례를 받는 순간, 성령이 "비둘기같이" 임하면서 하늘로부터 "이는 내 사랑하는 아들이요 내 기뻐하는 자라"라는 음성이 들렸다(마 3:16-17; 막 1:10-11; 눅 3:21-22). 비둘기는 노아 홍수 때 감람나무 잎을 물고 날아와서 "하나님의 심판이 끝났다"는 메시지를 전했던 평화의 상징이기도 했지만(창 8:11), 레위기 법전에서는 평민들이 속죄제

제물로 쓰던 가장 값싼 제물이기도 했다(레 5:7).

세례 요한은 자기 제자들에게 "보라, 세상 죄를 지고 가는 하나님의 어린 양이로다"라고 소개했다(요 1:29, 36). 제자들은 '하나님의 어린 양'이 무엇을 의미하는지 잘 알고 있었다. 이 말을 하는 순간 요한은 이사야의 '메시아 예언'을 떠올렸을 것이다.

> 그는 실로 우리의 질고를 지고 우리의 슬픔을
> 당하였거늘 우리는 생각하기를 그는 징벌을 받아
> 하나님께 맞으며 고난을 당한다 하였노라. 그가
> 찔림은 우리의 허물 때문이요 그가 상함은 우리의
> 죄악 때문이라. 그가 징계를 받으므로 우리는 평화를
> 누리고 그가 채찍에 맞으므로 우리는 나음을 받았도다.
> 우리는 다 양 같아서 그릇 행하여 각각 제 길로
> 갔거늘 여호와께서는 우리 모두의 죄악을 그에게
> 담당시키셨도다. 그가 곤욕을 당하여 괴로울 때에도
> 그의 입을 열지 아니하였음이여 마치 도수장으로
> 끌려가는 어린 양과 털 깎는 자 앞에서 잠잠한 양같이
> 그의 입을 열지 아니하였도다.
>
> 사 53:4-7

제사를 드릴 때 제사장이나 그를 돕는 레위인들이 가장 신경을 써야 할 것 중에 하나는 제물로 바쳐진 짐승을 잡을 때, 짐승이 내지르는 소리가 밖에 들리지 않도록 그 입을 꽉 잡아매는 것이었다. 고요하고 잠잠한

상태에서 제사가 진행되어야만 했다. 세례 요한은 예수님에게서 고통을 참는 어린 양의 고뇌를 읽었다. 또한 어린 양은 흠이 없고 깨끗한 제물을 상징했다. '거룩함'과 '정결'이 강조되는 제사에서 집전하는 제사장도 흠이 없어야 했지만(레 21:17-21) 제물 역시 흠이 없어야 했다. 짐승이 커서 일을 하다 보면 흠집과 상처가 날 수밖에 없다. 그런 짐승은 제물로 쓸 수 없었다. 그래서 어미젖을 떼고 혼자 뛰놀기 시작하는 1년 된 어린 양이나 염소를 제물로 썼다(출 12:5, 29:1; 레 1:3; 3:1; 4:3; 22:20-25).

예수님이 흠 없는 어린 양으로서 하나님께 드려진 제물이었다면 어떤 제사였을까? 우선 속죄제 제물이 되셨다.

> 너희가 알거니와 너희 조상이 물려준 헛된 행실에서
> 대속함을 받은 것은 은이나 금같이 없어질 것으로
> 된 것이 아니요 오직 흠 없고 점 없는 어린 양 같은
> 그리스도의 보배로운 피로 된 것이니라.
> 벧전 1:18-19

> 그는 우리를 위하여 자신을 버리사 향기로운 제물과
> 희생 제물로 하나님께 드리셨느니라.
> 엡 5:2

인간의 죄를 뒤집어쓰고 희생되었던 제물처럼 하

나님은 "흠 없고 점 없는 어린 양 같은" 그리스도 예수의 '깨끗한' 피를 받으시고 그를 믿는 사람들의 죄를 사해 주셨다. 우리를 대신해서 죗값을 치르셨다(롬 3:23-24; 고후 5:21). 더욱이 '어린 양'은 바로 하나님의 독생자였다. '하나님의 어린 양'이었다. 하나님의 '자기희생'(self-sacrifice)이다.

하나님은 왜 이처럼 손해만 보는 계획을 세우셨을까? 이유는 단 하나, 사랑했기 때문에. 타락하고 범죄한 인간, 세상과 화해하고 평화를 이루기 위함이었다. 그러기 위해서는 우선 인간의 더럽고 불결한 죄와 오류를 먼저 씻어 주셔야 했다. 죄에 관한 한 '만능 세척제'가 되는 하나님 어린 양의 피로 마음을 씻은 사람은 하나님과의 관계와 함께 평화가 회복되었다. 그런 의미에서 예수 그리스도는 하나님과 인간 사이의 화목제물이 되셨다(롬 3:25; 요일 2:2; 4:10).

> 그의 십자가의 피로 화평을 이루사 만물 곧 땅에 있는 것들이나 하늘에 있는 것들이 그로 말미암아 자기와 화목하게 되기를 기뻐하심이라.
>
> 골 1:20

화목제는 모든 제사의 완결판이었다. 죄와 실수, 오류와 잘못을 속죄제나 속건제를 통해 사함 받고 깨끗해진 사람들이 하나님 앞에서 정결한 이웃과 함께 사랑과 평화를 나누는 것이다. 물론 거기엔 '흠 없는' 어린 양의 피와 고기가 있어야 했다. 예수님께서 제자들과 함께 나누신 마지막 만찬에서 나눠 주신 포도주와 떡, 그리고 그 이튿날 골고다 십자가 위에서 흘리신 피와 찢겨진 몸이 그것을 의미했다. 십자가는 그리스도 예수를 믿는 모든 사람에게 속죄제와 화목제를 통해 얻는 평화로 임했다.

> 그는 우리의 화평이신지라. 둘로 하나를 만드사 원수
> 된 것 곧 중간에 막힌 담을 자기 육체로 허시고
> 법조문으로 된 계명의 율법을 폐하셨으니 이는 이 둘로
> 자기 안에서 한 새사람을 지어 화평하게 하시고 또
> 십자가로 이 둘을 한 몸으로 하나님과 화목하게 하려
> 하심이라. 원수 된 것을 십자가로 소멸하시고 또 오셔서
> 먼 데 있는 너희에게 평안을 전하시고 가까운 데 있는
> 자들에게 평안을 전하셨으니 이는 그로 말미암아 우리
> 둘이 한 성령 안에서 아버지께 나아감을 얻게 하려
> 하심이라.
>
> 엡 2:14-18

십자가로 '평화 사역'을 완수하신 주님은 죽음에서 부활하신 후, 아직 성령을 받지 못해 부활에 대한 믿음 없이 불안에 떨고 있는 제자들에게 나타나시어 "샬롬!" 곧 "평강이 있을지어다"(눅 24:36) 하셨다. 그것은 인사이자 부탁이었다. 당신의 평화를 나눠 주심이자

당신이 시작한 '평화 사역'을 중단하지 말고 계속 이어 나가기를 부탁하신 것이다. 성령을 받은 후 제자들은 평화 사역의 중요성을 인식하고 그 사명을 감당하고자 노력했다. 그것은 사도들이 각지 교인들에게 쓴 편지에서 확인할 수 있다.

> 그리스도의 평강이 너희 마음을 주장하게 하라. 너희는 평강을 위하여 한 몸으로 부르심을 받았나니 너희는 또한 감사하는 자가 되라.
>
> 골 3:15

> 아무에게도 악을 악으로 갚지 말고 모든 사람 앞에서 선한 일을 도모하라. 할 수 있거든 너희로서는 모든 사람과 더불어 화목하라.
>
> 롬 12:17-18

> 양들의 큰 목자이신 우리 주 예수를 영원한 언약의 피로 죽은 자 가운데서 이끌어 내신 평강의 하나님이 모든 선한 일에 너희를 온전하게 하사 자기 뜻을 행하게 하시고 그 앞에 즐거운 것을 예수 그리스도로 말미암아 우리 가운데서 이루시기를 원하노라.
>
> 히 13:20-21

> 오직 위로부터 난 지혜는 첫째 성결하고 다음에 화평하고 관용하고 양순하며 긍휼과 선한 열매가

가득하고 편견과 거짓이 없나니 화평하게 하는 자들은 화평으로 심어 의의 열매를 거두느니라.

약 3:17-18

예수님의 뒤를 이어 '평화 사역'을 하려는 제자라면 마땅히 예수님처럼 십자가를 져야 한다. "누구든지 나를 따라오려거든 자기를 부인하고 자기 십자가를 지고 나를 따를 것이니라"(마 16:24). 그것은 곧 예수님이 그러했던 것처럼 제자들도 갈등과 분열, 다툼과 분쟁이 난무하는 세상 속에 들어가 자신을 어린 양 화목제물로 희생함으로 평화를 세워 나가는 것이다.

신석구 목사의 '밀알 평화'

한국 기독교인들에게 1919년 3.1운동은 평화를 향한 투쟁이자 희생이었다. 3.1운동에 참여한 기독교인들은 왜, 그리고 무엇 때문에 목숨까지 내걸면서 만세를 불렀던가? 3월 1일 교장이 교문을 걸어 잠갔음에도 불구하고 담을 넘어 거리로 뛰쳐나가 만세를 불렀던 이화학당 학생 신특실의 재판정 증언이다.

판사 독립을 희망하는 이유는 무엇인가.

신특실 자유를 얻고자 하는 것이다. 일본 정부 밑에서는 자유가 없다. 자유로이 정치를 집행하는 나라가 되고자 독립을 희망하는 것이다.

만세를 부른 이유는 단 하나, '독립'을 원했기 때문이다. 독립에 대한 포기할 수 없는 열망이었다. 그러나 독립 자체가 목적은 아니었다. 자유가 목적이었다. 독립은 자유를 얻기 위한 방편이었다. 그날 신특실과 함께 여학생 만세시위를 이끌었던 이화학당 학생 노예달의 재판 증언이다.

판사 어떻게 해서 조선의 독립이란 것이 피고의 마음에 들었는가.

노예달 최초부터 모든 사람이 자립해서 살아가도록 되어 있는 것은 하늘이 정해 준 것이다. 그런데 조선은 그 이치에 맞지 않게 일본과 병합되어 타인의 지배하에 있게 되었다. 지금 독립할 수 있다면 이는 하늘이 정해 준 이치에 맞는 것이 되므로 독립을 희망하는 것이다.

모든 사람이 자유하고 자립하며 자치하는 것은 '처음부터' 하늘이 정해 준 이치였고 질서였다. 그것이 공의였고 정의였다. "공의의 열매는 화평이요, 공의의 결과는 영원한 평안과 안전이라"(사 32:17-18). 그런데 일본은 인류가 평화롭게 살아갈 바탕인 공의와 정의를 훼손하며 한국을 강제 합병하고, 한민족의 자유와 자치권을 박탈했다. 평화도 물론 깨졌다. 3.1운동에 참여한 기독교인들은 "잃어버린 주권을 되찾아 한반도에 온전한 평화를 이루라"라는 하나님의 명령, 하늘의 뜻에 목적을 두었다.

그들에게 독립은 끝이 아니었다. 독립을 통해, 독립을 넘어 이루어질 '하나님의 평화'(pax Dei)가 궁극적 목표였다. 그래서 종교 대표자들이 서명한 〈3.1독립선언서〉는 "조선의 독립이 동양 평화로 중요한 일부를 삼는 세계 평화 인류 행복에 필요한 계단이 되게 하는 것이라" 하였고, 이보다 한 달 앞서 일본 유학생들이 조선기독교청년회관에서 발표한 〈2.8독립선언서〉도 "정의와 자유를 기초로 한 민주주의 선진국을 모범으로 삼아 새 국가를 건설한 후에는 건국 이래 문화와 평화를 애호하는 우리 민족은 세계 평화와 인류 문화에 공헌함이 있을 줄로 믿노라" 하였다. 그들은 '독립

이후' 우리 민족이 기여할 세계 평화의 새 시대를 내다보았다.

평화를 위한 희생은 불가피하다. 화목제에 제물이 필요하듯 민족과 세계 평화를 기원하는 제단에 '희생양'(scapegoat)이 필요했다. 3.1운동을 촉발시킨 〈독립선언서〉에 민족 대표 33인이 그런 각오로 선언서에 도장을 찍었다.

민족 대표로 이름을 올린 신석구(申錫九) 목사는 처음 친구 오화영 목사로부터 "민족 대표로 참여하라"라는 요청을 받고 선뜻 결단하지 못했다. 보수적인 신앙의 신석구 목사는 "구령 사업에 주력할 목사가 정치 운동에 가담하는 것이 과연 신앙적으로 옳은가?" 그리고 "이번 운동이 기독교만의 운동이 아니라 교리와 종파가 다른 천도교와 불교도 참여하는 운동이라는데 과연 신학적으로 문제는 없는가?" 하는 질문을 품고 기도하기 시작했다. 그리고 사흘 만에 응답을 받았다. 그의 증언이다.

> 그 후 새벽마다 하나님 앞에 이 일을 위하여 기도하는데 2월 27일 새벽에 이런 음성을 들었다. "4,000년 내려오던 강토를 네 대에 와서 잃어버린 것이 죄인데 찾을 기회에 찾아보려고 힘쓰지 않으면 더욱 죄가 아니냐." 이 즉시 곧 뜻을 결정하였다.

'하늘 음성'을 듣고 참여했기에 신석구 목사는 재판정에서 "기독교 목사로서 왜 이런 정치 운동에 가담하였느냐?" 묻는 판사의 질문에 "하늘의 뜻, 하나님의 명령이라 참가하였다"라고 대답했다. 그리고 "이후 계속 독립운동을 하겠느냐?" 묻는 질문에도 "하나님께 바친 몸이니 하나님의 마음으로 조선이 독립될 때까지 할 것이라"라고 대답했다. 목사로서 신석구는 정치적 이념을 넘어 종교적 신념에서 독립운동에 참여했다.

신석구 목사는 응답으로 받았던 "잃어버린 것도 죄지만 잃은 것을 되찾으려 노력하지 않은 것 더 큰 죄라"라는 하늘의 음성에서 잃은 것을 되찾는 것이 하나님의 뜻임을 깨달았다. 신석구 목사는 이 대목에서 누가복음 15장에 나오는 '잃은 양', '잃은 은전', '잃은 아들' 비유 말씀을 떠올렸다. 왜 그렇게 주님은 잃어버린 한 마리 양, 잃어버린 은전 하나, 집을 나간 둘째 아들을 되찾기에 애태웠던가? 99마리 양과 아홉 개 은전, 그리고 착하고 말 잘 듣는 맏아들이 안전하게 남아 있었음에도 말이다. 앞서 살펴본 대로, '평화'를 뜻하는 히브리어 '샬롬'은 '모든' 혹은 '완전'을 의미하는 '샬렘'에서 파생되었다. 모두 빠짐이 없이 자기 자리를 지키고 있는 온전한 상태, 처음 모습 그대로 완전한 모습, 그것이 평화다. 하나라도 빠지거나 이탈하면 평화는 깨지고 갈등과 불안에 휩싸인다. 그래서 '하나'가 중요한 것이다. 비록 하나지만 그 잃어버린 하나를 되찾아 자기 자리에 돌려놓을 때, 본래였던 100마리와 열개, 삼부자 한 가족이 회복되면 평화가 이루어진다. 그래서 '잃어버린 하나'를 되찾기 위해 갖은 고생과 수고를 감수하며 기다렸다. 그것은 곧 잃어버린 하나를 포기하지 않는 하나님의 사랑, 그 마음이었다. 신석구 목사는 그런 하나님 마음으로 독립운동에 참여했다.

신석구 목사가 독립운동에 참여하기로 결심한 직후, 그 사실을 알고 주변 인사들이 찾아와 "조선의 독립은 시기상조다. 종교 대표들이 독립을 요구한다고 일본이 독립을 시켜 줄 것 같은가? 계란으로 바위치기며 섶을 지고 불에 뛰어드는 격이다"라고 하며 만류했다. 이런 주변의 만류에 그는 "나도 이른 줄은 안다. 그러므로 나는 지금 독립을 거두려 함이 아니요 독립을 심으러 들어가노라" 하고 대답했다. 신석구 목사는 당시 심정을 이렇게 증언했다.

> 나도 곧 독립이 되리라고는 믿지 않았다. 예수 말씀하시기를 "밀알 하나이 땅에 떨어져 죽지 아니하면 그냥 한 알 그대로 있고 죽으면 열매가 많이 맺힐 터이라" 하셨으니 만일 내가 국가 독립을 위하여 죽으면 나의 친구들, 수천 혹 수백의 심중에 민족정신을 심을 것이다. 설혹 친구들 마음에 못 심는다 할지라도 내 자식 삼남매 심중에는 내 아버지가 독립을 위하여 죽었다는 기억을 끼쳐 주리니 이만하여도 족하다고 생각하였다.

신석구 목사에게 3.1운동은 “독립을 (거두는 것이 아니라) 심는 운동”, “죽어지는 밀알 하나가 되어” 친구와 가족의 마음속에 독립 정신을 심어 주는 운동이었다. 그렇게 ‘죽을 각오’를 하고 독립선언서에 서명하기는 했으나 막상 체포되어 서대문형무소에 갇히고 나니까 형무소 특유의 음습하고 살벌한 분위기에 위축될 수밖에 없었다. 악랄한 고문과 심문은 둘째 치고 “살아서 나갈 수 없겠다”는 불안감이 엄습했다. 그렇게 독방에 수감된 지 두 달 되었을 때 같은 민족 대표였던 양한묵이 갑자기 죽었다는 소식이 들렸다. 형무소 안에서는 “독살당했다”, “고문당하다가 죽었다” 하는 소문이 돌았다. 그 소식과 소문이 신석구 목사 귀에도 들렸다.

> 그 말을 들을 때 인생이 이렇게 허무함을 경탄하는 동시에 스스로 돌아보아 나도 어느 때에 그같이 될지 알지 못함을 생각하매 스스로 맹성(猛省)치 아니할 수 없어 세간의 모든 복잡한 상념을 다 버리고 다만 묵도(默禱)하는 중 영혼을 예비하고 앉아 있으니까 감방이 나에게 천당같이 아름다우며 자나 깨나 주님께서 늘 내 우편에 계심을 든든히 믿으매 말할 수 없는 환희 중에 잠겨 지냈다. 나는 40여 년 신앙생활 중 그때 5개월간 독방 생활할 때같이 기쁨의 생활을 한 때가 없다.

신석구 목사는 감방 안에서 불안을 기도로 극복

했다. 그 결과 "자나 깨나 주님이 내 오른편에 계심"을 느끼며 "천당 같은 감방" 생활을 하게 되었다. 그의 마음에 불안과 걱정이 사라지고 기쁨과 평안이 자리 잡았다. 그렇게 신석구 목사는 2년 6개월 수감 생활을 '주님과 함께' 평화를 맛보며 지낼 수 있었다. 그가 옥중에서 지은 한시다.

遑遑上帝鑑吾心하고 황황상제감오심	百度千回煉若金이니 백도천회연약금
夢裏無憂能穩枕하고 몽이무우능은침	胸中不愧可開襟이라 흉중불외가개금
丹衷一片惟知義하고 단충일편유지의	白髮餘生最惜陰이나 백발여생최석음
晝夜盡誠祈禱意하고 주야진성기도의	蒼生塗炭正如兮라 창생도탄정여혜

하나님 내 맘 환하게 살피시고 금처럼 수십만 번
연단하시니
꿈속에 걱정 덜어 주시고 잠자리 편하여 마음속에
두려움 없어 옷고름 푸네
일편단심 원하는 것은 바르게 사는 것 백발에 남은 생
그늘짐이 애석하나
주야로 정성 다해 기도하기는 도탄에 빠진 백성 바르게
함이라

그렇게 감옥에서 신앙의 연단을 받고 풀려난 신석구 목사는 이후 원산, 고성, 춘천, 가평, 철원, 한포, 이천(강원도), 천안, 진남포 등지를 순회하며 목회했고, 일제 말기 예배당 안에 일장기를 게양하라는 총독부 지시를 거부하고 용강경찰서에 수감되었다가 거기서 8.15 해방을 맞았다.

해방 후 북한에 공산주의 정권이 들어서고 주변에서 월남을 권유했지만 "양을 두고 갈 수 없다" 하며 진남포 문애리교회 강단을 지키다가 1949년 4월 진남포 반공비밀결사 조직의 배후 인물로 지목되어 체포되었고, 북조선최고재판소에서 징역 10년을 선고받고 평양 인민교화소(형무소)에 수감되었다. 그때 나이 74세였다. 그리고 이듬해 10월, 6.25전쟁이 터지고 국군이 평양을 탈환하기 직전 감옥 안에서 퇴각하는 공산군에 의해 목숨을 잃었다. 민족의 독립에 이어 민족의 통일을 위한 화목제물, 희생양의 마지막 모습이었다.

서기훈 목사 순교기념비

신석구 목사가 3.1운동 때 옥고를 치르고 풀려난 후 철원에서 목회할 때 담임했던 장흥교회가 있다. 1920년 철원제일교회 지교회로 개척된 장흥교회는 작지만 '거물급' 목사들이 거쳐 간 곳으로 유명하다. 신석구 목사를 비롯하여 간성 만세시위를 주도했던 유시국 목사가 여기서 목회했고, 일본 칸사이학원 유학생 출신의 전진규 목사, 그리고 후에 기독교대한수도원의 전신이 된 한탄강 순담계곡 기도방을 만든 박경룡 목사가 일제 말기 이곳에 있었다. 장흥교회는 작지만 큰 교회였다. 그 많던 철원 지방 교회 중에 홀로 남은 장흥교회는 분단과 전쟁 기간 중 이 지역 주민들과 교인들이 당했던 아픈 이야기를 전하고 있다.

철원은 삼팔선 이북 지역이라 해방 직후 공산주의 정부의 통제를 받았고, 공산주의 정권은 반(反) 기독교 정책을 표방했다. 이에 철원 지방 청년들은 1946년 4월 신한애국청년회라는 반공비밀결사를 조직했다. 철원제일교회 김윤옥 목사와 장흥교회 박성배 장로가 중심이었다. 이들은 강원도, 서울과 연락을 취하며 반공 투쟁을 모의했다. 그러나 조직이 공산당의 정보망에 걸려 그해 8월 관련자 40여 명이 체포되었다. 대부분 장흥교회 청년들이었다. 박경룡 목사와 이성해 집사도 배후 인물로 의심을 받고 체포되었다가 무혐의로 풀려났지만 나머지 청년들은 재판에 회부되어 옥고를 치렀다. 주모자급인 김윤옥 목사와 박성배 장로를 비롯하여 박정배, 김정필, 정창화 등의 청년들은 풀려나지 못하고 전쟁 중 옥중에서 순교했다.

신한애국청년회 사건 직후 어수선하던 1947년 6월, 박경룡 목사가 부천 지방으로 옮겨 가고 대신 서기훈(徐琪勳) 목사가 새로 장흥교회에 부임해 왔다. 서기훈 목사는 일제강점기 철원 지방 감리사로 시무하며 장흥교회를 잠시 맡아 본 적이 있었는데 다시 부임해 왔을 때는 65세, 은퇴를 앞둔 노인이었다. 워낙 인덕이 높아 교인뿐 아니라 공산주의자들도 그의 말을 경청했다. 그리고 3년 만에 6.25전쟁이 터졌다. 전쟁이 터지자 주변에서 월남을 권유했지만 서기훈 목사는 "어찌 목자가 양을 버리고 갈 수 있느냐" 하면서 제단을 지켰다. 공산군이 남쪽으로 밀고 내려갈 땐 조용했다. 그러나 9.28수복 후 국군이 북으로 밀고 올라오면서 상황이 바뀌었다. 당시 초등학생으로 현장 상황을 목격했던 장흥교회 이금성 원로장로의 증언이다.

> 치안 상태가 말이 아니었습니다. 그래서 전에
> 신한애국청년회 출신들이 무장을 하고 치안을 맡았어요.
> 그때까지 도망치지 못한 '바닥 빨갱이'들이 여럿
> 있었는데 치안대원들이 그들을 체포해서 처형하기로
> 결정했습니다. 외출했다가 돌아오시던 서기훈 목사님은

그 말을 듣고 아무 말 없이 사택으로 들어가셔서 짐을 싸셨어요. 청년들이 놀라서 찾아갔더니, 목사님은 몹시 화난 얼굴로 "나는 전도자로 여기 왔다. 내가 너희들에게 예수 사랑을 가르쳤지 원수 만들고 사람 죽이라고 가르친 적은 없다. 그러니 난 가야겠다"며 호통을 치셨어요. 결국 청년들은 계획을 포기할 수밖에 없었어요.

그렇게 해서 좌익 인사들이 풀려났다. 그 일로 장흥리 마을에서는 전쟁 기간 중 마을 사람들끼리 좌우익으로 나뉘어 서로 죽이는 일은 없었다. 나라는 전쟁 중임에도 '마을에 평화'가 이루어진 것이다. 이어지는 이금성 장로의 증언이다.

중공군 개입으로 다시 한번 전세가 역전되었잖아요? 이번에는 교인들과 우익 진영 사람들이 숨어야 했지요. 교인들은 모두 굴을 파고 숨어 지냈는데 서기훈 목사님만은 저들도 함부로 하지 못해 자유롭게 다니실 수 있었어요. 목사님은 새벽마다 교회 종을 쳐서 날이 밝았음을 알려 주셨고 낮에는 토굴마다 찾아다니며 "오늘이 몇 월 며칠이다. 낙심하지 말고 기도하자. 조금만 참아라" 하셨습니다. 어떤 경우엔, "오늘 자네 어머님이 돌아가셨네. 동짓달 열아흐레 날일세. 잊지 말게" 하여 밖의 일을 알려 주셨어요. 토굴 속에 숨어 지내던 교인과 마을 사람들에게 목사님 발자국 소리와 전해 주시는 말씀은 희망이요 용기였습니다.

그렇게 '방공호 심방'을 하면서 제단을 지키던 서기훈 목사는 1951년 1월 어느 날 한밤중에 인민군 두 명에게 끌려 나간 후 돌아오지 못했다. 며칠 전 뒷동네 청년들이 퇴각하던 인민군 병사들과 시비를 벌이다가 병사 몇 명을 살해한 일이 있었는데 그 책임을 물어 서기훈 목사를 끌고 간 것이다. 이튿날 아침, 부인과 교인 몇 명이 눈 위에 난 서기훈 목사의 발자국을 따라 사문안 골짜기까지 가서 널려 있는 시체들을 뒤지며 시신을 찾았지만 실패했다.

그렇게 서기훈 목사는 신석구 목사처럼 '무덤이 없는 사람'이 되었다. 남북 간의 이념 갈등과 동족상잔의 비극 속에 같은 마을 사람들이 좌우익으로 갈려 보복과 응징이 반복되는 살벌한 상황에서 "원수까지도 사랑하라" 호소하며 좌우익을 모두 자식처럼 사랑했던 서기훈 목사였다. 그의 순교는 곧 자기 몸을 찢고 불살라 하나님과 인간 사이, 인간과 인간 사이에 평화를 회복했던 화목제물의 희생, 그것이었다. 휴전이 되고 떠나갔던 교인과 마을 사람들이 돌아오면서 장흥교회 문은 다시 열렸다. 그리고 1967년 장흥교회 마당에 '서기훈 목사 순교 기념비'가 세워졌다. 기념비에는 전쟁 중 인민군에게 체포되었다가 풀려나 인사차 찾아온 권오창 속장에게 서기훈 목사가 마지막으로 써주었다는 7언 절구 짧은 한시가 새겨져 있다.

死於當死非當死요　　　生而求生非是生이라
사언당사비당사　　　생이구생비시생

당연히 죽어야 할 때 죽는 것, 이는 참죽음이 아니요,
살아 있으면서 살기를 바라는 것, 이도 참생명 아니라.

죽음에도 참죽음, 그냥 죽음이 있고 생명에도 참생명, 그냥 생명이 있으니 서기훈 목사는 살아서도 죽어서도 참생명과 참죽음이 무엇인지 보여 주고 떠났다. 그는 실로 "나를 믿는 자는 죽어도 살겠고 살아서 믿는 자는 영원히 죽지 아니하리라"(요 11:25-26)는 말씀을 살아서도 죽어서도 보여 준 '믿음의 사람'이었다.

장흥교회를 나와 신철원 읍내로 가다 보면 고석정이 나오고 고석정에서 멀지 않은 곳에 철원의 또 다른 명물, 승일교가 있다. 20미터 높이의 한탄강 계곡에 설치된 승일교의 아름다움은 교각에 있다. 다리 밑 교각을 자세히 살펴보면 정확하게 반으로 나뉘어 남쪽과 북쪽 모양이 다른 것을 알 수 있다. 다리를 만든 사람들이 달랐기 때문이다. 해방 전까지만 해도 철원 사람들은 배를 타고 한탄강을 건너 다녔다. 해방 직후 공산당 정부는 철원 주민을 동원해서 북쪽에서부터 다리를 놓기 시작했다. 그렇게 다리를 반쯤 놓다가 전쟁이 터졌다. 공사도 중단되었다. 휴전이 되고 철원에 주둔했던 미군 공병대가 공사를 재개하여 다리를 완공했다.

그래서 사람들은 "북쪽의 김일성(金日成)이 반, 남쪽의 이승만(李承晩)이 반을 놓았다" 해서 다리 이름을 승일교(承日橋)라 했다. 경위야 어찌 되었든 북쪽과 남쪽 합작으로 만든 다리가 되었다. '북한교회사' 수업을 들은 학생들과 함께 철원 답사의 마지막 코스를 승일교로 잡고 학생들과 함께 승일교 다리 위, 중간 지점에 모여 손을 잡고 기도했다.

> 남과 북이 오랜 세월 나뉘어 반목과 갈등, 불신과 증오의 역사를 살아왔습니다. 우리는 지금 북쪽 사람들이 놓다가 중단한 것을 남쪽 사람들이 완성한 다리 위에서 기도합니다. 이제는 이 다리로 해서 남과 북이 자유롭게 왕래하며, 이 다리를 통해 복음을 전하는 전도자들의 발길이 북으로 이어질 그날을 허락하소서. 분단의 아픔과 상처를 간직한 이 다리에서 우리가 마음을 모아 기도하는 것은 오랜 세월 이 민족을 묶어 놓았던 이념 갈등과 종교 갈등, 지역 갈등과 정치 갈등의 족쇄를 깨뜨리시고 모두가 하나 되어 하늘의 참 평화를 누리는 것입니다. 화목제물로 희생양의 피를 흘리신 주님의 평화가 이 땅에 임하소서.

여덟 번째 복

산에 오르사
그 어디나 하늘나라
애통하며 회개할 맘
물방울, 바위를 뚫다
무얼 먹고 마실까
때리시고 어루만져
네가 내 얼굴이다
평화, 평화로다

십자가, 그 복된 길

다시, 복을 받으려면

10 의를 위하여 박해를 받은 자는 복이 있나니 천국이
그들의 것임이라

왜 의로운 사람이 고난을 받아야 하나?

일반인들에게도 그렇지만 신앙생활을 하는 사람에게 가장 받아들이기 힘든 경우는 옳은 일을 하다가 고난과 핍박을 받는 것이다. 칭찬과 포상 대신 비난과 모함을 받기 일쑤다. "예수님을 믿으면 만사형통, 소원성취는 물론이고 집안에 우환이 없으며 하나님 축복을 받게 된다" 하는 말을 듣고 교회에 출석하여 나름대로 열심히 기도하고, 헌금하고, 교회 봉사도 했는데 힘들고 어려운 일이 그치지 않는다. 목사는 설교 시간에 반복해서 "믿음 생활 잘하면 하나님이 복 주신다" 외치지만 그 메시지는 나와 관계없는 것 같기도 하다. "내가 잘못 믿은 건가? 종교를 잘못 선택한 것은 아닌가?" 의심과 불안이 덮친다. 더 견디기 어려운 것은 주변의 부조리한 현상이다. 착하고 올바르게 사는 사람은 시련과 궁핍을 벗어나지 못하고 교활하고 악한 사람은 돈도 잘 벌고 권력과 명예를 차지한다. "왜 의로운 사람이 고난을 받아야 하는가?" 믿는 사람이든 믿지 않는 사람이든, 고난의 문제는 쉽게 풀 수 없는 난제 중의 하나다.

성경에서 이 문제를 다룬 것이 신명기 법전이다. 신명기는 하나님의 계명을 축복의 율법과 저주의 율법, 두 가지로 구분했다. 모세는 이스라엘 백성에게 매년 한 차례, 함께 모여 그리심산에서 축복의 율법을,

에발산에서 저주의 율법을 낭독하라고 지시했다(신 27:12-15). 그 율법의 내용은 단순하고 분명했다.

> 내가 네 하나님 여호와의 말씀을 삼가 듣고 내가 오늘 네게 명령하는 그의 모든 명령을 지켜 행하면 네 하나님 여호와께서 너를 세계 모든 민족 위에 뛰어나게 하실 것이라. 네가 네 하나님 여호와의 말씀을 청종하면 이 모든 복이 네게 임하며 네게 이르리니, 성읍에서도 복을 받고 들에서도 복을 받을 것이며, 네 몸의 자녀와 네 토지의 소산과 네 짐승의 새끼와 소와 양의 새끼가 복을 받을 것이며, 네 광주리와 떡 반죽 그릇이 복을 받을 것이며, 네가 들어와도 복을 받고 나가도 복을 받을 것이니라.
>
> 신 28:1-6

> 네가 만일 네 하나님 여호와의 말씀을 순종하지 아니하여 내가 오늘 네게 명령하는 그의 모든 명령과 규례를 지켜 행하지 아니하면 이 모든 저주가 네게 임하여 네게 이를 것이니, 네가 성읍에서도 저주를 받으며 들에서도 저주를 받을 것이요, 또 네 광주리와 떡 반죽 그릇이 저주를 받을 것이요, 네 몸의 소생과 네 토지의 소산과 네 소와 양의 새끼가 저주를 받을 것이며, 네가 들어가도 저주를 받고 나가도 저주를 받으리라.
>
> 신 28:15-19

순종과 거역, 그것으로 축복과 저주가 결정되었다. 이런 판단 기준에 따라 이스라엘 역사가 기록되었다. 여호수아와 사사기, 사무엘상하, 열왕기상하 역사서가 그것이다. 그 기준에 의해 훌륭한 통치자와 그릇된 통치자가 나뉘었고 이스라엘이 융성했던 시기와 쇠퇴했던 시기가 구분되었다.

그렇게 보면 이스라엘의 멸망도 국력이나 외교력의 빈곤에서 비롯된 것이 아니라 율법과 계명을 어기고 우상과 이방신을 섬겼던 잘못에 대한 하나님의 징벌이었다. 나라가 망하고 백성이 바벨론에 포로로 끌려간 것도 그 때문이었다. 이사야와 예레미야, 호세아, 아모스, 에스겔, 다니엘 등 망국의 시대에 활동했던 대부분 예언자들이 이런 관점에서 이스라엘 백성의 죄를 고발하며 회개할 것을 촉구했다. 이스라엘이 당하는 고난과 시련은 그 '죗값'이었다.

그러나 이스라엘의 죄를 고발한 예언자들은 희망도 선포했다. 이국땅에서 고역을 치르며 살다 보면 이스라엘 백성을 향한 하나님의 분노가 풀어지고 긍휼하심이 회복될 것이다. 백성들이 노역에서 풀려나고 고국으로 돌아와 '통일된' 새 나라를 건설할 것이다.

> 너희 하나님이 이르시되 너희는 위로하라. 내 백성을 위로하라. 너희는 예루살렘의 마음에 닿도록 말하며 그것에게 외치라. 그 노역의 때가 끝났고 그 죄악이 사함을 받았느니라. 그의 모든 죄로 말미암아 여호와의

손에서 벌을 배나 받았느니라 할지니라.

사 40:1-2

주 여호와께서 이같이 말씀하시기를 내가 이스라엘 자손을 잡혀 간 여러 나라에서 인도하며 그 사방에서 모아서 그 고국 땅으로 돌아가게 하고 그 땅 이스라엘을 모든 산에서 그들이 한 나라를 이루어서 한 임금이 모두 다스리게 하리니 그들이 다시는 두 민족이 되지 아니하며 두 나라로 나누이지 아니할지라.

겔 37:21-22

마치 감옥에 갇힌 죄수가 형기를 마치고 자유롭게 집으로 돌아갈 그날을 손꼽아 기다리며 수감 생활을 하는 듯 그렇게 바벨론 포로 생활을 견뎌내라는 메시지였다. 그러므로 시련과 고난 가운데 처한 신앙인이 구할 것은 때리시고 어루만져 위로해 주시는 하나님의 넓은 사랑밖에 없다. 그리고 그런 시련과 고난을 통해 자기 잘못을 깨닫고 비뚤어졌던 자세를 바로 잡을 수 있었다. 그것이 고난의 유익이다(시 34:15-19; 119:67).

고난당한 것이 내게 유익이라. 이로 말미암아 내가 주의 율례들을 배우게 되었나이다.

시 119:71

이스라엘 백성은 하나님의 징벌로 고난과 시련을

당하고 있다고 생각하면서 바벨론 포로 생활을 시작했다. 하나님께서 분노를 푸시고 자비를 베푸셔서 회복의 은총을 내려주시기를 기대하면서, 고향에 돌아가면 다시는 하나님을 거역하거나 죄를 범하지 않겠다고 다짐하면서.

그런 자각과 기대, 각오를 가지고 포로 생활을 시작하긴 했지만, 복귀의 때가 늦어지면서 불안과 절망감이 쌓이는 것은 어쩔 수 없었다. 불안과 절망보다 더 견디기 어려운 것은 망국 백성으로서 본토인들에게 당하는 수치와 모멸이었다. 하나님께서 선택하신 민족이라는 선민의식이 강했던 이스라엘 민족이 이교도, 이방 민족에게 온갖 조롱과 멸시를 당하면서 자존심이 크게 상했다. 그것은 분노와 보복의 기원으로 이어졌다.

> 우리가 바벨론의 여러 강변 거기에 앉아서 시온을
> 생각하며 울었도다. 그중의 버드나무에 우리가 우리의
> 수금을 걸었나니 이는 우리를 사로잡은 자가 거기서
> 우리에게 노래를 청하며 우리를 황폐하게 한 자가
> 기쁨을 청하고 자기들을 위하여 시온의 노래 중 하나를
> 노래하라 함이로다.
>
> 시 137:1-3

> 여호와여 예루살렘이 멸망하던 날을 기억하시고 에돔
> 자손을 치소서. 그들의 말이 헐어버리라. 헐어 버리라.
> 그 기초까지 헐어 버리라 하였나이다. 멸망당한 딸

바벨론아, 네가 우리에게 행한 대로 네게 갚는 자가 복이 있으리로다. 네 어린 것들을 바위에 메어치는 자는 복이 있으리로다.

시 137:7-8

바벨론에 끌려간 이스라엘 백성은 거기서 큰 충격을 받았다. 이른바 '강대국'의 면모를 본 것이다. 도시 성읍은 물론이고 나라 전체가 부와 풍요를 구가하고 있었다. 더욱 충격적인 것은 각종 우상을 섬기는 이교도들의 화려하고 웅장한 신전이었다. 그것은 처참하게 파괴된 예루살렘 성전과 대비되었다. 여기서 이스라엘 백성의 고민과 질문이 나왔다. "하나님의 율법을 지키며 살아왔던 이스라엘 백성은 이처럼 비참하게 되었고, 하나님도 율법도 모르고 우상과 이방신만 섬기며 살아온 여기 바벨론 백성은 이처럼 잘살고 있으니 어찌된 일인가? 이게 과연 공의요 정의인가?" 착한 사람은 고난받고 불의한 사람은 승승장구하는 사회적 부조리를 심각하게 느꼈다. "그렇다면 과연 누가 의로운 길을, 바른길을 가려고 하겠는가?" 의로운 사람이 받는 고난의 문제였다. 그것은 죄지은 사람이 징계를 받아 겪는 고난과 다른 차원의 문제였다.

"죄지은 것도 없는 의로운 사람이 왜 고난을 받아야 하나?" 성경에서 이 난제를 풀기 위해 쓴 책이 욥기다. 욥기는 18세기 계몽주의 철학의 주제였던 '신정론'(神正論, theodicy)을 다루고 있다. 신정론은 "선하신 하나님이 왜 악을 허용하시는가?"라는 질문으로 시작한다. 그리고 이 질문에 대한 답을 하나님의 절대 주권, 절대 정의, 절대 능력에서 구한다. 세상의 모든 피조물과 이루어지는 모든 현상이 하나님의 창조와 섭리 가운데 나타나고 이루어진다는 것이다. 악의 존재와 활동도 하나님의 계획 가운데 '필요해서' 나타난 것으로서 하나님의 통제를 벗어나지 않는다. 그 결과 "악의 존재가 의로우신 하나님의 속성과 배치되지 않는다"라는 결론에 이른다. 그래서 '신정론'을 '신의론'(神義論)으로 번역하기도 한다. 하나님의 절대적인 주권과 통치를 바탕에 깔고 있다는 점에서 '신정론'(神政論, theocracy)이라고도 한다.

욥이 만난 하나님

우선 알아 두어야 할 것은 욥기는 실제 있었던 사실을 기록한 역사서가 아니라는 점이다. 욥기는 포로기 이후에 기록된 문학 작품이다. 그만큼 작가의 창작 의도가 분명한 작품이다. 그래서 주인공 욥을 비롯하여 그를 위로하러 찾아온 친구들도 유대인이나 이스라엘 사람이 아니라 유대인들이 포로 생활을 했던 '동방' 지역 사람들이다. 작가는 주인공 욥을 "온전하고 정직하여 하나님을 경외하며 악에서 떠난 자"로 묘사했다. 그는 재물도 많았고 자식도 열 명이나 두어 "동방 사람 중에 가장 훌륭한 자"였다(욥 1:1-3). 한마디로 어디 한 곳 흠잡을 데 없는 '의로운 사람'이었고 남에게 부러울 것이 없는 행복한 사람이었다.

이런 욥에게 시련과 고난이 닥쳤다. 재물을 모두 잃어버렸고 자식도 모두 죽었다. 모든 것이 사탄의 궤휼에서 비롯된 것이었다. 즉 사탄은 하나님을 찾아가 "욥이 하나님을 잘 섬기는 것은 그에게 허락하신 재물과 자식 때문이다. 그것들을 거두면 욥도 마음이 변하여 하나님을 욕할 것이다"라고 말하며 욥을 시험하자고 제안했다. 이에 하나님은 "욥의 몸에는 손대지 말라"는 조건을 붙여 허락했다. 과연 욥은 모든 것을 잃고도 "주신 이도 여호와시오, 거두신 이도 여호와시오니 여호와의 이름이 찬송을 받으실지어다"(욥 1:21) 하며 하나님을 원망하지 않았다. 사탄은 또다시 하나님을 찾아가 "욥의 몸을 치면 욕할 것이다" 하고 재차 시험할 것을 제안했다. 하나님은 "그의 생명은 해하지 말라"라는 조건으로 허락하셨다. 그렇게 해서 욥은 발바닥에서 정수리까지 종기가 나서 재 가운데 앉아서 질그릇 조각으로 몸을 긁는 비참한 지경에 빠졌다. 그 모습을 본 아내까지 "그래도 자기의 온전함을 굳게 지키느냐? 하나님을 욕하고 죽으라"(욥 2:9) 하고 악담을 퍼부었다. 그런 지경에서도 욥은 "우리가 하나님께 복을 받았은즉 화도 받지 않겠느냐" 하고 사탄의 유혹에 넘어가지 않았다. 욥이 여기까지는 잘했다. 그러나 친구들이 찾아오면서 상황이 바뀌었다.

욥을 위로하기 위해 찾아온 세 친구, 엘리바스와 빌닷과 소발 역시 동방 사람들이었다. 그들은 처음 한 주간 한마디도 하지 않고 친구 욥의 심한 고통에 동참했다. 진한 우정의 표현이었다. 그 우정에 금이 가기 시작한 것은 무거운 침묵을 깨뜨린 욥의 발언이었다. 그는 극심한 고통 속에서 "차라리 태어나지 않았더라면 이 고난을 겪지 않았을 것을" 하면서 자기 생일을 저주했다. 이유 없이 고난을 겪게 하신 하나님을 향한 간접적인 항의였다.

> 어찌하여 고난당하는 자에게 빛을 주셨으며 마음이
> 아픈 자에게 생명을 주셨는고. 이러한 자는 죽기를
> 바라도 오지 아니하니 땅을 파고 숨긴 보배를 찾음보다
> 죽음을 구하는 것을 더하다가 무덤을 찾아 얻으면 심히

기뻐하고 즐거워하나니 하나님에게 둘러싸여 길이 아득한 사람에게 어찌하여 빛을 주셨는고.
욥 3:20-23

이런 욥의 발언에 침묵했던 세 친구도 입을 열어 말하기 시작했다. 먼저 엘리바스의 말이다.

네 자랑이 아니냐? 네 소망이 네 온전한 길이 아니냐? 생각하여 보라. 죄 없이 망한 자가 누구인가? 정직한 자의 끊어짐이 어디 있는가? 내가 보건대 악을 밭 갈고 독을 뿌리는 자는 그대로 거두나니 다 하나님의 입 기운에 멸망하고 그의 콧김에 사라지느니라.
욥 4:6-9

다음으로 빌닷의 말이다.

하나님은 순전한 사람을 버리지 아니하시고 악한 자를 붙들어 주지 아니하시므로 웃음을 네 입에, 즐거운 소리를 네 입술에 채우시리니 너를 미워하는 자는 부끄러움을 당할 것이라. 악인의 장막은 없어지리라.
욥 8:20-22

마지막으로 소발의 말이다.

만일 네가 마음을 바로 정하고 주를 향하여 손을 들 때에 네 손에 죄악이 있거든 멀리 버리라. 불의가 네 장막에 있지 못하게 하라. 그리하면 네가 반드시 흠 없는 얼굴을 들게 되고 굳게 서서 두려움이 없으리니 곧 네 환난을 잊을 것이라.

욥 11:14-16

세 친구의 말은 그 방식이 서로 다르고 복잡했으나 내용은 하나였다. "이유 없이 당하는 고난은 없다. 하나님께 죄를 지어 벌을 받은 것이니 속히 잘못한 것이 무엇인지 깨닫고 하나님께 용서를 빌어라. 그러면 하나님께서 용서해 주시고 회복시켜 주실 것이다." 이런 내용으로 세 친구가 돌아가면서 발언할 때마다 욥도 지지 않고 반론을 폈다. "도대체 내가 지은 죄가 무엇인가?" 욥도 답답했다. 아무리 생각하고 살펴보아도 하나님께 지은 죄가 떠오르지 않았다. 그래서 답답한 마음에 이런 기도까지 했다.

주는 내게 대답하옵소서. 나의 죄악이 얼마나 많으니이까? 나의 허물과 죄를 내게 알게 하옵소서. 주께서 어찌하여 얼굴을 가리시고 나를 주의 원수로 여기시나이까? 주께서 어찌하여 날리는 낙엽을 놀라게 하시며 마른 검불을 뒤쫓으시나이까?

욥 13:22-25

세 친구도 그러했지만 욥도 고난을 죄의 결과로

여겼다. 이들은 모두 하나님에게 순종하면 복 주시고, 하나님을 거역하면 저주(벌)를 내리신다는 '신명기 관점'에서 문제를 풀려고 했다. 그런 관점에서 보면 고난의 원인이 된 죄를 회개해야만 고난에서 벗어날 수 있다. 그래서 친구들은 욥이 지은 죄가 무엇인지 찾아내려 애썼고 욥 자신도 자기 안에 숨겨진 죄가 무엇인지 알려고 노력했다. 그러나 그들은 실패했다. 이미 저자는 욥을 '온전하고 정직하여 하나님을 경외하고 악에서 떠난 자'로 설정해 놓았다. 죄를 지은 적이 없는 사람에게서 죄를 찾는다는 것은 불가능했다. 다람쥐 쳇바퀴 돌듯 같은 말을 반복하던 친구들과의 대화도 중단되었다. 오히려 마지막 판에는 욥을 정죄하는 친구들과 "나는 죄가 없다" 버티는 욥이 서로 얼굴을 붉히며 등을 돌렸다. 좋았던 친구 관계도 깨지고 말았다.

그렇게 대화가 결렬되고 어색한 침묵이 흐르는 상황에서 제4의 인물 엘리후가 등장했다. 그 역시 동방 사람으로 이름의 뜻은 "그는 나의 하나님"이었다. 나이는 욥이나 세 친구보다 한참 아래였지만 하늘의 지혜를 얻은 인물이었다. 그는 욥과 친구 사이의 긴 대화를 듣고, 또 대화가 결론 없이 끝난 후에야 참았던 말을 쏟아냈다. 그는 "하나님보다 자기가 의롭다 여기는" 욥과 "능히 대답하지 못하면서도 욥을 정죄하는" 친구들을 모두 질책하며(욥 32:2-3) 연설을 시작했다. 엘리후가 강조한 것은 하나님의 절대 권위, 절대 주권이었다.

하나님께서 사람의 말에 대답하지 않으신다 하여 어찌 하나님과 논쟁하겠느냐. 하나님은 한 번 말씀하시고 다시 말씀하시되 사람은 관심이 없도다.

욥 33:13-14

그대가 범죄한들 하나님께 무슨 영향이 있겠으며 그대의 악행이 가득한들 하나님께 무슨 상관이 있겠으며 그대가 의로운들 하나님께 무엇을 드리겠으며 그가 그대의 손에서 무엇을 받으시겠느냐.

욥 35:6-7

하나님은 그의 권능으로 높이 계시나니 누가 그같이 교훈을 베풀겠느냐. 누가 그를 위하여 그의 길을 정하였느냐. 누가 말하기를 주께서 불의를 행하셨나이다 할 수 있으랴.

욥 36:22-23

전능자를 우리가 찾을 수 없나니 그는 권능이 지극히 크사 정의나 무한한 공의를 굽히지 아니하심이니라. 그러므로 사람들은 그를 경외하고 그는 스스로 지혜롭다 하는 모든 자를 무시하시느니라.

욥 37:23-24

하나님의 피조물에 불과한 인간이 마치 하나님이나 된 것처럼 모든 것을 아는 듯 판단하고 정죄하는 오만과 교만을 질책했다. 그런 엘리후의 호된 질책으로 더욱 말문이 막힌 욥, 깊은 침묵에 잠긴 그에게 "폭풍우 가운데서" 하나님이 말씀으로 임하셨다.

> 무지한 말로 생각을 어둡게 하는 자가 누구냐?
> 너는 대장부처럼 허리를 묶고 내가 네게 묻는 것을 대답할지니라. 내가 땅의 기초를 놓을 때에 네가 어디 있었느냐? 내가 깨달아 알았거든 말할지니라. 누가 그것의 도량법을 정하였는지, 누가 그 줄을 그것의 위에 띄웠는지 네가 아느냐? 그것의 주추는 무엇 위에 세웠으며 그 모퉁잇돌을 누가 놓았느냐?
> 욥 38:2-6

> 네가 바다의 샘에 들어갔었느냐? 깊은 물 밑으로 걸어 다녀 보았느냐? 사망의 문이 네게 나타났느냐? 사망의 그늘진 문을 네가 보았느냐? 땅의 너비를 네가 측량할 수 있느냐? 네가 그 모든 것을 다 알거든 말할지니라.
> 욥 38:16-18

> 네가 묘성을 매어 묶을 수 있으며 삼성의 띠를 풀 수 있겠느냐? 너는 별자리들을 각각 제 때에 이끌어 낼 수 있으며 북두성을 다른 별들에게로 이끌어 갈 수 있겠느냐? 네가 하늘의 궤도를 아느냐? 하늘로 하여금 그 법칙을 땅에 베풀게 하겠느냐?
> 욥 38:31-33

하나님은 욥의 '숨겨진 죄'를 들춰내거나 고발하지 않았다. 그 대신 "내가 천지를 창조하고 그 질서를 세울 때 너는 어디 있었느냐? 네가 창조의 비밀과 신비를 얼마나 아느냐?" 하는 질문으로 창조주의 권위를 드러냈다. 욥은 창조주 하나님의 임재 앞에서 자신의 무능과 무지를 깨닫고 더욱 입을 다물 수밖에 없었다. 그리고 자신을 돌아보게 되었다. 인간은 단지 "흙으로 지으심을 입은"(욥 33:6) 존재일 뿐이다. 진흙으로 무엇을 만들든 그것은 토기장이의 마음과 의지에 달렸다(렘 18:4).

> 질그릇 조각 중 한 조각 같은 자가 자기를 지으신 이와 더불어 다툴진대 화 있을진저 진흙이 토기장이에게 너는 무엇을 만드느냐, 또는 네가 만든 것이 그는 손이 없다 말할 수 있겠느냐?
>
> 사 45:9

진흙이 토기장이에게 "나를 왜 이렇게 만들었소?" 항의하거나 "나를 이렇게 만들어 주시오" 하고 요구할 수 없다. 만들면 만드는 대로 되어질 뿐이다. 창조주 하나님의 절대 주권이다. 하나님의 결정과 판단을 받아들이는 것밖에 없다. 받아들이면 신앙이요, 거부하면 죄가 된다. 결국 "우리는 진흙이요 주는 토기장이시니 우리는 다 주의 손으로 지으신 것이니이다"(사 64:8)라는 신앙고백으로 돌아간다. 그것이 질그릇 조각으로 자기 몸을 긁다가 침묵 가운데 하나님의 음성을 듣고 회개한 욥의 고백이다.

> 주께서 못 하실 일이 없사오며 무슨 계획이든지 못 이루실 것이 없는 줄 아오니 무지한 말로 이치를 가리는 자가 누구니이까? 나는 깨닫지도 못한 일을 말하였고 스스로 알 수도 없고 헤아리기도 어려운 일을 말하였나이다. 내가 말하겠사오니 주는 들으시고 내가 주께 묻겠사오니 주여 내게 알게 하옵소서. 내가 주께 대하여 귀로 듣기만 하였사오나 이제는 눈으로 주를 뵈옵나이다. 그러므로 내가 스스로 거두어들이고 티끌과 재 가운데서 회개하나이다.
>
> 욥 42:2-6

왜 욥은 회개 후에 "주께 대하여 귀로 듣기만 하였사오나 이제는 눈으로 주를 뵈옵나이다"라고 고백했을까? 회개하면 눈이 밝아지기 때문이다. 회개하기 전, 즉 창조주 하나님의 절대 권위를 받아들이기 전까지는 자기 눈에 보기 좋은 것, 자기 마음에 드는 것만 하나님의 축복으로 여기고 마음에 들지 않고 싫어하는 것은 하나님의 저주, 죗값으로 여겼다. 그러나 창조주 하나님을 만나면서 좋은 것만 아니라 싫은 것도, 건강만 아니라 질병도, 성공만 아니라 실패도 하나님의 섭리 안에서 이루어진 것임을 믿고 받아들이게 되었다. 그 결과 세상 모든 것에 하나님의 창조와 섭리가 아닌 것이 없었다. 사탄까지도 부리시는 하나님이었다. 그렇게 해서 욥은 자기 몸에 난 질병도 하나님의 저주가 아니라 하나님의 선물인 것을 깨달았다. 바울의 표현대로 "하나님께서 지으신 모든 것이 선하매 감사함으로 받으면 버릴 것이 없나니"(딤전 4:4) 시련과 고난도 하나님의 선하신 뜻을 담고 있는 은총이었다. 그래서 "아멘!" 하고 받아들이게 된다. 싫더라도 말이다.

이처럼 성경에서 고난을 해석하는 관점이 바뀌어 왔다. 신명기에서는 '인과응보론' 관점에서 고난을 범죄한 인간에 대한 하나님의 응징과 책벌로 보았다. 고난은 죄인이 치러야 할 죗값이었다. 의인에게는 해당되지 않았다. 의인은 축복을 받을 대상이지 고난을 받아서는 안 되었다. 그런데 현실을 그렇지 않았다. 의인이 핍박을 당하고 악인이 승승장구하는 것이 세상 현실이다. 욥기에서는 '신정론' 관점에서 이 문제를 다루었다. 악도 고난도 전능하신 하나님의 통제 아래 있다는 전제 아래 의인도 하나님의 선하신 뜻에 따라 고난과 시련을 받을 수 있다고 설명했다. 여기서 고난을 피할 것이 아니라 적극적으로 받아들여야 한다는 '고난수용론'이 성립된다. 그렇게 '신명기 하나님'에서 '욥기 하나님'으로 발전했다. 신명기에서는 죄를 지은 인간에게만 저주(고난과 시련)를 내리셨던 하나님이 욥기에서는 의인에게도 선하신 계획에 따라 시련과 고난을 내리신다.

고난은 축복이다

의인에게 시련과 고난을 내리시는 하나님의 선하신 뜻은 무엇일까? 그에 대한 답은 산상팔복의 마지막 항목, "의를 위하여 박해를 받는 자는 복이 있나니 천국이 그들의 것임이라"에서 찾을 수 있다.

> Μακάριοι οἱ δεδιωγμένοι ἕνεκεν δικαιοσύνης,
> Blessed those having been persecuted on account of righteousness,
>
> Ὅτι αὐτῶν ἐστιν ἡ βασιλεία τῶν οὐρανῶν.
> for theirs is the kingdom of the heavens.

여기서 '박해를 받는'으로 번역된 '데디오그메노이'(δεδιωγμένοι)는 '추적하다', '핍박하다'는 뜻의 '디오코'(διώκω) 동사의 현재완료 분사수동이다. 즉 남에게 쫓겨 와서까지 핍박을 '당하는' 것이다. 무엇 때문에 그런 핍박을 받는가? 이유는 하나, '디카이오수네'(δικαιοσύνης) 즉 의로운 일을 했기 때문이다. 곧 산상팔복의 네 번째 항목, "의에 주리고 목마른 자"가 얻은 "하나님의 나라와 그의 의"(마 6:33)를 이루기 위해 일하다가 받는 고난이다. 그것이 의인에게 고난을 부여하시는 하나님의 선하신 뜻이다. 그렇게 하나님의 선하신 뜻을 이루기 위해 일하다가 고난을 받은 자들에게 '하늘나라'가 상급으로 주어질 것은 당연하다.

그런데 사실 이 구절은 예수 그리스도가 당신이 장차 당할 고난을 미리 예언하신 것으로 볼 수 있다. 예수 그리스도의 사역이 십자가 고난으로 종결되었기 때문이다. 그러고 보면 주님은 십자가 고난을 받기 위해 이 땅에 오신 분이다. 예수님은 종종 제자들이나 주변 사람들로부터 행동에 나설 것을 촉구받고 "내 때가 아직 이르지 않았다" 말씀하시며 뒤로 물러나셨다. 가나안 혼인 잔칫집에서 그러셨고(요 2:4), 갈릴리 들판에서 예루살렘 성전에서 유대 지도자들의 분노를 살 만한 설교를 하셨음에도 그들이 체포하지 못한 것도 "그의 때가 아직 이르지 아니하였기" 때문이었다(요 7:30; 8:30). 그런 주님이 어느 순간부터 "때가 되었다" 하시며 서두르셨다.

> 유월절 전에 예수께서 자기가 세상을 떠나 아버지께로
> 돌아가실 때가 이른 줄 아시고 세상에 있는 자기
> 사람들을 사랑하시되 끝까지 사랑하시니라.
>
> 요 13:1

> 아버지여, 때가 이르렀사오니 아들을 영화롭게 하사
> 아들로 아버지를 영화롭게 하게 하옵소서.
>
> 요 17:1

> 때가 가까이 왔으니 인자가 죄인의 손에 팔리느니라.
>
> 마 26:45

예수님은 언제부터 당신의 때가 된 것을 아셨을까? 이미 공생애 사역 초기부터 아셨을 테지만 그것을 제자들에게 밝히신 것은 가이사랴 빌립보 지방으로 여행하던 중, 베드로의 입을 통해 "주는 그리스도시요 살아 계신 하나님의 아들이십니다"라는 고백이 나온 직후부터였다. 즉 "이때로부터 예수 그리스도께서 자기가 예루살렘에 올라가 장로들과 대제사장들과 서기관들에게 많은 고난을 받고 죽임을 당하고 제삼일에 살아나야 할 것을 제자들에게 비로소 나타내셨다"(마 16:21; 막 8:31; 눅 9:22). 이어 변화산에서도 동석한 엘리야와 모세와 함께 장차 예루살렘에서 당하실 일에 대해 대화를 나누셨다(눅 9:31). 하산하는 길에 "엘리야가 먼저 와야 합니까?" 묻는 베드로의 질문에 "엘리야가 이미 왔으되 사람들이 알지 못하고 임의로 대우하였도다. 인자도 이와 같이 그들에게 고난을 받으리라"라고 하셨다(마 17:12). 이후 예수님은 곧장 예루살렘으로 향하셨다. 예루살렘 여행 목적은 분명했다. 십자가 죽음, 그것 외엔 없었다. 주님에게 '그리스도 됨'은 곧 '십자가를 지심'이었다.

예수님은 예루살렘에 도착하기 전 제자들에게 당신이 예루살렘에서 받을 고난에 대해 두 번 더 말씀하셨다(마 17:22-23; 20:18-19). 그러나 제자들은 그 말씀을 이해하지도 못했고 진지하게 받아들이지도 않았다. 오히려 어깃장을 놨다. 위대한 '그리스도 고백'을 했던 베드로조차 주님의 십자가 고난에 대한 말씀을 듣자마자 예수를 붙잡고 항변하여 "주여, 그리 마옵소서. 이 일이 결코 주께 미치지 아니 하리이다" 하였다. 그러자 주님은 돌연 베드로를 향하여 "사탄아, 내 뒤로 물러가라. 너는 나를 넘어지게 하는 자로다. 네가 하나님의 일을 생각하지 아니하고 도리어 사람의 일을 생각하는도다" 하며 호되게 꾸짖으셨다(마 16:22-23). 십자가 고난은 '하나님의 일' 곧 '하나님의 선하신 뜻'이었다. 거역할 수 없는 하나님의 절대 명령이었다. 그것을 하지 못하게 유혹했으니 '사탄'(거스르는 자)이라는 책망을 받을 수밖에 없었다. 머쓱해진 베드로와 제자들을 향해 주님은 이렇게 말씀하셨다.

> 누구든지 나를 따라오려거든 자기를 부인하고 자기 십자가를 지고 나를 따를 것이니라. 누구든지 제 목숨을 구원하고자 하면 잃을 것이요 누구든지 나를 위하여 제 목숨을 잃으면 찾으리라.
>
> 마 16:24-25

"십자가를 지지 않고는 내 제자가 될 수 없다"라는 선언이었다. 예수님에게 그리스도 됨이 십자가를 짐이었던 것처럼 제자들에게도 그리스도인 됨이 곧 자기 십자가를 짐이었다. 그렇게 십자가 고난이 고통스럽고 괴로운 것이지만 인류를 구원하시려는 하나님의 "선하시고 기뻐하시고 온전하신 뜻"(롬 12:2)을 이루는 거룩한 사역인 만큼 거기에 참여하게 된 것으로 인해 기뻐하고 즐거워할 이유가 충분하다. 그런 의미에서 "의를 위하여 박해를 받은 자는 복이 있나니 천국이 그들의 것"이라는 팔복 말씀은 예수님 자신을 향한 것이면서 동시에 제자들을 향한 축복의 말씀이었다.

> 나로 말미암아 너희를 욕하고 박해하고 거짓으로 너희를 거슬러 모든 악한 말을 할 때에는 너희에게 복이 있나니 기뻐하고 즐거워하라. 하늘에서 너희의 상이 큼이라. 너희 전에 있던 선지자들도 이같이 박해하였느니라.
> 마 5:11-12

예수님은 예루살렘으로 향하는 그분의 앞길에 십자가 고난이 놓여 있음을 아셨듯이, 자신을 따르는 제자들의 앞길에도 십자가 고난이 놓여 있음을 아셨다. 그래서 제자들을 불러 세우신 후 "내가 너희를 보냄이 양을 이리 가운데로 보냄과 같도다" 하시며 그들이 가야 할 십자가 길이 어떠한 것인지, 그리고 그 길이 얼마나 귀한 것인지 알려 주셨다(마 10:38-39).

> 너희가 내 이름으로 말미암아 모든 사람에게 미움을 받을 것이나 끝까지 견디는 자는 구원을 얻으리라.
> 마 10:22

과연 예수님의 제자와 사도들은 평탄하고 즐겁기보다는 시련과 고난의 길을 걸었다. 사도행전은 엄밀한 의미에서 사도들의 '고난행전'(Acts of suffering)이라고 할 수 있다. 주님 승천 후 한동안 다락방에서 불안과 걱정에 사로잡혀 잔뜩 움츠렸던 제자들은 오순절 성령 강림을 체험한 후 용기와 능력을 얻어 '부활하신 예수 그리스도'를 전하기 시작했다. 그것은 예수님을 못 박아 죽였던 종교 지도자들의 핍박을 불러왔다. 오순절 설교 직후 대제사장과 사두개파 지도자들이 베드로를 비롯한 사도들을 체포하여 감옥에 가두었고 집사 스데반과 사도 야고보를 공개 처형했다. 믿는 무리들을 잡아다 가두는 일에 몰두했던 사울(바울)은 다메섹에 가던 중 그가 박해하던 예수를 만나면서 전혀 다른 사람이 되었고, 이후 다른 사도들보다 더한 고난과 박해를 받았다(고후 11:23-27).

하지만 제자들은 그런 핍박을 받으면서도 전혀 위축되거나 슬퍼하지 않고 오히려 그리스도로 인하여 받는 고난과 시련을 즐거워하고 감사했다(롬 5:3-4; 고후 1:5; 4:17-18; 6:4-8; 벧전 2:19-20; 4:19).

> 자녀이면 또한 상속자 곧 하나님의 상속자요 그리스도와 함께한 상속자니 우리가 그와 함께 영광을 받기 위하여 고난도 함께 받아야 할 것이니라.
>
> 롬 8:17

> 사랑하는 자들아, 너희를 연단하려고 오는 불 시험을 이상한 일 당하는 것같이 이상히 여기지 말고 오히려

너희가 그리스도의 고난에 참여하는 것으로 즐거워하라. 이는 그의 영광을 나타내실 때에 너희로 즐거워하고 기뻐하게 하려 함이라. 너희가 그리스도의 이름으로 치욕을 당하면 복 있는 자로다. 영광의 영 곧 하나님의 영이 너희 위에 계심이라.

벧전 4:12-14

고난은 그리스도의 제자가 된 증거요 마땅한 의무였다(빌 3:10-11; 골 1:24; 딤후 1:8; 2:3; 벧전 3:14-17). 특히 베드로가 "의를 위하여 고난을 받는 자는 복 있는 자니", "너희가 그리스도의 고난에 참여하는 것으로 즐거워하라", "그리스도의 이름으로 치욕을 당하면 복 있는 자로다"라고 한 대목은 베드로의 말이 아니라 주님께서 산 위에서 제자들에게 가르치신 '산상팔복'의 마지막 구절의 반복이었다.

히브리서 11장은 '믿음과 고난의 관점'에서 이스라엘 역사를 재해석했다. 억울하게 살해당한 아벨로 시작해서 노아, 아브라함, 이삭, 야곱, 요셉, 모세, 라합, 기드온, 바락, 삼손, 입다, 다윗, 사무엘, 선지자들에 이르는 이스라엘 조상들을 나열했다. 이들 믿음의 조상들은 '고난과 시련' 가운데서도 믿음을 잃지 않았다는 점에서 일치했다.

그들은 믿음으로 나라들을 이기기도 하며, 의를

행하기도 하며, 약속을 받기도 하며, 사자들의 입을 막기도 하며, 불의 세력을 멸하기도 하며, 칼날을 피하기도 하며, 연약한 가운데서 강하게 되기도 하며, 전쟁에서 용감하게 되어 이방 사람들의 진을 물리치기도 하며, 여자들은 자기의 죽은 자들을 부활로 받아들이기도 하며, 또 어떤 이들은 더 좋은 부활을 얻고자 하여 심한 고문을 받되 구차히 풀려나기를 원하지 아니하였으며, 또 어떤 이들은 조롱과 채찍질뿐 아니라 결박과 옥에 갇히는 시련도 받았으며, 돌로 치는 것과 톱으로 켜는 것과 시험과 칼로 죽임을 당하고 양과 염소의 가죽을 입고 유리하며 궁핍과 환난과 학대를 받았으니, 이런 사람은 세상이 감당하지 못하느니라. 그들이 광야와 산과 동굴과 토굴에 유리하였느니라.
히 11:33-38

구약에서 시작하여 신약에 이르는 '믿음의 역사'는 곧 의로운 자가 받아야 하는 '고난의 역사'였다. 기독교 대박해의 시대를 살았던 히브리서 기자는 이스라엘 역사를 믿음의 씨줄과 고난의 날줄로 짜인 역사로 서술했다. 고난을 빼놓고는 믿음의 역사를 기술할 수도 설명할 수도 없다. 고난은 믿음 역사의 핵심 요소였다. 따라서 '믿음 장'에서 소개되고 있는 조상들의 계보는 믿음의 계보이기도 했지만 고난의 계보이기도 했다. 그 믿음과 고난의 계보 끝자락에 오늘 우리가 있다.

> 이 사람들은 다 믿음으로 말미암아 증거를 받았으나 약속된 것을 받지 못하였으니 이는 하나님이 우리를 위하여 더 좋은 것을 예비하셨은즉 우리가 아니면 그들로 온전함을 이루지 못하게 하려 하심이라.
> 히 11:39-40

조상들이 시작한 믿음과 고난의 역사를 완성하는 것이 오늘 우리에게 주어진 하나님의 사명이다. 조상들이 '믿음의 증거'로 약속은 받았지만 아직 얻지는 못한 것을 우리가 얻어야 한다. 그것이 무엇인가? 조상들이 멀리서 보고 환영하였던 더 나은 본향, 믿음으로 살다가 고난받은 백성들을 위해 하나님께서 예비하신 성, 곧 하늘나라였다(히 11:13-16). 예수님께서 "의를 위해 박해를 받은 자는 복이 있나니 천국이 그들의 것이라" 하셨던 이유다. 하늘나라는 하나님의 선하신 뜻을 이루기 위해 고난을 받으면서도 믿음을 지킨 자들에게 주어지는 절대 상급이다. 박해 시대, 믿음의 사람들에게 하늘나라는 고난과 시련을 이겨 낼 수 있는 유일한 희망이었다.

함석헌의
"성서적 입장에서 본 조선 역사"

히브리서 기자가 기독교 박해 시대에 조상들의 역사를 '믿음과 고난' 관점에서 해석했던 것처럼 일제강점기 우리 민족의 역사를 고난의 관점에서 재해석한 역사가가 있다. 씨알 함석헌(咸錫憲)이다.

평북 용천 출생인 함석헌은 평양고보 재학 중 3.1 운동 만세를 불렀다. 제적당한 그는 정주 오산학교로 전학하여 이승훈과 조만식, 류영모의 지도를 받았다. 졸업 후 일본 도쿄고등사범학교 역사과에 다니던 중, 우치무라(內村鑑三)의 무교회주의 신앙을 접하여 1927년 일본 유학생 김교신과 송두용, 정상훈, 유석동, 양인성 등과 함께 무교회주의 신앙 잡지 〈성서조선〉을 창간했다. 1928년 유학을 마치고 돌아와 모교인 오산학교 역사 교사가 되어 학생들을 가르쳤다.

그가 귀국해서 역사를 가르치기 시작한 때는 총독부가 우리나라 역사를 본격적으로 왜곡하고 훼손하던 시기였다. 일본은 강제 합병 이후 10년 동안 무단 통치로 우리 민족을 억압해 왔지만 3.1운동을 겪으면서 한민족을 완전 흡수할 수 없음을 알았다. 이에 총독부는 '문화 통치'를 표방하며 외견상으로는 어느 정도 자유를 주는 것처럼 위장하고 내부적으로는 우리 민족의 정체성과 정통성을 말살하는 정책을 폈다. 민족의 정체성을 담은 것이 역사와 언어였다. 그래서 총독부는 각급 학교에 한글 수업을 금지하고 일본어를 '국어' 과목으로 가르쳤다. 그리고 1925년 조선사편수회(朝鮮史編修會)를 조직하여 식민사관에 입각한 역사 편찬 작업을 시작했다. 식민사관의 핵심은 '한·일 합병'의 정당성을 증명하는 것이었다. 그러기 위해 한국과 일본의 조상이 같았다는 일조동근론(日朝同根論)과 일본과 한국은 정치와 문화, 모든 면에서 하나가 되어야 한다는 내선일체(內鮮一體)를 주장했다. 이런 사관과 주장을 뒷받침하기 위해 조선사편수회는 우리 민족의 역사, 특히 고대사를 왜곡하고 날조했다. 그 결과 "한반도는 지정학적으로 주변 강대국에 둘러싸여 있어 주변 나라의 침략과 지배를 받을 수밖에 없다. 그래서 정치적으로 독자적인 통치력을 발휘하지 못했고 문화적으로도 한민족 고유의 독창적인 것을 창출하지 못하고 남의 것을 빌려다 쓰는 사대주의 모방 문화만 남았다"라는 자학적인 역사가 나왔다. 민족의 자존심을 짓밟고 민족적 열등감을 심화시키는 역사 교육이었다.

식민사관에 입각한 《조선사》(朝鮮史)가 1935년부터 간행되어 일선 학교 역사 교사들에게 배포되었다. 그대로 가르치라는 총독부 지시도 함께 내려왔다. 공립학교는 물론이고 함석헌이 몸담고 있는 기독교계 사립학교도 그런 압력을 받았다.

여기서 민족의식이 강했던 '청년' 역사 교사 함석

헌의 고민이 시작되었다. "식민 치하, 민족 운명의 미래인 어린 학생들에게 어떤 역사를 가르칠 것인가?" 그런 고민과 문제의식을 안고 우리나라 역사를 다시 읽었다.

그는 단군으로부터 조선시대에 이르는 5,000년 역사를 통독하는 과정에서 답을 얻었다. 그래서 그는 1934년 2월부터 1935년 11월까지 13회에 걸쳐 〈성서조선〉에 글을 연재했다. 제목은 "성서적 입장에서 본 조선역사"였다. 해방 후 책으로 펴내면서 《뜻으로 본 한국역사》로 제목을 바꾸었지만 그는 처음부터 성서사관(聖書史觀), 즉 기독교적 역사관을 표방했다. 그가 말한 '성서사관'이란 아래와 같았다.

1. 역사의 본원(本源)을 하나님에게 구한다.
2. 우주는 하나님이 창조했다.
3. 원시(元始)의 날이 있어 역사의 한계가 결정되었다(종말론).
4. 인생을 도덕적 책임자로 본다.
5. 인류 역사는 하나님의 사랑(아가페)을 구현하는 역사이다.

그런 관점에서 그는 한반도 우리나라 역사에도 하나님의 섭리가 깃들어 있음을 보았다. 우선 함석헌은 역사 선생으로서 우리 역사를 다시 읽게 된 동기를 이렇게 설명했다.

나는 6, 7년 이래 중등학생에게 역사를 가르치는 기회를 가졌으므로 어떻게 하면 그 젊은 가슴 안에 광영(光榮) 있는 역사를 파악시킬까 하고 노력하여 보았다. 그러나 무용(無用)이었다. 어렸을 때 듣던 모양으로 을지문덕, 강감찬의 이름을 크게 불러 보려 힘썼으나 그것으로써 묻어 버리기에는 조선 역사 전체에서 발(發)하는 신음의 소리는 너무도 컸다. 남들이 하는 모양으로 생생자(生生字, 활자를 처음 만듦), 귀선(龜船, 거북선), 석굴암, 다보탑을 총출동을 시켜서 관병식(觀兵式)을 거행해 보려 하였으나 그것으로써 숨겨 버리기에는 속에 있는 남루(襤褸)가 너무도 심했다. 드디어 나는 자기기만(自己欺瞞)을 하지 않고는 유행식(流行式)의 영휘(永徽) 있는 조국의 역사를 가르칠 수 없음을 깨달았다.

역사 교육은 냉정한 현실 인식에서 출발한다. 조그만 것을 가지고 엄청난 듯 과장해서 가르치는 것은 바른 역사 교육이 아니다. 그런 면에서 함석헌은 "우리는 대민족(大民族)이 아니다. 중국이나 로마나 페르시아나 터키가 건설했던 것 같은 대국가를 건설해 본 적이 없다. 또 지금까지 역사극(歷史劇)에서 주역을 해본 일도 없다. 애굽이나 로마나 희랍이나 중국 등 모양으로 세계 문화사 위에서 뛰어나는 위대한 자랑거리도 없다"는 사실을 인정했다. 오히려 우리는 외적의 침략으로 인한 시련과 고난, 내부 갈등으로 인한 분열과 오욕의 역사를 살아왔다.

> 그보다도 있는 것은 치욕이요, 압박이요, 분열이요, 상실이요, 타락의 역사다. 공정한 눈으로 볼 때 그렇다. 이는 실로 견딜 수 없는 비애의 발견이었다. 세계의 모든 민족이 다 제각기 조물주의 앞에 가지고 갈 선물이 있는데 우리는 오직 고난을 당하는 것뿐일까 할 때는 천지가 아득하였다. … 조선은 무엇을 자랑할 터인가. 이 사실을 이 참담한 사실, 이것을 희망과 자부심에 작약(雀躍)하는 젊은 혼(魂)들에게 말하지 않으면 안 되는 것인가 생각할 때 나는 '나는 왜 역사 교사가 되었던고' 하고 탄식하지 않을 수 없었다.

함석헌의 선언이다.

> 조선 역사는 고난의 역사다. 조선 역사의 밑에 숨어 있는 기조는 고난이다.

> 조선반도의 지리를 여러 방면에서 볼 때 그는 고난의 집으로 되어 있는 것을 볼 수 있다. 그 지리, 그 풍물을 가지고 자라나는 자가 고난의 주인공이 안 될 수 없다.

우리가 세계 인류 역사에 내놓을 만한 것도, 내세울 것도 없고 다만 고난과 비애의 역사를 살았을 뿐이라는 역사적 자각은 언뜻 보면 총독부의 식민사관이 주장하는 바와 비슷하다. 그런데 바로 이 대목에서 함석헌은 대반전을 시도한다. 반전의 계기를 만들어 준 것은 성경이었다.

> 그러나 성경은 그 가운데서 진리를 보여 주었다. 이 고난이야말로 조선이 쓰는 가시 면류관이라고 했다. 그리고 세계의 역사는 요컨대 고난의 역사라고 깨달을 때 이때껏 학대받는 비녀(婢女)로만 알았던 것이 피녀(彼女)야말로 가시 면류관의 주인공임을 알았다.

구약성경에서 읽은 고대 이스라엘 민족의 역사, 그리고 신약성경에서 읽은 예수 그리스도와 그의 제자와 사도들의 역사는 그야말로 고난과 시련의 역사였다. 개인이든 민족이든 하나님이 택하심을 받으면 곧바로 평안하고 안락한 자리와 환경을 얻는 것이 아니라, 내몰리고, 쫓겨나고, 얻어맞고, 갇히고, 심지어 죽임을 당하는 고난과 시련을 겪었다. 그렇게 고난의 연단을 거친 후에야 조상들에게 약속하신 땅에 들어갈 수 있었고 하나님이 맡기신 사역을 감당할 수 있었다. 하나님의 사람에게 고난은 반드시 거쳐야 할 통과의례였다.

그런 성경의 '고난 역사'를 우리 민족에게 대입해 보니 그대로 맞아떨어졌다. 우리 민족도 이스라엘 민족 못지않은 고난과 비애의 역사를 살아왔다. 우리 민족에게 고난은 그리스도와 성모 마리아의 머리 위에

씌워진 가시 면류관과 같았다. 처음엔 수치였지만 나중엔 영광이 되는 가시 면류관이다. 이 대목에서 함석헌은 우리 민족을 향하신 하나님의 섭리와 은총을 말했다.

> 조물주는 이를 위하여 특히 고려하는 바가 있었을 것이다. 그리하여 우리가 알기에는 그를 위하여 택한 방법이 고난의 역사라는 것이다. 일거(逸居, 안일한 생활)는 죄악의 온상이다. 낙천적인, 인후한, 그리고 심각성 없는 평화의 백성을 명랑하고 온화한, 중용적인 지리의 조선 안에 그저 두면 침체 부패할 것은 정한 일이다. 고로 고난으로써 짐을 지워 그 결함을 보충케 하였다. 고난은 인생을 심화(深化)한다. 고난은 역사를 정화(淨化)한다. 평면적인 인물도 이를 통하고 나서 입체적인 신앙을 가지게 되고 더러운 압박, 쟁투의 역사도 눈물을 통하여 볼 때 선(善)에의 노력 아닌 것이 없다. 조선이 고난의 길을 걷는 것은 자기의 사명을 다하기 위하여 필요한 일이었다. 우리는 우리의 대임(大任)을 위하여 이 고통스러운 교훈의 초달(楚撻, 채찍)을 견디지 않으면 아니 된다.

함석헌은 이런 관점에서 우리 민족의 역사를 해석하며 읽었다.

그는 성경의 '아브라함과 같은 시기'에 만주 땅 광

활한 대륙에서 시작한 단군시대를 '당당하고 활달한 역사'였다고 긍정적으로 평가했다. 그러나 삼국시대에 이르러 그 영토가 만주 대륙에서 분리되어 한반도로 축소되면서 실패의 역사가 시작되었다고 보았다. 특히 만주 땅에서 출발한 '맏아들' 고구려가 패망한 것을 "조선 민족 파산의 날"이라 표현했고 빈약한 신라가 중국을 끌어들여 삼국을 통일한 것을 두고 "나를 잊고 허위에 취하였던 역사"라고 비판했다.

고려시대에 이르러 만주 땅을 회복할 수 있는 기회가 몇 번 있었음에도 그때마다 사대주의자들이 '몸을 사림'으로 실패한 것을 두고 "조물주는 언제나 '자기 목숨을 아끼는 자는 장차 잃고 나를 위하여 목숨을 잃는 자는 장차 얻으리라' 하는 진리를 실행시킴으로써 생명을 주고, 생명은 죽음에 의하여 산다는 애(愛)의 도(道) 모험을 하는 자, 비약을 하는 자만이 생명의 왕국에 들어가는데 이 시험에 조선은 실패하였다"라고 했다.

함석헌은 특히 조선을 세운 이성계의 회군과 반란을 신랄하게 비판했다. 그는 조선시대 역사를 '중축(中軸)이 부러진 역사'로 단정했다.

> 중축이 부러졌으니 정궤(正軌)를 밟아 정도(正道)를 나갈 수 있을 리가 없다. 오백 년간의 일은 그저 실착(失錯)이요 전도(顚倒)요 파손(破損)이다. 당초부터 이소사대(以小事大)를 표어로 삼고 된 구차한 건국이라,

> 구차 아닌 것이 없다. 내 나라를 가지고도 남에게 주었다가 다시 빌려 받기에 힘이 들었고 내 스스로 된 임금이건만 남의 승인을 얻기에 치회(羞悔)가 막심하였다.

세종 임금 때 잠시 정기를 회복한 것 같았으나 '혼을 잃은 민족'이 세운 문화가 오래가지는 못했다. 그것은 세종 다음으로 등극한 문종과 단종 시대 비극이 증명한다. 조카와 충신들을 폭력으로 제거한 후 왕위에 오른 세조가 정당성을 얻기는 불가능했다. 함석헌은 '사육신의 죽음'을 종교적으로 해석하여 '의로운 제물'이라 했다.

> 사육신(死六臣)의 모든 죽음은 하나님의 허락한 데서 된 것이다. 하나님은 육신(六臣)을 제물로 작정했던 것이다. 조선을 위하여 죽을 제물로 요구했던 것이다. 그런고로 그들은 죽어서 첫째는 조선을 위하여 불의의 대가를 청산하여야 하겠고, 둘째는 의(義)의 씨를 살리어야 했다. 과연 그들은 조선을 위하여 신(神) 앞에 불의의 대가를 지불한 사람들이다. 의는 무대가(無代價)로 없어지는 일이 없다. 신이 허락하면 사람은 일세(一世)의 의를 얻을 수 있다.

세조 이후 정치적 혼란과 쇠퇴는 '불의한' 방법으로 권력을 취한 임금과 그를 용인한 민족이 치러야 할

대가였다. 그는 임진왜란도 종교적으로 해석했다.

> 임진(壬辰) 정유(丁酉)의 난에 하나님이 조선 사람에게 요구한 것도 풍신수길(豊臣秀吉)의 군을 이김이 아니었다. 아무런 재조를 부려도 당시 조선이 그 정예군을 이길 수는 없었다. 그 적군을 이기는 것보다도 전쟁 그것, 환란 그것을 이기는 것, 거기서 견디어 나오는 것, 그것을 삼켜 넘는 것, 그 가운데서 국민적 정신을 심화, 정화하라는 것을 요구하였다. 그 국난이 오는 원인인 죄악의 길에서 발길을 고쳐 나오는 것을 바랐다. 단순한 무용(武勇)만이 아니라 두뇌를 요구한 것이요, 전략만 아니라 지혜를 보게 한 것이다. 시대를 읽는 사안(史眼)과 자아를 살리는 이상을 요구한 것이다.

임진왜란은 우리 민족에게 '회개'의 기회였다. 그러나 전쟁의 참화를 겪고 나서도 우리 민족은 정신을 차리지 못했다. 이어지는 당파 싸움과 지도층의 타락으로 민중의 삶은 더욱 피폐해졌고 국력은 약화되었다. 조선 후기에 들어서 '본정신'을 되찾자는 실학운동이 일어나고 복음을 담은 천주교 신앙이 들어왔지만 변화와 개혁을 두려워하는 기득권층에 의해 축출되고 압살되었다. 조선 왕조의 붕괴와 멸망은 피할 수 없는 운명이었다.

> 역사는 점점 더 역전하기 시작하였다. 실학도

> 무용(無用)이요, 조선 연구도 어디로 가고, 복음도 잠류(潛流)요, 깃든 것은 냄새나는 상투밑에 들어 있는 존주대의(尊周大義)밖에 없었다. 그러고는 약자라고는 하나 끼치지 않고 다 삼키려는 서양 문물의 거센 파도가 닥쳐 들어오며 열강의 압박이 날로 심하여 오는 가운데서 국책의 수립도 없고, 국민적 각오도 없고, 하등 역사적 이상도 없고, 고식지계(姑息之計)로 오늘은 친청(親淸), 내일은 친로(親露), 임시임시를 미궁하여 가며 일신의 영욕을 다투기에만 급급하였다. 이후의 임오군란, 갑신정변, 갑오경장, 경술합병의 세세한 이야기는 다하지 않는다. 신(神)은 이 역사의 지침을 벌써 전락(顚落)의 방향으로 쑥 돌려놓았다.

함석헌의 글을 읽다 보면, 이사야, 예레미야, 에스겔, 아모스 등 망국의 시대를 살았던 예언자들이 망국의 원인을 설명하며 이스라엘의 정치와 종교 지도자들의 타락과 부패를 고발하던 분노를 느낄 수 있다. 그렇게 함석헌은 삼국시대 이후 우리 민족의 1,500년 역사는 정도에서 벗어나 왜곡과 편법, 고난과 시련으로 점철된 역사로 보았다. 이런 조상들의 실패한 역사, 그 대가로 후손들이 지금 일본의 식민 통치를 받고 있었다. 그것이 부인할 수 없는 '역사적 현실'이었다.

문제는 미래다. 함석헌은 고난이라는 현실을 어떻게 다루느냐에 민족의 미래가 달려 있다고 보았다. 즉

"고난은 이기는 자에게 타산지석이 되나 거기 압도를 당하는 자에게는 파멸의 재난이다"라고 하면서 지난 1,000년 동안 "고난에 압도되어 버린 조선은 그 때문에 생명의 파괴를 당하였다. 혼은 그 약동력을 잃고 마음은 명화(明和)를 뺏기고 원기(元氣)를 꺾이우고 용기는 떨어졌다. 퇴영적이 되고 소극적이 되고 고루에 빠지고 비속에 떨어졌다"고 진단한 후, "이제는 달라져야 한다" 호소했다. 고난에 지지 말고 고난을 극복하는 역사를 만들 것을 호소했다.

함석헌은 그 첫 번째 과제로 '숙명관'(宿命觀)을 극복할 것을 호소했다. 모든 것을 숙명으로 받아들이고 환경과 지배자에 복종하는 소극적인 자세는 오랜 고난의 역사를 살아온 민족 내부에 형성된 기질이기도 했지만 운명론에 바탕을 둔 불교와 유교의 가르침을 오랫동안 받은 탓이기도 했다. 그런 숙명관은 총독부의 식민사관과도 크게 다르지 않았다.

> 숙명관은 압박된 자의 철학이다. 생명의 농성(籠城)이다. 노예의 신앙이다. 고난을 초극(超克)하는 자는 전투적 인생관을 가진다. 그러나 거기 압축을 당하는 자는 자살을 하지 않는 한 숙명의 인생관을 가지고 자위(自慰)하고 자기(自棄, 스스로 포기)한다. 조선 사람의 눈에 숙명관의 안경이 씌워진 것은 생명의 전투선상에서 거듭 오는 고난의 맹습을 못 견디어 퇴각(退却)의 일보를 취한 때부터였다. 한 번 이 사상이 생긴 후는 전 민족의

혼을 타락시켜 버렸다. 진취의 기상이 없어지고 경륜의 의지가 없어졌다. 그리고 모든 것을 운명에 맡겨 버리게 되었다.

이런 숙명론은 모세가 나타나기 전까지 애굽에서 노예 생활을 하고 있던 이스라엘 민족에게서 찾아볼 수 있었던 '처세술'이었다. 주는 대로 먹고, 시키는 대로 하면서 자존심도 자부심도 없이 살아가는 짐승과도 같았던 생활이었다. 그런데 '스스로 계신'(自存) 하나님에 의해 해방자로 발탁된 모세가 돌아오면서 그들의 마음과 생활에 변화가 생겼다. 이스라엘 민족은 출애굽 과정을 경험하면서 숙명론에서 벗어나 자유하는 민족으로 바뀌었다. 함석헌은 그런 역사가 한민족에게도 일어날 것을 기대했다.

그런고로 자기는 무력한 줄로 자기(自棄)하는 중에서도 그 고난 탈출의 원(願)은 없을 수 없다. 천시(天時)의 도래나 초인간적 지도 인물의 출현을 기다리는 사상은 여기서 나왔다. 지금의 고난은 불가피하나 천도(天道)의 공정함을 믿는 고로 배포(配布)의 바뀌는 때가 오는 것을 기대하는 것이요, 자기가 어떻게 할 수는 없으나 새 사회에 대한 염원이 간절한 고로 구주의 출현을 바라는 것이다.

숙명론자들은 자기 힘으로는 되지 않으니 초월적

인 존재가 나타나 자신을 고난의 역경에서 구출해 줄 것을 기대하고 바라는 신앙으로 나아간다. 그것은 망국과 포로 시대에 이스라엘 백성이 구세주로서 메시아를 고대한 것과 같은 맥락이다.

> 그러나 숙명관은 섭리관(攝理觀)에서 멀지 않다. 그 다른 것으로 하면 정(正)히 180도나 그 출발점에 있어서는 하나이다. 그런 고로 한 번 전환을 하기만 하면 자기(自棄)는 신뢰(信賴)로 되고 침체에서 약동으로 나가기 어려운 것 아니다. 이렇게 생각할 때에 복음에 대한 준비는 될 대로 되었음을 알 수 있다.

"우리 민족은 복음에 대한 준비가 되어 있다." 이것이 함석헌 논문의 결론이다. 실패의 역사를 성공의 역사로, 오욕의 역사를 광영의 역사로, 침체의 역사를 도약의 역사로 바꾸기 위해서는 민족 공동체의 의식과 생활에 일대전환이 있어야 했는데, 그 전환의 고리는 기독교 복음에 있었다. "포로 된 자에게 자유를, 눈먼 자에게 다시 보게 함을 전파하고 눌린 자를 자유롭게 하는"(눅 4:18) 복음의 능력만이 1,000년 넘게 고난의 역사를 살아왔고 지금도 식민통치를 받고 있는 민족에게 자유와 해방을 가져다줄 희망이었다.

함석헌의 논문은 여기서 끝났다. 그는 복음과 한국 역사의 창조적 관계를 전망하는 글을 계속 쓰려 했다. 그러나 총독부의 압력으로 그의 글은 더 이상 〈성서조선〉에 실리지 않았다. 사실 그의 글은 첫 회부터 총독부 검열로 독립운동이나 민족주의에 관련된 내용이 삭제되어 "이하 3행 삭제", "이하 12행 삭제"라는 표식을 달고 인쇄되었다. 어떤 때는 통째로 문제가 되어 잡지 발간 자체가 취소되기도 했다. 마지막 원고가 수록될 〈성서조선〉 1935년 12월 호에는 총독부 지시로 전문을 인쇄할 수 없어 백지 한 장에 "성서적 입장에서 본 조선 역사"라는 제목만 달고 제본했다. 일종의 항의 표시였다. 독자들은 그 백지의 의미를 알아차렸다.

주기철 목사의 순교, 거역할 수 없는 사랑의 힘

그런데 흥미로운 것은, 함석헌의 마지막 글이 백지 상태로 인쇄된 다음 호인 1936년 1월 호에 함석헌이 쓴 "순교의 정신"이라는 다른 주제의 글이 실린 것이다. 함석헌이 이 글을 쓰게 된 동기는 당시 한국 기독교계에 광풍처럼 몰아친 신사참배 문제 때문이었다. "모든 교사와 학생들이 신사에 참배하라"라는 당국자의 지시에 숭실과 숭의, 숭덕, 광성, 정의 등 평양에 있던 기독교계 학교들은 큰 혼란에 빠졌다. 숭실 교장이었던 매큔(G. McCune)이 대표로 정부 당국과 협상에 나섰지만 "지시를 거부하면 학교를 폐쇄하겠다"라는 통보만 받았다. 매큔은 신문 인터뷰에서 "50년 선교에 이런 고민을 하여 보기는 처음"이라며 고충을 토로했다. 그 기사를 읽고 함석헌이 쓴 글이다.

함석헌은 매큔의 발언에 대하여 "이것은 시작에 불과하다. 앞으로 더 큰 고민이 생길 것이다"라는 말로 글을 시작했다. 그는 신사참배 문제는 "빙산의 일각이다", "조선만의 문제가 아니다"라고 하면서 전 세계 기독교계가 당면할 심각한 위기를 경고했다. 그는 "그동안 기독교의 경기가 좋았다. 수백 년간 크리스천들은 귀공자와 같이 자랐다"며 "오늘날 크리스천이 과거와 같이 그렇게 세월 좋게 지낼 수 없는 일이요, 이 대환(大患)의 시대를 이기고 나갈 대각오(大覺悟)가 있어야 한다"고 지적했다. 함석헌은 신사참배 문제의 밑바탕에는 국가주의(nationalism)가 깔려 있다고 보았다. 그는 이를 '맘몬'(mammon)으로 표현했다.

> 맘몬은 그 본래의 광폭성(狂暴性)을 노골적으로 발휘하게 되었다. 자유주의 같은 것은 그의 일시의 이용뿐이요 종시 그의 관지(觀知)할 바 아니다. 기독 신자들이 철주(鐵柱)로 믿었던 신교자유의 표찰(標札)은 뽑히고 명을 좇지 않는 자는 죽인다고 위협하기 시작했다. 이것이 이른바 비상시 타개의 국책이다. 히틀러 교회는 독일만이 아니요 있다가는 어느 나라에나 다 일어날 일시 현상이다. 수백 년간 평화 속에 자라며 공허 신앙(公許信仰)을 가지고 세월 좋게 지나던 크리스천 위에 화(禍) 있을진저!

국가주의 종교는 언제나 제정일치(祭政一致)를 내세워 살아 있는 인간(통치자)을 '신적인 존재'(現人神)로 미화하거나 우상화하여 정치적·종교적 복종을 요구한다. 이런 상황에서 기독 신자들은 순응할 것인가, 거부할 것인가? 순응에는 안락한 삶이, 거부에는 고난과 시련이 따랐다. 그리고 거기에도 '하나님의 뜻'이 있었다.

> 학생 시대에 시험을 저주하던 자도 교사가 되면 될수록 난제를 골라 시험하는 것같이, 신(神)은 평이한 조건에서 생명을 기르고 싶은 생각이 없는 모양이다. 저는 자기를

가르쳐 "없는 자에게서는 있는 것까지 빼앗는 자라" 하였다. 그리하여 그는 다시 인류에게서 순교의 피를 요구하는 날을 정한 듯하다. 고로 우리는 이때에 순교의 정신으로써 스스로 강해지는 것밖에 길이 없다. 신앙은 강철(剛鐵)과 같은 것이다. 버티다 못 버티면 부러지는 것이 신앙이다. 연철(軟鐵)과 같이 좌로 꾸부리면 좌로 꾸부려지는 것은 신앙이 아니다.

신자는 진리를 생명으로 한다. 어떤 곤란이 있어서도 진리를 지키는 것이요, 그 주장을 관철할 수 없는 경우는 스스로 희생이 됨에 의하여 그 진리인 것을 증명하는 것이다. 이 정신을 가리켜 '순교의 정신'이라 한다. 기독교는 순교의 종교다. 순교에 의하여 일어난 종교요, 순교의 정신을 가지는 자만이 믿을 수 있는 종교다. 이는 역사가 증명하는 일이다. 교회는 십자가의 목재로 지은 방주요, 그 운행은 순교자의 피로써 되어 왔다.

함석헌이 1936년 1월 〈성서조선〉에 "순교의 정신"을 발표한 이후 한국 교회는 본격적인 수난 시대를 맞았다. 상당수 기독교계 학교들은 신사참배가 다른 신이나 우상을 숭배하지 말라는 십계명을 어기는 범죄 행위라는 선교부 결정에 따라 폐교를 선택했다. 물론 "신사참배는 종교 행위가 아니라 국민의례일 뿐"이라는 총독부 논리를 받아들여 신사참배를 수용하고 학교를 유지한 경우도 없지 않았다. 북장로회와 남장로회,

호주장로회 선교부가 운영하던 장로교 계통 학교들은 폐교를 선택했지만 상대적으로 진보적이었던 감리회 선교부가 운영하던 감리교 계통 학교들은 정부 방침을 따라 신사참배를 수용하고 학교를 유지했다. 총독부는 여기에서 멈추지 않고 천황이 살고 있는 동쪽을 향해 절하는 '동방요배'(東方遙拜), 일장기에 경례하는 '국기배례', 천황에게 충성을 맹세하는 '황국신민서사'(皇國臣民誓詞) 낭송 등을 종교 집회 때마다 하도록 요구했다. 거부하면 구금과 폐쇄 위협을 가했다.

이런 상황에서 당시 한국 교회를 이끌고 있던 지도자급 인사들은 거의 대부분 '순응의 길'을 선택했다. 교회 지도자들은 총독부에서 시키는 대로 신사참배도 하고 교인들에게 그렇게 하라고 지시했다. 1930년대 초반까지만 해도 '민족 지조'를 지켜 왔던 기독교 사회운동 지도자들도 1937-1938년 수양동우회사건과 흥업구락부사건을 겪으면서 그 지조를 꺾고 '친일노선'을 택했다. 그들은 각지에서 전쟁을 시작한 일본 제국주의와 군국주의 통치를 지지하는 연설도 하고 글도 썼다. 변절과 훼절의 시대였다. 그런 때 신앙의 지조를 지킨다는 것은 곧 고난과 시련의 가시밭, 좁은 길을 선택했음을 의미했다. 다행히 그 시절 한국 교회에는 고난을 자초한 참신앙인들이 있었다! 전체 교인의 0.1퍼센트도 안 되는 적은 숫자였지만 신앙 양심과 민족 양심을 지킨 그들이 있었기에 한국 교회는 "모두 타락한 것은 아니었다"는 자존심을 지킬 수 있었다.

대표적인 인물이 소양(穌羊) 주기철(朱基徹) 목사다. 경남 창원 출신으로 1916년 정주 오산중학교를 졸업했으니 함석헌의 10년 선배가 된다. 오산중학교 졸업 후 고향 창원에서 3.1독립만세운동에 참여했고 1926년 평양 장로회신학교를 졸업한 후 부산 초량교회, 마산 문창교회에서 목회하다가 1936년 평양 산정현교회에 부임했다.

주기철 목사는 '불의에 타협하지 않는 강직한' 목회자로 두각을 나타냈다. 그런 그의 설교를 듣기 위해 많은 신도들이 산정현교회를 찾았다. 시세에 따라 변절하는 목회자들에 대해 실망하고 분노한 교인들이었다. 이런 주기철 목사를 총독부 경찰당국이 그대로 둘 리는 만무했다. 주기철 목사는 교회에 대한 신사참배 강요가 본격화된 1938년 4월 제1차로 검속된 이래 1940년 2월 마지막 제4차 검속을 당한 후 1941년 8월 불경죄와 치안유지법 위반 혐의로 징역 10년을 선고받고 평양 형무소에서 복역하던 중 1944년 4월 21일 '옥중 순교'했다.

이처럼 주기철 목사가 고문과 악형, 회유와 협박을 받으면서도 신앙의 지조를 끝까지 지키도록 만든 힘은 어디서 나온 것일까? 불의에 타협하지 않는 근본주의 '보수 신앙'의 신념일까? 일본의 폭력에 굴할 수 없다는 강철 같은 민족 의지의 발현일까? 이런 질문을 하면서 주기철 목사가 순교하기 전, 1930-1940년대 교계 신문이나 잡지에 발표한 글들을 살펴보았다.

유독 '사랑'과 '십자가'를 주제로 한 것들이 많음을 알 수 있었다. "하나님을 열애하라"(〈설교〉 1938.3), "네가 나를 사랑하느냐?"(〈설교〉 1937.6), "십자가의 길로 가자"(〈설교〉 1937.10), "십자가의 길로 행하라"(〈설교〉, 1937.9) 같은 설교들이다. 이 설교를 통해 주기철 목사의 말년 신앙과 의지를 읽을 수 있었다. 우선 그가 1차로 검속되기 직전인 1938년 2월에 한 설교, "하느님을 열애하라"에서 그러한 분위기를 느낄 수 있다.

> 나는 구약성경 중에서 특히 신명기와 시편을 좋아합니다. 그 두 권은 특별이 그 기자들의 하느님을 열애한 기록인 때문이외다. 하느님에게 대한 깊은 정서의 발로이기 때문이외다. 그들은 어떻게도 하느님을 열애하였을까요? 그들이 하느님을 칭할 적마다 "우리 하느님 여호와"라는 애경에 넘치는 언사를 쓴 것이라든지 "여호와께서 내게 베푸신 은혜를 내가 무엇으로서 갚으리오", "나의 좋은 것은 주밖에 없도다"라는 말들을 나열한 것을 보면 그들은 어떻게 그렇게도 하느님께 대하여 애경을 바쳤을까요?

주기철 목사가 다른 성경보다 시편과 신명기를 좋아하는 이유는 단지 '하나님에 대한 열애'로 가득한 성경이기 때문이었다. 그는 시편 기자의 '열애', 신명기를 기록한 모세의 '열애'를 사모했다. 이 설교에서 그가 자주 사용한 '열애'(熱愛)나 '애경'(愛敬)이란 단어에서 당시 그의 신앙적 열정이 어떠했는지 짐작할 수 있다. 그는 예언자들에게서도 같은 '열애'를 읽었다.

> 모든 예언서를 보아도 그 모든 예언자들의 하나님에게 대한 열애의 표현이외다. 모든 예언자가 불같은 의분으로 인간을 통책한 것을 저들이 하나님에 대하여 아무 각성이 없고 숭경이 없고 성의가 없고 열애가 없음이외다.

주기철 목사는 구약 예언자들의 분노와 질책의 바탕에 하나님에 대한 '열애'가 깔려 있음을 지적했다. 그리고 그런 열정을 가지고 당시 한국 교회가 하나님에 대한 '열애'를 잃어버린 점을 한탄했다.

> 보라. 세계의 억조창생 중에 하느님을 열애로 섬기는 자 몇이나 있느냐? 대다수의 인생이 아직 무지와 허망에 빠져 하느님을 모르고 거슬리고 있으며, 눈에 보이는 약간의 교회가 있다 하나 오늘날 세계 수억의 교인 중에는 과연 하느님을 열애로 섬기는 자가 몇이나 있느뇨? 조선 교회를 보매 그 교인 된 동기, 그 신앙의 동기는 불순 유치한 것이 많고 성심과 열애로 하느님을 섬기는 자는 극히 적도다. 오늘날 교회의 정세가 이를 말하고 있다.

그의 설교는 이렇게 끝난다.

> 하느님이 아니 계시냐? 그러면 우리는 나가서 무신론자가 되자. 그러나 하느님이 참으로 계시냐? 그러면 우리는 정성으로 섬기고 뜨거운 사랑으로 사랑하자!

주기철 목사의 '하나님 사랑'은 '그리스도 사랑'으로 이어졌다. 그리스도의 피 흘림을 통해 하나님의 구속의 은총을 받은 사람들은 그리스도 예수를 사랑하지 않을 수 없다. 주기철 목사의 설교, "네가 나를 사랑하느냐"가 이러한 그리스도 사랑을 다루고 있다. 주기철 목사는 부활하신 주님이 갈릴리 호수에서 베드로에게 "네가 나를 사랑하느냐?" 하고 질문을 세 번 반복해서 던지신 이유를 "자기의 사명을 받는 자에게 예수를 사랑하는 것 이상으로 중대한 것은 없음을" 깨우쳐 주시기 위함이었다고 설명했다. 그리고 예수를 사랑하는 자들에게 나타나는 현상은 순종과 희생이었다.

> 모든 순종, 희생은 오직 이 고귀한 사랑에서뿐 되는 것이다. 로마서 14장 15절에 "우리가 그리스도를 사랑하면 그리스도께서 사랑하신 형제들을 마땅히 사랑케 될 것"을 말했다. 절대의 순종은 오직 사랑에서 되는 것이다. 또 요한복음 14장 21절에도 "나의 계명이 있어서 지키는 사람은 나를 사랑하는 사람이라" 했다. 또 요한복음 14장 23절에는 "사람이 나를 사랑하면 내 말을 지키리라" 했다. 주님의 명령을 순종함은 오직

그를 사랑하는 중에서만 완성될 수 있는 것이다. 친구와 친구 사이에도 서로 사랑하는 처지이면 상대편의 요구를 거역치 않는 것이다. 또 한 남자와 한 여자의 사랑에서도 그렇다. 그러므로 예수를 사랑하는 자 그 명을 기쁜 마음으로 지키게 되는 것이다.

사랑하면 순종하되 '기쁜 마음'으로 순종하게 된다. 절대 순종은 오직 사랑에서라야 가능한 것이다. 사랑 없는 순종은 억지거나 강제일 뿐이다. 주기철 목사는 초대교회사에 나오는 순교자들의 수난과 죽음도 그런 기쁜 순종의 결과로 보았다.

보라, 옛날에 주님을 위해 큰 곤욕을 당한 자, 부득이한 중에서나 또는 지옥의 형벌을 면코자하는 중에서 그런 것이 아니었다. 그보다도 그들은 그같이 함으로 주님을 좀 더 기쁘시게 할 수 있는 줄을 깨달을 때 기쁜 마음과 단 마음으로 자진해서 당한 것이었다. 만일 우리들이 하나님을 대할 때 전전긍긍한 태도를 취한다면 이전 우상숭배 시보다 나을 것이 별로 없을 줄로 안다.
과거에는 우리가 혹 억지로 그 계명을 지켰고 또 죄를 피하려 했으나 이제부터는 사랑을 절실히 깨달아 기쁘고 즐거운 마음으로 행해야 되겠다.

주기철 목사는 "기쁜 마음과 단 마음으로 자진해서 당하는" 고난을 높이 평가했다. 그런 고난은 사랑의 능력이라야 가능했다. 배반과 훼절이 난무하는 종말론적 상황에서 시련과 고난을 견뎌 내며 참신앙을 지키기란 힘든 일인데, 그것을 가능케 하는 힘은 오직 '주님 사랑'에서 비롯되었다. 주기철 목사는 그렇게 '예수 사랑' 안에 살기를 희망했다.

여기서 주기철 목사의 '예수 사랑'은 '십자가 사랑'으로 이어진다. 그리스도를 위하여, 그리스도를 따라 사는 신앙생활에서 십자가 고난을 피할 수 없었다. 그리스도의 길은 곧 십자가의 길이기 때문이었다. 주기철 목사가 1937년 여름에 한 "십자가의 길로 행하라"라는 설교가 이 주제를 다루고 있다.

> 여기 고난(苦難)이란 것은 예수의 고난을 내 몸에 채우는 것을 의미한다. 이는 결코 자신의 잘못이나 실수로 인해 오는 고난이나 세상으로부터 오는 고난이나 천변지해로 인해 오는 고난이 아니다. 내가 받지 않으면 얼마든지 받지 않을 수 있는 고난이니 곧 주님을 위해 당하는 고난이다.

그리스도인이 받는 고난은 주님을 위해 당하는 고난, 주님 사랑에 뿌리를 둔 자발적 수난이어야 한다. 주기철 목사는 그리스도인이 십자가 고난을 자진해서 받아야 할 이유를 다섯 가지로 설명하면서 세 번째, '주님과 동행하는 길'을 특별히 강조했다.

그 길은 주님과 동행하는 길이다. 나무를 베는 초부와 동행하려면 산으로 가야 할 것이고, 고기를 잡는 어부와 동행하려면 바다로 가야 할 것이다. 그와 마찬가지로 예수와 동행하려면 십자가의 길을 걸어야 할 것이다. 이 길에서 벗어나면 예수와는 거리가 멀다. 그 길을 원하기만 하고 사실 그 길로 가지 못하는 자는 그의 제자가 될 수 없다. 주님 당시에도 허다한 무리 중에 극소수가 주님의 가신 길을 따라가게 된 것이다. 우리는 여기서 마땅히 우리의 갈 길을 결단해야 하겠다. 예수를 따라 십자가의 길로 갈 것인가. 그렇지 않으면 마귀를 따라 영광의 길로 갈 것인가.

십자가를 지는 것이 쉬운 일은 아니다. 선택하기도 어렵고, 선택한 후 끝까지 가기는 더욱 어렵다. 그래서 주기철 목사는 '사랑'의 힘이 아니고는 그 길을 끝까지 갈 수 없다고 했다. 목사는 사랑이 식어 가는 당시 교회의 '말세 상황'을 안타까워했다.

세상은 점점 그 끝을 향해 달리고 있다. 그럼으로 많은 사람의 사랑이 점점 식어지고 있다. 하나님을 마음대로 섬길 수 없고 또 우리 신앙에 장벽이 많은 시절이다. 이때를 당해 우리 신앙은 잠자는 자리에 있어서는 안 될 것이다. 마땅히 깨여 우리 앞에 십자가의 길이 열려 있는 것을 확인하고 용기를 가다듬어 흔연히 그 길을 걸어갈 것이다. 우리의 걸어갈 길은 세상 사람이 가는 길이

> 아님을 명심하자! 십자가의 길! 그 길이 곧 우리의 갈 길이다.

하나님 사랑, 예수 사랑에 감동되어 살기 원했던 주기철 목사에게 십자가 길은 '대안이 없는'(non-alternative) 선택이었다. 그는 그 길을 선택할 수밖에 없었고 갈 수밖에 없었다. 주기철 목사는 이 설교를 한 1개월 후(1937년 9월 14일) 대구 남성정교회에서 개최된 제26회 장로회 총회 새벽 기도회에서 같은 내용으로 설교했다. 그는 총회가 앞장서서 고난의 십자가 길을 선택하기를 촉구했다. 환영과 영광의 '임금' 자리를 버리고 고난과 죽음의 '십자가' 길을 택하신 그리스도를 따르는 총회라면 마땅히 좁고 험하고 욕된 십자가 고난의 길을 택해야 할 것을 호소했다.

> 우리 주님께서 허다한 평탄한 좋은 길을 버리시고 하필 십자가의 길 곧 고생스런 길을 왜 택하셨을까. 그 까닭은 다름이 아니라 경건한 생활을 하시기 위함이올시다. 동양에 옛 성인의 말에 보면 나라에 도(道)가 있을 때에 가난하고 천하게 되는 것은 사람이 못나서 그렇게 되는 것이고, 나라에 도가 없을 때에 부하고 귀하면 이는 부끄러운 일이라고 하였습니다. 이 말이 과연 거짓말이 아니올시다. 이 십자가의 길은 진리의 길인 때문에 환난과 핍박이 파도처럼 위험할지라도 안 갈 수가 없는 길이올시다.

그러나 주기철의 간절한 호소에도 불구하고 조선 예수교장로회는 평양에서 개최된 1938년 9월 총회에서 신사참배를 결의하고 총회장을 선두로 총회원들이 평양 신사에 가서 참배했다.

그 시각 주기철 목사는 두 번째 검속을 당해 경찰서 유치장에 갇혀 있었다. 주기철 목사는 여러 차례 검속을 당했지만 가장 힘들었던 시기는 '농우회사건'으로 세 번째 검속을 당해 의성경찰서에 잡혀갔을 때였다. 의성경찰서 형사와 수사관들은 평양에서 잡혀온 주기철 목사에게 굶기기, 매 타작, 물고문, 비행기 고문, 고춧물 붓기 등 갖가지 고문을 가하며 신사참배를 수용할 것을 요구했다. 그때 함께 잡혀갔던 박학전 목사는 모진 고문으로 정신착란증을 일으켜 사람을 알아보지 못했을 정도였다. 주기철 목사도 그렇게 혹독한 고문을 받으며 '죽을 고비'를 여러 차례 넘겼다.

하루는 그렇게 고문을 받다가 "사람이 이렇게 죽는구나" 하는 생각에 고문하는 형사에게 "이렇게 매를 맞다가 나는 죽을 것이다. 내가 죽으면 하늘나라에 갈 것이고 거기서 주님이 '너는 어떻게 하다가 여기 왔느냐' 물으시면 목사인 내가 거짓말을 할 수는 없어 '의성경찰서 아무개 형사에게 고문을 받다가 왔습니다' 할 수밖에 없다"라고 했다. 이 말을 듣고 형사가 겁이 나 고문을 멈추었다고 한다.

이런 고문과 악형을 견뎌 내고 주기철 목사는 6개

월 만에 석방되어 평양으로 돌아왔다. 마침 그날은 주일이어서 산정현교회 교인들은 평양역까지 마중을 나가 석방된 주기철 목사를 '개선장군처럼' 모시고 교회로 돌아왔다. 주기철 목사는 교회에 돌아와서도 주일 예배를 인도할 수 없었다. 형사와 경관들이 예배당 안에까지 들어와 설교를 하지 못하게 했기 때문이었다. 그래서 주기철 목사는 광고 시간에 교인들 앞에 나가 인사하는 것으로 대신했다. 그때 현장에 있었던 오재길 집사는 해방 후 월남해서 그날 주기철 목사의 발언을 이렇게 증언했다.

> 사람이 십자가를 진다는 것은 불가능합니다. 사람의 약한 힘으로는 도저히 십자가를 질 수 없습니다. 그러나 십자가를 지겠다고 결심을 하면, 그 순간 내가 십자가를 지는 것이 아니라 십자가가 나를 지게 됩니다. 그 십자가의 능력으로 나도 골고다에 이를 수 있습니다.

주기철 목사가 혹독한 고문을 겪으면서 꺾이지 않는 믿음을 지킬 수 있었던 것은 평소 '하나님 사랑'과 '예수 사랑', '십자가 사랑'을 염원했던 그에게 임한 십자가 은총과 능력이었다. 그렇게 주기철 목사는 마지막 순간까지 주님과 함께 십자가의 길을 걷기를 소망했다. 이런 주기철 목사의 신앙을 잘 보여 주는 것이 그의 마지막 작품으로 알려진 "겸손하기 위하여"라는 기도문이다. 1939년 2월 서울 태화여자관에서 발행한

《기도지남》(祈禱指南)이란 소책자에 수록된 것으로 십자가를 지는 그리스도인의 겸비를 느낄 수 있다.

> 오! 주여! 나로 하여금 당신의 낮아지신 것을 깨닫게 하여 주옵소서. 당신은 지극히 높으시고 지극히 영화로우신 하늘의 보좌 우에서 천군과 천사와 하늘의 모든 영물과 천천만 성도에게서 경배와 찬송을 받으시던 만유의 주재로서, 낮고 천한 사람이 되어 티끌 세상에 오셨나이다. 오시되 왕후장상으로 금전옥두에 오시지 않고, 지극히 미천한 사람으로 말구유에 오셨나이다. 사람이 다 싫어 버리는 세리와 창녀의 친구가 되셨고, 어린아이의 동무가 되셨고 걸인과 문둥이의 벗이 되셨나이다. 마침내 벌거벗은 몸으로 강도의 틈에서 저주의 십자가에 달리시고 음부에까지 내려가셨나이다.

그런데 그리스도의 겸비, 그것을 본받는다는 것이 말은 쉽지만 그렇게 되기란 실로 어렵다.

> 오 당신이 이같이 낮아지신 것을 생각할 때 나는 어떻게 하오리까? 나는 나를 어디까지 낮추어야 당신 앞에서 합당하겠습니까? 당신이 제자의 발을 씻기셨으니 나는 문둥이의 발을 핥게 하여 주옵소서. 당신이 세리의 집에 들어가셨으니 나는 모든 사람의 발 앞에 짓밟히는 먼지와 티끌이 되게 하여 주옵소서.

그리스도의 겸비를 본받지 못하는 것은 내 안에 도사리고 있는 고집스러운 자아(自我) 때문이다. 수시로 불평과 분노를 발하는 자아를 제거해야만 그리스도의 겸비를 체득하고 그리스도께서 지신 십자가를 질 수 있다. 주기철 목사는 그런 '무아지경'(無我之境)을 사모했다.

> 오! 주여! 당신이 못 받으시던 관대와 환영을 받고자 하나이까? 당신은 그 지선지성(至善至誠)으로도 오히려 후욕과 침 뱉음과 뺨 침을 받으셨는데, 나는 무엇이건대 당신이 못 받으시던 칭찬과 영예를 바라고 있나이까? 오! 주여! 나로 하여금 이 외람된 오만에서 구원하여 주소서. 성신의 방망이로 이 '나'라는 놈을 마정방종(摩頂放踵, 머리부터 발끝까지 사정없이 때림)으로 때려 부수어 주시사 당신과 같이 무아의 경(境)에까지 내 마음을 비워 주옵소서.

성령의 방망이가 아니고는 내 안의 자아를 깨뜨릴 수 없다. 성령의 능력으로 자아가 깨지고 무아지경에 이르게 될 때 비로소 '외람된 오만'에서 해방된다. 그러면 겸손과 겸비는 자연스럽게 나타난다. 주기철 목사는 그런 성령의 능력에 사로잡히기를 간구했다.

> 오! 주여! 나는 의를 사모하는 마음이 갈급하지 못합니다. 당신의 완전을 사모하는 마음이 불타지

않습니다. 나의 죄악을 위하여 재에 앉아 가슴을 치는 통회가 심각하지 못합니다. 나의 부족을 생각하고 향상하고자 하는 정열이 강렬하지 못합니다. 이는 분명 내 맘이 비어 있지 못한 증거요, 내 스스로 무던하다는 오만이외다. 주여! 당신의 얼굴 빛 아래 내 심령의 자태를 그대로 드러내시어, 나로 하여금 애통하고 회개하게 하옵시며, 내 신경을 긴장하고 당신의 완전을 향하여 달음질하게 하옵소서. 오! 주여! 나는 당신의 겸손을 사모하옵고, 당신과 같이 되기를 원하나이다. 아멘.

이처럼 주기철 목사는 마지막까지 그리스도의 완전을 사모했다. 하나님의 의를 사모했고 그리스도의 겸손을 사모했다. 마음에 오만이 사라지고 비어 있는 마음 상태를 유지하기 원했다. 그래서 마지막 순간까지 자기 안에 남아 있는 죄악으로 인하여 통회하고 애통하며 회개했다. 회개는 하면 할수록 은혜가 되기 때문이다. 그가 바란 것은 오직 하나, 그리스도와 하나 됨이었다.

주기철 목사는 순교하기 하루 전날 면회하러 찾아온 부인에게 "여보, 따뜻한 숭늉 한 사발 먹고 싶소" 하였다. 하지만 실제로는 아무도 돌아보지 않는 차디찬 감방 안에서 홀로 십자가의 '쓰디쓴 잔'을 마셨다. 이로써 주기철 목사는 십자가로 그리스도와 완전 하나가 되었다.

훼절과 배반의 시대에 주기철 목사가 신앙의 지조를 끝까지 지키며 순교의 자리에까지 이를 수 있었던 것은 불의에 대한 저항감이나 남다른 용기와 의지력 때문이라기보다는 그를 사로잡았던 사랑의 힘, 하나님과 예수 그리스도에 대한 사랑, 배반할 수 없는 사랑의 힘이었다. 그것은 곧 그리스도께서 십자가에서 보여준 죄인과 원수까지도 용서하고 끌어안는 사랑의 능력이었다. 주기철 목사는 그 '거역할 수 없는' 사랑의 힘으로 십자가를 지고 골고다 언덕까지 오를 수 있었다. 그 길은 그가 평소 교인들과 함께 자주 불렀던 찬송, 〈영문 밖의 길〉과 같았다(히 13:12-13).

1. 서쪽 하늘 붉은 노을 영문 밖에 비취누나
   연약하온 두 어깨의 십자가를 생각하니
   머리에는 가시관 몸에는 붉은 옷
   힘없이 걸어가신 영문 밖의 길이라네

2. 한 발자국 두 발자국 걸어가신 자욱마다
   뜨거운 눈물 붉은 피 가득하게 고였구나
   간악한 유대 병정 포악한 로마 병정
   걸음마다 자욱마다 가진 포악 지셨구나

3. 눈물 없이 못 가는 길 피 없이 못 가는 길
   영문 밖의 좁은 길이 골고다의 길이라네
   영생복락 얻으려면 이 길만은 걸어야 해

배고파도 올라가고 죽더라도 올라가세

4. 아픈 다리 싸매 주고 저는 다리 고쳐 주사
보지 못한 눈을 열어 영생 길을 보여 주니
칠전팔기 할지라도 제 십자가 바로 지고
골고다의 높은 고개 나도 가게 하옵소서

5. 십자가의 고개턱이 제 아무리 어려워도
주님 가신 길이오니 내가 어찌 못가오리
주님 제자 베드로는 거꾸로도 갔사오니
고생이라 못 가오며 죽임이라 못 가오리

산에 오르사
그 어디나 하늘나라
애통하며 회개할 맘
물방울, 바위를 뚫다
무얼 먹고 마실까
때리시고 어루만져
네가 내 얼굴이다
평화, 평화로다
십자가, 그 복된 길

다시, 복을 받으려면

11 나로 말미암아 너희를 욕하고 박해하고 거짓으로
너희를 거슬러 모든 악한 말을 할 때에는 너희에게 복
이 있나니 12 기뻐하고 즐거워하라 하늘에서 너희의
상이 큼이라 너희 전에 있던 선지자들도 이같이 박해하
였느니라

한국 교회와 팔복

신학교에 있을 때 학기 말이면 내가 가르치는 한국 교회사 수업을 들은 학생들과 함께 교회사 유적지를 답사했다. 전국을 거의 다 다녀 보았는데 청주 지역 답사 때가 기억에 남는다.

청주 지역 답사에서는 이 지역 최초 교회로 설립된 신대리교회로 시작해서 대원군 시절 천주교인들을 처형했던 청주감영 터 위에 세워진 청주제일교회를 거쳐 미국 북장로회 청주 선교부가 위치했던 일신여학교 동산에 올라 선교사들이 살던 양관과 선교사 묘지를 살펴본다. 그리고 한국에서 손꼽히는 '아름다운 토착 예배당'을 보유한 성공회 수동교회를 둘러본 후 거기서 멀지 않은 삼일공원에서 마무리했다.

1980년 우암산 기슭에 조성된 삼일공원에는 삼일운동 때 민족 대표로 참여했던 이 지역 출신 독립운동가들의 동상이 설치되어 있다. 처음엔 천도교 대표 손병희와 권병덕, 권동진, 기독교 대표 신홍식과 신석구, 정춘수의 6인 동상이 서 있었는데 지금은 다섯만 남았다. 1996년 2월, '역사 바로 세우기' 열풍이 몰아칠 때 청주 지역 시민단체 회원들이 "친일파 동상을 거룩한 곳에 세워 둘 수 없다"며 정춘수 목사의 동상을 닻줄로 끌어내려 훼파했기 때문이다. 그 후 그 동상이 있던 자리는 비어 있다. 바로 그 옆에 남아 있는 신석구 동상은 '친구의 변절'을 못내 안타까워하는 듯 외롭게 서 있다.

신석구와 정춘수는 아주 가까운 친구였다. 우선 고향(청원군 보은면)이 같았고 나이도 6개월 차이밖에 나지 않았다. 그런데 모든 면에서 정춘수가 신석구보다 한 발짝 앞섰다. 기독교로 개종한 것도 그가 먼저였고 신학 공부도 목사 안수도 그가 먼저 받았다. 고랑포에서 개종한 신석구를 선교사에게 소개해서 목회 사역을 시작하도록 해준 인물도 정춘수였다. 1919년 삼일운동 때도 정춘수가 먼저 민족 대표로 참여했고 그가 오화영을 통해 신석구를 끌어들였다.

그러나 삼일운동 이후 두 사람의 운명은 갈라졌다. 출옥 후 정춘수는 개성 북부교회와 중앙교회, 춘천 지방 장로사, 서울 수표교교회 목사를 거쳐 1939년 감리교단 최고수반인 감독에 선출되었다. 그때부터 정춘수 목사의 노골적인 '친일 행각'이 시작되었다. 신사참배를 비롯하여 총독부의 각종 지시를 충실하게 이행했고 교단 조직과 체계를 일본식으로 개편했으며 해방 직전에는 전국 40여 교회를 폐쇄하고 그 부동산을 팔아 '애국기'(愛國機, 가미가제용 비행기) 국방 헌금을 했다. 그는 일제 말기 가장 노골적인 '친일파 목사'로 기록되었다. 해방 후에는 반민특위에 검거되어 치욕적인 조사를 받았고 감리교단 내의 비판을 피하여 천주교로 개종한 후 1951년 전쟁 중 고향에서 사망했다.

반면 신석구 목사는 출옥 후 원산, 고성, 춘천, 가평, 철원, 한포, 천안, 진남포 등 지방의 작고 가난한 교회들을 주로 맡아 시무했다. 일제 말기에는 친구 정춘수 감독에 의해 '목사 휴직' 처분을 받기도 했다. 일장기 게양을 거부한 죄로 용강경찰서에 갇혔다가 유치장에서 해방을 맞은 신석구 목사는 주변의 월남 권유에 "양을 버리고 갈 수 없다" 하며 북에 남아 문애리교회 강단을 지켰다. 그리고 1949년 '반공 비밀결사' 조직 혐의로 체포되어 평양 인민교화소에 수감되었다가 전쟁 중 순교했다.

이처럼 신석구와 정춘수 두 목회자는 출발은 같았으나 마지막은 전혀 다른, 상반된 삶을 살았다. 그리하여 한 사람은 '신앙과 민족 양심을 지킨 애국자'로 추앙을 받아 독립유공 포상을 받고 국립묘지 '애국지사' 묘역에 묻힌 반면, 다른 한 사람은 '변절한 친일파'로 낙인찍혀 그 후손이 얼굴을 들고 나설 수 없게 만들었다. 그런 두 목사의 동상이 있던 삼일공원에서 나와 학생들이 들은 음성은 하나였다.

> 믿음은 갖는 것도 어렵지만 그보다 더 어려운 것은
> 지키는 것이라네.

어찌 믿음뿐이겠는가? 하나님께 받은 은혜와 축복도 받는 것보다 더 어려운 것이 그것을 유지하고 지켜내는 것이다. 오늘 한국 교회 형편이 그렇다. 오늘 주님이 한국 교회에 오신다면 칭찬을 하실까, 꾸중을 하실까? 아무래도 에베소교회에게 주셨던 말씀을 하실 것 같다.

내가 네 행위와 수고와 인내를 알고, 또 악한 자들을 용납하지 아니한 것과 자칭 사도라 하되 아닌 자들을 시험하여 그의 거짓된 것을 드러낸 것과, 또 네가 참고 내 이름을 위하여 견디고 게으르지 아니한 것을 아노라. 그러나 너를 책망할 것이 있나니 너의 처음 사랑을 버렸느니라.

계 2:2-4

한국 교회는 핍박도 많이 받았다. 순교자도 많이 나왔다. 전도도 많이 했다. 교회도 많이 세웠다. '세계 최대'라는 교회도 여럿 있다. 구제 사업도 많이 했다. 목회자도 많이 길러 냈다. 선교사도 많이 파송했다. 참으로 자랑할 것이 많은 한국 교회다. 그런데 한 가지, 치명적인 실수를 했으니 '처음 사랑'을 잃어버렸다. 사랑을 잃어버린 결과 사랑의 근원인 성령도 소멸되어 성령의 열매인 "사랑과 희락과 화평과 오래 참음과 자비와 양선과 충성과 온유와 절제"는 찾아볼 수 없게 되었고 대신 육신의 일인 "음행과 더러운 것과 호색과 우상 숭배와 주술과 원수 맺는 것과 분쟁과 시기와 분 냄과 당 짓는 것과 분열함과 이단과 투기와 술 취함과 방탕함과 또 그와 같은 것들이" 판을 치게 되었다(갈 5:19-23). 영적이어야 할 교회가 육적인 것을 추구했다.

그렇게 성령이 소멸된 교회는 정상 궤도를 벗어나 비정상적인 증상을 나타냈다. 사데교회처럼, "살았다 하는 이름은 가졌으나 죽은 자"(계 3:1) 같은 신앙생활,

라오디게아교회처럼 교회에 다니기는 하는데 "미지근하여 뜨겁지도 아니하고 차지도 아니하여 입에서 토해내고 싶은"(계 3:16) 교인, "나는 부자라 부요하여 부족한 것이 없다 하나 곤고한 것과 가련한 것과 가난한 것과 눈먼 것과 벌거벗은 것을 알지 못하는"(계 3:17) 처지가 되었다.

한국 교회는 이미 1930년대부터 그런 증상이 나타나기 시작했다. 교권주의와 세속주의, 물질주의, 당파주의, 교파주의, 이기주의, 진영 논리에 매몰된 교회 지도자들의 윤리적인 타락과 교인들의 도덕적 불감증으로 교회는 사회로부터 존경과 칭송을 받기보다 조롱과 비난을 받았다. 남 탓할 것 없었다. 원인은 교회 내부에 있었다. 예수님께서 당대의 종교지도자들인 서기관과 바리새파 사람들에게 붙이셨던 '외식(外飾)하는 자', '눈먼 인도자', '회칠한 무덤'이란 수식어가 어울리는 현실이다(마 23:1-36). 모두 '본디'를 잃어버린 '탕자'의 몰골이다.

위기의 시대에 하나님의 예언자들이 나타나 하늘의 뜻을 알려 주었던 것처럼 1930년대 한국 교회의 위기 상황에서도 그런 예언자들이 없지 않았다. 그들은 기성교회 지도자들이 듣기 거북한 메시지를 전했고 그 때문에 기득권층, 교권주의자들에 의해 '이단' 혹은 '비정통'으로 낙인찍혔다. 1930년 장로교회를 떠나 복음교회를 시작한 최태용 목사의 메시지다.

신학은 많고 신앙은 적고,
기도회는 많고 기도는 적고,
단체로서 수는 많고 좋은 신앙의 개인은 적고,
사람의 지혜로 하는 운동은 많고 하나님 자신의
권능으로 하는 일은 적다.
이 많은 일이 적게 되고 이 적은 일이 많게 되어야 세상은
바른 세상이니
그러면 세상이 그렇게 되기 위하여서는 지금 세상은
한번 뒤집혀야 한다.
아! 세상은 한 혁명을 요구한다.

1933년 감리교회를 떠나 예수교회를 시작한 이용도 목사의 메시지다.

화 있을진저 현대 교회여!
저희의 요구하는 예수는 육(肉)의 예수, 영(榮)의 예수,
부(富)의 예수, 고(高)의 예수였고
예수의 예수는 영(靈)의 예수, 천(賤)의 예수, 빈(貧)의
예수였나이다.
예수를 요구하느냐. 하나님의 아들을 찾으라.
인(人)의 예수, 너희가 만들어 세운 예수 말고!
예수를 갖다가 너희 마음에 맞게 할 것이 아니라
너희를 갖다가 예수에게 맞게 할 것이었느니라.

지금까지 한국 교회는 초대교회 성도들이 쌓은

신앙의 공덕(功德)으로 견뎌 왔다. 처음 신앙인들이 가난과 고난, 시련과 역경 속에서도 굴하지 않는 순수한 믿음으로 하나님께로부터 받은 은총과 축복이 있었기에 지금까지 버텨 왔다. 마치 브엘세바에서 만난 하나님으로부터 "나는 네 아버지 아브라함의 하나님이다. 내 종 아브라함을 위하여 내가 너와 함께 있어 네게 복을 주어 네 자손이 번성하게 하리라"(창 26:24) 하시는 말씀을 들었던 이삭처럼, 우리는 우리 신앙 선조들의 믿음 덕분에 분에 넘치는 축복을 누리며 살고 있는 셈이다. 그런데 그 조상의 은덕(恩德)으로 쌓였던 축복의 창고가 비어 가고 있다. 기도를 해도 응답이 없고 찬송을 불러도 공허할 뿐이다. 예배를 드려도 그때뿐이요 행사를 해도 자기 자랑뿐이다. 주님의 이름으로 모였다고는 하지만 정작 주님이 계시지 않으니 사람들 주장과 의견만 난무할 뿐이다. 위기다. 어찌할 것인가? "처음 사랑을 버렸다" 책망하셨던 주님은 만회할 기회를 주셨다.

> 그러므로 어디서 떨어졌는지를 생각하고 회개하여
> 처음 행위를 가지라. 만일 그러하지 아니하고 회개하지
> 아니하면 내가 네게 가서 네 촛대를 그 자리에서
> 옮기리라.
> 계 2:5

마음을 돌이켜 회개하고 조상들의 '처음 행위'를

다시 하는 것. 그것만이 살 길이다. 그런 점에서 한국 초대교회 시절 하나님의 '팔복'을 받았던 신앙 선조들의 믿음, 그 행위를 오늘에 곱씹어 재현할 필요가 있다.

일본 유학을 갔다가 족자에서 읽은 '산상보훈' 말씀에
끌려 세례를 받은 후 '민족을 구원할' 말씀이 담긴
성경을 우리말로 번역하고 미국 교회에 선교사 파송을
요청함으로 '조선의 마케도니아인'이 되었던 **이수정**.

처음엔 지주가 교회를 한다니까 소작을 떼일까 봐
교회에 나갔다가 마음을 바꾼 지주가 예배당을 폐쇄하자
오히려 소작 떼일 각오로 말씀에 이끌린 신앙을 지켜
무리에서 제자로 변신했던 **두동교회의 알곡 신자들**.

뒤늦게 출셋길이 열렸으나 정치적 음모로 한성감옥에
갇혀 허무와 좌절의 세월을 보내던 중 옥중에서 성경을
읽고 '예수 형님'을 만나 위로와 용기를 얻음으로
'지옥이 곧 천당'이 되는 체험 후 '섬김의 사도'로 살았던
이상재.

같은 한성감옥에 갇혀 불우한 자신의 처지를 한탄하다가
예수를 만나 위로받고 감격의 눈물을 흘렸던 **김정식**과,
선교 실패와 부진의 원인이 바로 자신임을 깨닫고
교인들 앞에서 회개의 눈물을 흘렸던 **로버트 하디**. 그리고
위기에 처한 나라와 민족을 위해 애통하며 기도하다가

'민족 구원'의 무거운 책임을 깨닫고 감격해서 울었던 **손정도**.

어느 누구도 건드리지 못했던 난봉꾼이었으나 장터에서 얻은 전도 책자를 읽고 한순간에 새사람이 되어 지게를 지고 강원도, 충청도, 경기도 일대 장터를 찾아다니며 남의 짐을 져주고 복음을 전했던 '지게꾼 전도자' **이덕수**.

어려서 부모 잃고 열병 앓다 앞을 못 보게 된 불운한 처지에 점술을 배워 '명복' 소리를 듣고 재물도 모았지만 참도(道)가 무엇인지 갈급한 심령으로 백일기도를 드린 후 '의(義)의 산통', 말씀을 얻어 불의한 재물을 청산하고 복음 전도자로 나섰던 **백사겸**.

마을 부자였지만 예수 믿은 후 '동료의 빚을 탕감해 주지 않은 불의한 종'에 대한 말씀을 그대로 실천하여 마을 사람들의 빚 문서를 불태워 버리고 남은 재산도 가난 이웃과 교회에 헌납한 후 '땅 끝'을 찾아다니며 복음을 전했던 **종순일**.

목사 안수를 받기 전에 "주님의 영광을 보여 주소서", "주님의 음성을 들려주소서" 기도했더니 "네가 곧 내 얼굴이다", "성경이 곧 내 말이다"라는 주님의 응답을 받고 하나님의 얼굴로서 하나님의 영광을 드러내기 위해 마음 씻기를 게을리하지 않았던 **최병헌**.

삼일운동 때 기도하던 중 '잃어버린 국권을 되찾는 것이 곧 하나님의 뜻'임을 알고 한 알의 밀알로 죽고자 민족 대표로 참여하여 옥고를 치른 후 한국전쟁 때 평양 형무소에서 생명을 바친 **신석구**. 그리고 전쟁 난리에 같은 마을 사람들끼리 좌우익으로 나뉘어 서로 죽이는 살육의 현장에서 "원수까지 사랑하라"라는 메시지로 마을 평화를 이루고 자신은 화목제 제물이 되어 순교의 길을 떠났던 **서기훈**.

일제 말기 잔인한 일제의 식민 통치로 우리 민족의 역사와 혼이 소멸해 갈 때에 우리 민족의 역사를 재해석하여 "고난은 우리 민족을 당신의 거룩한 뜻을 이루기 위해 연단하시는 하나님의 은총"이라고 선언했던 **함석헌**. 그 하나님을 향한 "거역할 수 없는 사랑"으로 그리스도와 완전히 하나 되어 십자가 고난을 달게 받았던 **주기철**.

하나같이 심령이 가난하고, 애통하고, 온유하고, 의에 주리고 목마르고, 긍휼하고, 마음이 청결하고, 화평케 하고, 의를 위하여 박해를 받은 사람들이다. 그랬기에 그와 그 후손들이 하늘나라의 풍성한 축복을 받을 수 있었다. 가난과 애통과 온유와 주림과 긍휼과 청결과 화평과 박해가 원인이라면 축복은 결과다. 그런

점에서 오늘 우리가 조상들이 받았던 축복을 다시 받기 위해 선조들의 '처음 행위'를 반복할 필요가 있다. 이 대목에서 1945년 2월, 일본 후쿠오카감옥에서 절명한 민족 시인 윤동주(尹東柱, 1917-1945)의 〈팔복〉이란 시가 떠오른다.

슬퍼하는 자는 복이 있나니
슬퍼하는 자는 복이 있나니
슬퍼하는 자는 복이 있나니
슬퍼하는 자는 복이 있나니
슬퍼하는 자는 복이 있나니
슬퍼하는 자는 복이 있나니
슬퍼하는 자는 복이 있나니
슬퍼하는 자는 복이 있나니

저희가 영원히 슬플 것이요

윤동주는 여덟 가지 복을 "슬퍼하는 자"에게만 돌렸다. 그리고 받을 복도 "영원히 슬퍼함"이라 했다. 애통으로 시작해서 애통으로 끝나는 복이다. 왜 그랬을까? 독실한 기독교 신앙 가문에서 태어난 윤동주는 어린 시절부터 할아버지 윤학원 집사에게 성경을 배우며 자랐다. 그래서 그의 시에는 '하늘'과 '십자가'가 자주 등장한다. 그런 그에게 산상팔복은 늘 외우던 말씀이었다. 그런데 왜 "슬퍼하라"고만 했을까? 그가 살았던 시대는 교회와 민족이 함께 슬퍼하던 때였다. 나라를 빼앗기고 폭력으로 짓밟히는 민족에게 필요한 것은 애통하며 슬퍼하는 것뿐이었다. 양심이 있다면 애통과 슬픔이 정상이고 환희와 쾌락이 비정상인 시절이었다. “지금 우는 자는 복이 있나니 너희가 웃을 것임이요”(눅 6:21) “지금 웃는 자여 너희가 애통하며 울리로다”(눅 6:25). 그렇게 애통하는 자에게 임하는 하나님의 위로, 윤동주는 그것을 말했다. 하나님의 위로를 받기 위해서, 그리고 그 위로가 끝나지 않기 위해서는 계속 애통하는 길밖에 없다. 그래서 계속 “슬퍼하라”라고 호소했다.

다른 복도 마찬가지다. 심령이 가난한 자에게만 하늘나라 은총이 임한다. 온유한 자에게만 하나님이 당신의 유업을 맡기신다. 의에 주리고 목마른 자라야 하나님의 말씀, 그 속에 담긴 의로 만족하게 된다. 세상과 이웃을 긍휼히 여기는 자만이 심판 때 하나님의 긍휼하심을 얻을 수 있다. 마음이 청결한 사람만이 하나님의 얼굴과 그 영광을 볼 수 있다. 평화를 만드는 사람만이 하나님의 자녀라는 칭호를 받을 수 있다. 의를 행하다가 고난당하는 자만이 천국에 들어갈 수 있다. 그래서 심령이 가난하고, 애통하며, 온유하고, 의에 주리며 목마르고, 긍휼하고, 마음이 청결하고, 평화를 만드는 일과 의로 인해 박해를 받는 일을 계속해야만 한다. 그걸 잃어버리거나 중단하면 내리던 복도 끊어질 것은 당연하다. 그런 생각을 바탕으로, 윤동주의 시에

빗대어 내 식으로 '팔복'을 정리해 보았다.

심령이 가난한 자는 복이 있나니 저희가 영원히 가난할
것이요
애통하는 자는 복이 있나니 저희가 영원히 애통할
것이요
온유한 자는 복이 있나니 저희가 영원히 온유할 것이요
의에 주리고 목마른 자는 복이 있나니 저희가 영원히
주리고 목마를 것이요
긍휼히 여기는 자는 복이 있나니 저희가 영원히 긍휼히
여길 것이요
마음이 청결한 자는 복이 있나니 저희가 영원히 청결할
것이요
화평케 하는 자는 복이 있나니 저희가 영원히 화평케 할
것이요
의를 위하여 박해를 받는 자는 복이 있나니 저희가
영원히 박해를 받을 것이요

그리하여 하나님 나라에서, 하나님 위로를 받고, 하나님 일을 하며, 하나님 말씀을 듣고, 하나님 사랑을 입고, 하나님 영광을 보며, 하나님 자녀가 되어, 하나님 나라를 이룰 것이기 때문입니다. 영원히

부록

산상팔복 성경 구절 역본

Greek New Testament

1. Ἰδὼν δὲ τοὺς ὄχλους, ἀνέβη εἰς τὸ ὄρος καὶ καθίσαντος αὐτοῦ προσῆλθαν αὐτῷ οἱ μαθηταὶ αὐτοῦ.

2. καὶ ἀνοίξας τὸ στόμα αὐτοῦ, ἐδίδασκεν αὐτοὺς λέγων,

3. Μακάριοι οἱ πτωχοὶ τῷ πνεύματι, Ὅτι αὐτῶν ἐστιν ἡ βασιλεία τῶν οὐρανῶν.

4. Μακάριοι οἱ πενθοῦντες, Ὅτι αὐτοὶ παρακληθήσονται.

5. Μακάριοι οἱ πραεῖς, Ὅτι αὐτοὶ κληρονομήσουσιν τὴν γῆν.

6. Μακάριοι οἱ πεινῶντες καὶ διψῶντες τὴν δικαιοσύνην, Ὅτι αὐτοὶ χορτασθήσονται.

7. Μακάριοι οἱ ἐλεήμονες, Ὅτι αὐτοὶ ἐλεηθήσονται.

8. Μακάριοι οἱ καθαροὶ τῇ καρδίᾳ, Ὅτι αὐτοὶ τὸν Θεὸν ὄψονται.

9. Μακάριοι οἱ εἰρηνοποιοί, Ὅτι αὐτοὶ υἱοὶ Θεοῦ κληθήσονται.

10. Μακάριοι οἱ δεδιωγμένοι ἕνεκεν δικαιοσύνης, Ὅτι αὐτῶν ἐστιν ἡ βασιλεία τῶν οὐρανῶν.

11. Μακάριοί ἐστε ὅταν ὀνειδίσωσιν ὑμᾶς καὶ διώξωσιν καὶ εἴπωσιν πᾶν πονηρὸν καθ' ὑμῶν ψευδόμενοι ἕνεκεν ἐμοῦ.

12. χαίρετε καὶ ἀγαλλιᾶσθε, ὅτι ὁ μισθὸς ὑμῶν πολὺς ἐν τοῖς οὐρανοῖς οὕτωςγὰρ ἐδίωξαν τοὺς προφήτας τοὺς πρὸ ὑμῶν.

Vulgata(Latin)

1. Videns autem Jesus turbas, ascendit in montem, et cum sedisset, accesserunt ad eum discipuli ejus,

2. et aperiens os suum docebat eos dicens:

3. Beati pauperes spiritu: quoniam ipsorum est regnum cælorum.

4. Beati mites: quoniam ipsi possidebunt terram.

5. Beati qui lugent: quoniam ipsi consolabuntur.

6. Beati qui esuriunt et sitiunt justitiam: quoniam ipsi saturabuntur.

7. Beati misericordes: quoniam ipsi misericordiam consequentur.

8. Beati mundo corde: quoniam ipsi Deum videbunt.

9. Beati pacifici: quoniam filii Dei vocabuntur.

10. Beati qui persecutionem patiuntur propter justitiam: quoniam ipsorum est regnum cælorum.

11. Beati estis cum maledixerint vobis, et persecuti vos fuerint, et dixerint omne malum adversum vos mentientes, propter me:

12. gaudete, et exsultate, quoniam merces vestra copiosa est in cælis. Sic enim persecuti sunt prophetas, qui fuerunt ante vos.

King James Version(KJV)

1. And seeing the multitudes, he went up into a mountain: and when he was set, his disciples came unto him:

2. And he opened his mouth, and taught them, saying,

3. Blessed are the poor in spirit: for theirs is the kingdom of heaven.

4. Blessed are they that mourn: for they shall be comforted.

5. Blessed are the meek: for they shall inherit the earth.

6. Blessed are they who do hunger and thirst after righteousness: for they shall be filled.

7. Blessed are the merciful: for they shall obtain mercy.

8. Blessed are the pure in heart: for they shall see God.

9. Blessed are the peacemakers: for they shall be called the children of God.

10. Blessed are they which are persecuted for righteousness' sake: for theirs is the kingdom of heaven.

11. Blessed are ye, when men shall revile you, and persecute you, and shall say all manner of evil against you falsely, for my sake.

12. Rejoice, and be exceeding glad: for great is your reward in heaven: for so persecuted they the prophets which were before you.

New International Version (NIV)

1. Now when he saw the crowds, he went up on a mountainside and sat down.

2. His disciples came to him, and he began teach them saying,

3. Blessed are the poor in spirit, for theirs is the kingdom of heaven.

4. Blessed are those who mourn, for they will be comforted.

5. Blessed are the meek, for they will inherit the earth.

6. Blessed are those who hunger and thirst for righteousness, for they will be filled.

7. Blessed are the merciful, for they will be shown mercy.

8. Blessed are the pure in heart, for they will see God.

9. Blessed are the peacemakers, for they will be called sons of God.

10. Blessed are those who are persecuted because of righteousness, for theirs is the kingdom of heaven.

11. Blessed are you when people insult you, persecute you and falsely say all kinds of evil against you because of me.

12. Rejoice and be glad, because great is your reward in heaven, for in the same way they persecuted the prophets who went before you.

漢文聖經 文理譯(1908)

1. 耶穌見群衆 遂登山旣座 門徒就焉

2. 乃啓口訓之曰

3. 虛心者福矣 因天國乃其國也

4. 哀慟者福矣 因其將受慰也

5. 溫良者福矣 因其將得地也

6. 慕義如飢渴者福矣 因其將得飽也

7. 矜恤者福矣 因其將見矜恤也

8. 淸心者福矣 因其將見上帝也

9. 使人和睦者福矣 因其將稱爲上帝子也

10. 爲義而被窘逐者福矣 因天國乃其國也

11. 人爲我爾詬詈爾窘逐爾造諸惡言誹謗爾 則爾福矣

12. 當欣喜歡樂 因在天爾之賞大也 蓋先爾諸先知
人亦曾如是窘逐之也

로스 역 마태복음(1886)

1. 예수 그 사람을 보고 산에 올라앉으니 제자 나아오거늘
2. 예수 일을 열거 거르쳐 갈아사대
3. 마음 궁빈한 자 복이문 천국이 저의 나라이 되고
4. 슬퍼하는 자 복이문 안위가 있고
5. 온순한 자 복이문 세상을 얻고
6. 의를 기갈하는 자 복이문 배 부르고
7. 가련히 여기는 자 복이문 가련히 여김을 받고
8. 마음 맑은 자 복이문 하나님을 보고
9. 화목케 하는 자 복이문 하나님의 아들이라 칭하고
10. 의를 위하여 핍박을 받는 자 복이문 천국이 저의 나라이 되고
11. 너희 나를 위하여 사람의 훼방과 군핍과 모든 거짓 악언을 받는 자도 복이 있으리니
12. 즐기고 희락하라 하늘에서 너희 상 줌이 크리니 대개 사람이 너희 전 선지를 군핍함도 그러하니라.

아펜젤러 역 마태복음(1896년)

1. 뭇사람을 보시고 산에 올라가 앉으시니 제자들이 예수께 나아오거늘

2. 입을 열어 가르쳐 갈아사대

3. 마음으로 빈 자는 복 있는 자로다 천국이 저희 것임이오

4. 애통하는 이는 복 있는 자로다 위로함을 받을 것임이오

5. 양순한 이는 복 있는 자로다 땅을 차지할 것임이오

6. 의 사모하기를 주리고 목마름 같이 하는 자는 복 있는 자로다 배부를 것임이오

7. 불상히 여기는 자는 복 있는 자로다 불상히 여김을 얻을 것임이오

8. 마음에 조찰하는 자는 복 있는 자로다 하ᄂ님을 뵈올 것임이오

9. 화목케 하는 자는 복 있는 자로다 하ᄂ님의 아들이라 일컬을 것임이오

10. 의를 위하여 핍박을 받는 자는 복 있는 자로다 천국이 저희 것임이오

11. 나를 인하여 너를 욕하고 핍박하고 모든 악한 것을 거짓말로 비방하면 복 있는 자로다

12. 기뻐하고 즐거워하라 하늘에서 큰 상을 얻으리라 예전 선지도 이같이 핍박하였느니라

번역위원회 공인역(1906년)

1. 예수가 무리를 보시고 산에 올라가 앉으시니 제자들이 나아오거늘
2. 입을 열어 가리쳐 갈아사대
3. 마음이 가난한 자는 복이 있나니 천국이 저희 것이오
4. 애통하는 자는 복이 있나니 저희가 위로함을 받을 것이오
5. 온유한 자는 복이 있나니 저희가 땅을 차지할 것이오
6. 의 사모하기를 주리고 목마른 것 같이 하는 자는 복이 있나니 저희가 배 부를 것이오
7. 자비하는 자는 복이 있나니 저희가 자비함을 받을 것이오
8. 마음이 청결한 자는 복이 있나니 저희가 하누님을 볼 거시오
9. 화목케 하는 자는 복이 있나니 저희를 하누님의 아들이라 일커를 것이오
10. 의를 위하여 핍박을 받는 자는 복이 있나니 천국이 저희 것이오
11. 나를 인하여 너희를 욕하고 핍박하고 모든 악하다 하는 거짓말로 비방하면 너희에게 복이 있나니
12. 기뻐하고 즐거워하라 너희가 하늘에서 상 받을 것이 크리라 너희 전에 있던 선지자를 이같이 핍박하였느니라.

펜윅 역 신약전서(1917년)

1. 예수씨께서 무리를 보시니 산에 올나가사 안즈시매 제자들이 오오니
2. 입을 열으시고 가르치사 말슴하시대
3. 신이 어려운 사람은 복이 있도다 이는 하날들 나라가 저희 것이로다
4. 슯흔 사람은 복이 있도다 저희는 위로함을 받으리로다
5. 순한 사람은 복이 있도다 저희는 땅을 얻을 사람이로다
6. 올흔 것으로 시장하고 목마른 사람은 복이 잇도다 저희는 가득하리로다
7. 자비하는 사람은 복이 있도다 저희는 자비하심을 받으로리로다
8. 마음 깨끗한 사람은 복이 있도다 저희는 하나님을 뵈리로다
9. 사화케 하는 사람은 복이 있도다 저희는 하나님의 아들들이라 일커름을 받으로리로다
10. 올흔 일 때문에 핍박함을 받는 사람은 복이 있도다 하날들의 나라가 저희 것이로다
11. 아모 때나 사람이 너를 욕하던지 핍박하던지 모든 악한 소리 속임으로 날 위하야 네게 하는 대 네가 복이 있도다
12. 너희 상급 하날에 크게 되나니 즐거워하야 기뻐할 것은 이와 같이 저희는 너희 압헤 있던 선지들도 핍박하였슴이니라

게일·이원모 역 신약전서(1925년)

1. 예수- 무리를 보시고 山에 올라앉으시니 弟子들이 나아오거늘
2. 敎訓하야 갈아사대
3. 마음이 비인 者가 福이 있나니 天國를 누릴 것이오
4. 哀慟하는 者가 福이 있나니 慰勞를 받을 것이오
5. 溫柔한 者가 福이 있나니 土地의 基業을 이을 것이오
6. 義를 주리고 목마름같이 思慕하는 者가 福이 있나니 배부름을 얻을 것이오
7. 慈悲한 者가 福이 있나니 矜恤히 여김을 받을 것이오
8. 마음이 淸潔한 者가 福이 있나니 하ᄂᆞ님을 볼 것이오
9. 和睦케 하는 者가 福이 있나니 하ᄂᆞ님의 아들이라 일컬을 것이오
10. 義를 爲하야 逼迫 받는 者가 福이 있나니 天國을 누리리라
11. 너희가 나를 因하야 羞辱과 逼迫과 謀陷을 받으면 福이 있으리니
12. 기뻐하고 즐거워하라 하늘에서 받을 賞이 크리라. 이 前에 先知者가 이같이 逼迫을 받았느니라

개역한글판(1954년)

1. 예수께서 무리들을 보시고 산에 올라가 앉으시니 제자들이
나아오거늘
2. 입을 열어 가르쳐 가라사대
3. 마음이 가난한 자는 복이 있나니 천국이 저희 것이요
4. 애통하는 자는 복이 있나니 저희가 위로함을 받을 것이요
5. 온유한 자는 복이 있나니 저희가 땅을 차지할 것이요
6. 의 사모하기를 주리고 목마른 것 같이 하는 자는 복이 있나니
저희가 배부를 것이요
7. 자비하는 자는 복이 있나니 저희가 자비함을 받을 것이요
8. 마음이 청결한 자는 복이 있나니 저희가 하나님을 볼 것이요
9. 화목케 하는 자는 복이 있나니 저희를 하나님의 아들이라 일컬을
것이요
10. 의를 위하여 핍박을 받은 자는 복이 있나니 천국이 저희 것이요
11. 나를 인하여 너희를 욕하고 핍박하고 모든 악하다 하는
거짓말로 비방하면 너희에게 복이 있나니
12. 기뻐하고 즐거워하라 너희가 하늘에서 상 받을 것이 크리라
너희 전에 있던 선지자를 이같이 핍박하였느니라.

새번역 신약성서(1966년)

1. 예수께서 무리를 보시고, 산에 올라가 앉으시니, 제자들이 그에게 나아왔다.
2. 예수께서 입을 열어서 그들을 가르치셨다.
3. "마음이 가난한 사람은 복이 있다. 하늘 나라가 그들의 것이다.
4. 슬퍼하는 사람은 복이 있다. 하나님이 그들을 위로하실 것이다.
5. 온유한 사람은 복이 있다. 그들이 땅을 차지할 것이다.
6. 의에 주리고 목마른 사람은 복이 있다. 그들이 배부를 것이다.
7. 자비한 사람은 복이 있다. 하나님이 그들을 자비롭게 대하실 것이다.
8. 마음이 깨끗한 사람은 복이 있다. 그들이 하나님을 볼 것이다.
9. 평화를 이루는 사람은 복이 있다. 하나님이 그들을 자기의 자녀라고 부르실 것이다.
10. 의를 위하여 박해를 받은 사람은 복이 있다. 하늘 나라가 그들의 것이다.
11. 너희가 나 때문에 모욕을 당하고, 박해를 받고, 터무니없는 말로 온갖 비난을 받으면, 복이 있다.
12. 너희는 기뻐하고 즐거워하여라. 하늘에서 받을 너희의 상이 크기 때문이다. 너희보다 먼저 온 예언자들도 이와 같이 박해를 받았다."

공동번역 신약성서(1992년)

1. 예수께서 무리를 보시고 산에 올라가 앉으시자 제자들이 곁으로 다가왔다.
2. 예수께서는 비로소 입을 열어 이렇게 가르치셨다.
3. 마음이 가난한 사람은 행복하다. 하늘나라가 그들의 것이다.
4. 슬퍼하는 사람은 행복하다. 그들은 위로를 받을 것이다.
5. 온유한 사람은 행복하다. 그들은 땅을 차지할 것이다.
6. 옳은 일에 주리고 목마른 사람은 행복하다. 그들은 만족할 것이다.
7. 자비를 베푸는 사람은 행복하다. 그들은 자비를 입을 것이다.
8. 마음이 깨끗한 사람은 행복하다. 그들은 하느님을 뵙게 될 것이다.
9. 평화를 위하여 일하는 사람은 행복하다. 그들은 하느님의 아들이 될 것이다.
10. 옳은 일을 하다가 박해를 받는 사람은 행복하다, 하늘나라가 그들의 것이다.
11. 나 때문에 모욕을 당하고 박해를 받으며 터무니없는 말로 갖은 비난을 다 받게 되면 너희는 행복하다.
12. 기뻐하고 즐거워하여라. 너희가 받을 큰 상이 하늘에 마련되어 있다. 옛 예언자들도 너희에 앞서 같은 박해를 받았다.

표준새번역 성경전서(1996년)

1. 예수께서 무리를 보시고 산에 올라가 앉으시니, 제자들이 그에게 나아왔다.

2. 예수께서 입을 열어서 그들을 가르치셨다.

3. 마음이 가난한 사람은 복이 있다. 하늘 나라가 그들의 것이다.

4. 슬퍼하는 사람은 복이 있다. 그들이 위로를 받을 것이다.

5. 온유한 사람은 복이 있다. 그들이 땅을 차지할 것이다.

6. 의에 주리고 목마른 사람은 복이 있다. 그들이 배부를 것이다.

7. 자비한 사람은 복이 있다. 그들이 하나님을 볼 것이다.

8. 마음이 깨끗한 사람은 복이 있다. 그들이 하나님의 자녀라고 불릴 것이다.

9. 평화를 이루는 사람은 복이 있다. 그들이 하나님의 자녀라고 불릴 것이다.

10. 의를 위하여 박해를 받는 사람은 복이 있다. 하늘 나라가 그들의 것이다.

11. 너희가 나 때문에 모욕을 당하고 박해를 받고 터무니없는 말로 온갖 비난을 받으면 너희에게 복이 있다.

12. 너희는 기뻐하고 즐거워하여라. 하늘에서 너희의 상이 크기 때문이다. 너희보다 먼저 온 예언자들도 이와 같이 박해를 받았다.

개역개정판 성경전서(1998년)

1. 예수께서 무리를 보시고 산에 올라가 앉으시니 제자들이 나아온지라
2. 입을 열어 가르쳐 이르시되
3. 심령이 가난한 자는 복이 있나니 천국이 그들의 것임이요
4. 애통하는 자는 복이 있나니 그들이 위로를 받을 것임이요
5. 온유한 자는 복이 있나니 그들이 땅을 기업으로 받을 것임이요
6. 의에 주리고 목마른 자는 복이 있나니 그들이 배부를 것임이요
7. 긍휼히 여기는 자는 복이 있나니 그들이 긍휼히 여김을 받을 것임이요
8. 마음이 청결한 자는 복이 있나니 그들이 하나님을 볼 것임이요
9. 화평하게 하는 자는 복이 있나니 그들이 하나님의 아들이라 일컬음을 받을 것임이요
10. 의를 위하여 박해를 받은 자는 복이 있나니 천국이 그들의 것임이라
11. 나로 말미암아 너희를 욕하고 박해하고 거짓으로 너희를 거슬러 모든 악한 말을 할 때에는 너희에게 복이 있나니
12. 기뻐하고 즐거워하라 하늘에서 너희의 상이 큼이라 너희 전에 있던 선지자들도 이같이 박해하였느니라

참고문헌

산에 오르사

구본선, "공평한 ㄱ자 예배당", 《한국 교회 처음 예배당》, 홍성사, 2013.

김수진, 《한국기독교 선구자 이수정》, 도서출판 진흥, 2006.

오윤태, 《한국기독교사》 4권, 혜선문화사, 1983.

이덕주, "쌀 교인이 참 교인이 되다", 〈기독교세계〉 868호, 2002.7.

이덕주, "한국의 마게도니아인 이수정", 《새로 쓴 한국 그리스도인들의 개종 이야기》, 한국기독교역사연구소, 2007.

이덕주, 조선의 마게도니아인의 꿈", 《쉽게 풀어 쓴 한국 교회 이야기》, 신앙과지성사, 2009.

이덕주, "부자교회 'ㄱ자' 예배당-익산 두동교회", 《전주 비빔밥과 성자 이야기》, 도서출판 진흥, 2007.

이덕주, "조선의 마게도니아인", 《한국 교회 처음 이야기》, 홍성사, 2006.

이덕주, "이수정의 신앙고백", 《한국 그리스도인들의 신앙고백》, 한들출판사, 1997.

"Gospel for Corea", *The Gospel in All Lands*, Aug. 1993.

"Corea Open to the Gospel", *The Missionary Review*, Nov. 1883.

첫 번째 복, 그 어디나 하늘나라

월남이상재선생동상건립위원회 편, 《월남 이상재 연구》, 로출판, 1986.

이능화, 《朝鮮基督教史及外交史》, 기독교창문사, 1928.

이덕주, "성경에서 부국강병책을 찾은 민족운동가", 《새로 쓴 한국 그리스도인들의 개종 이야기》, 한국기독교역사연구소, 2007.

이덕주, "천당으로 바뀐 지옥: 정치범들의 옥중개종", 《쉽게 풀어 쓴 한국 교회 이야기》, 신앙과지성사, 2009.

이덕주, "낮아지고 높아지고", 《한국 교회 처음 이야기》, 홍성사, 2006.
전택부, 《이상재의 생애와 사상》, 연세대학교 출판부, 2001.
F. Brockmn, "Mr. Yi Sang Chai", *The Korea Mission Field*, Aug. 1911.

두 번째 복, 애통하며 회개할 맘

김교신, "고 김정식 선생", 〈성서조선〉 1937.5.
김영헌 편, 《로버트 하디: 한국교회 부흥의 뿌리》, 하디 1903 성령한국 준비위원회, 2013.
김정식, "신앙의 동기", 〈성서조선〉 1937.5
박용규, 《평양대부흥운동》, 생명의말씀사, 2007.
유성준, "믿음의 동기와 유래", 〈기독신보〉 1928.7.4.
이능화, 《朝鮮基督教史及外交史》, 기독교창문사, 1928.
이덕주, 《불꽃의 사람 로버트 하디》, 신앙과지성사, 2013.
이덕주, 《손정도: 자유와 평화의 꿈》, 신앙과지성사, 2020.
이덕주, "회개의 마중물", 《쉽게 풀어 쓴 한국교회 이야기》, 신앙과지성사, 2009.
이덕주, "경무관 출신 평신도 전도자 김정식", 《YMCA 인물콘서트》, 한국기독교역사연구소, 2014.
전택부, 《토박이 신앙산맥》, 대한기독교출판사, 1977.

세 번째 복, 물방울, 바위를 뚫다

리덕수, "담배를 거절할 것", 〈신학월보〉 1904.4.
"춘천순환회 권사 리덕수", 〈신학월보〉 1906.8.
양주삼 편, 《조선남감리교회 삼십주년기념보》, 조선남감리교회매년회, 1929.
이덕주, "묘비에 새긴 영원한 유언: 춘천 선교 개척자 이덕수 묘소", 〈기독교교육〉 417호, 2004.3.

이덕주,《춘천중앙교회사 1898-2006》, 기독교대한감리회 춘천중앙교회, 2006.
J.R. Moore, "Ye Duk-Su", *The Korea Mission Field*, July 1924.

네 번째 복, 무얼 먹고 마실까

박소천,《숨은 보배》, 동양선교회성결교회 출판부, 1938.
양주삼 편,《조선남감리교회 삼십주년기념보》, 조선남감리교회매년회, 1929.
오명동,《맹인 전도사 백사겸》, 한들출판사, 2007.
이덕주, "점쟁이 출신 맹인 전도자 백사겸",《새로 쓴 한국 그리스도인들의 개종 이야기》, 한국기독교역사연구소, 2007.
C. S. Deming, "The Korean Christian", *The Korea Mission Field*, June 1906.
"백사겸씨의 실화", 〈기독신보〉 1933.10.11-18.

다섯 번째 복, 때리시고 어루만져

구본선, "강화도 땅 끝에서 소처럼 일하다: 서도중앙교회",《한국 교회 처음 예배당》, 홍성사, 2013.
이덕주, "토착교회, 토착신앙",《눈물의 섬 강화 이야기》, 대한기독교서회, 2002.
이덕주, "너희는 성경을 어떻게 읽느냐?"《한국 교회 처음 이야기》, 홍성사, 2006.
"박씨의 신앙과 애휼심", 〈기독신보〉 1917.5.2.
"강화 신식", 〈대한크리스도인회보〉 1900.6.6.

여섯 번째 복, 네가 내 얼굴이다

매티 노블 편, "최병헌 목사의 약력", 《승리의 생활》, 기독교창문사, 1927.
이덕주, "토착화신학의 선구자 최병헌", 《새로 쓴 한국 그리스도인들의 개종 이야기》, 한국기독교역사연구소, 2007.
이덕주, "초기 한국교회 토착화신학 영성: 최병헌과 정경옥의 신학과 영성을 중심으로", 〈신학과 세계〉 53호, 감리교신학대학교, 2005.
이덕주, 아펜젤러·최병헌 목사 탄생 150주년 기념사업위원회 편, "술이부작(述而不作)의 삶과 학문: 탁사 최병헌 목사의 생애와 사상", 《탁사 최병헌 목사의 생애와 신학》, 정동삼문출판사, 2008.
작자 미상, 《최병헌 선생 약전》, 정동삼문출판사, 1994.
최병헌, "심(心)", 〈신학세계〉 1920.7.
Benedicta Ward trs. *The Sayings of the Desert Fathers*, Oxford: The Cisterian Publications, 1975.
Philip G. Bochanski, *Wisdom of Desert Fathers and Mothers*, Gastonia: TAN Books, 2006.

일곱 번째 복, 평화, 평화로다

김승태 편역, 《3.1운동과 기독교》 Ⅳ(기독교인 판결문 편2), 한국기독교역사연구소, 2020.
박경룡, 《주님 따라 금강산》, 전망사, 1986.
이덕주, "3.1운동에 대한 신앙운동사적 이해", 《초기한국기독교사 연구》, 한국기독교역사연구소, 1995.
이덕주, "양을 버리고 떠날 수 없어서", 〈기독교교육〉 415호, 2004.1.
이덕주, "멈춘 곳에서 다시 시작하게 하소서: 철원 대한수도원과 지경터, 새술막교회 터", 〈기독교교육〉 416호, 2004.2.
이덕주, "독을 넘어 평화로!: 기독교와 3.1운동", 〈기독교세계〉 1051호, 2019.3.
이덕주, 《신석구: 민족의 독립을 위해 십자가를 지다》,

신앙과지성사, 2012.
전진, 《눈물이 강이 되고 피땀이 옥토 되어》(개정 증보판), 기독교대한수도원, 2014.
정찬성, 《가시밭의 백합화: 장흥교회 80년사》, 기독교대한감리회 장흥교회, 2003.
한국감리교사학회 편, 《신석구 목사 자필 자서전》, 기독교대한감리회 교육국, 1990.
"전란 속 성도 주민 보듬은 서기훈 목사", 〈국민일보〉 2020.6.23.

여덟 번째 복, 십자가, 그 복된 길

이덕주, "신명기 하나님에서 창세기 하나님으로", 《너는 내 아들이 아니다: 이덕주 교수의 신앙 이야기》, 신앙과지성사, 2017.
이덕주, 《사랑의 순교자 주기철 목사 연구》, 한국기독교역사박물관, 2003.
주기철, "겸손하기 위하야", 《기도지남》, 태화여자관, 1939.
주기철, "십자가의 길로 가자", 〈기독교보〉 1937.10.5.
주기철, "네가 나를 사랑하느냐", 〈설교〉 1937.6.
주기철, "십자가의 길로 행하라", 〈설교〉 1937.9.
주기철, "하나님을 열애하라", 〈설교〉 1938.3
함석헌, "성서적 입장에서 본 조선역사", 〈성서조선〉 1934.2-1935.11.
함석헌, "순교의 정신", 〈성서조선〉 1936.1.
함석헌, 《뜻으로 본 한국역사》, 한길사, 2003.

다시, 복을 받으려면

이덕주, "같은 고향, 두 친구의 갈라진 운명: 신석구 목사와 정춘수 목사", "그 가난과 아픔의 기도: 예수 신비의 영성 이용도 목사의 기도", 《쉽게 쓴 한국 교회 이야기》, 신앙과지성사, 2009.

이덕주, "최태용 영성의 재발견", 《선교사와 한국교회 인물 연구》, 한국기독교역사연구소, 2018.
이용도, 심우원·변종호 편, "1930년 2월 20일", 《이용도 일기》, 신생관, 1966.

이덕주의 산상팔복 이야기

A Reading of the Lord's Beatitudes in Korean Church History

지은이 이덕주
펴낸곳 주식회사 홍성사
펴낸이 정애주
국효숙 김의연 박혜란 송민규 오민택 임영주 차길환

2021. 7. 12. 초판 발행 2025. 3. 20. 2쇄 발행

등록번호 제1-499호 1977. 8. 1.
주소 (04084) 서울시 마포구 양화진4길 3
전화 02) 333-5161 팩스 02) 333-5165
홈페이지 hongsungsa.com 이메일 hsbooks@hongsungsa.com
페이스북 facebook.com/hongsungsa
양화진책방 02) 333-5161

ISBN 978-89-365-0376-5 (03230)